Benjamín Solari
Parravicini
Psicografías rescatadas
en el tiempo
Gabriela

Benjamín Solari
Parravicini

Psicografías rescatadas en el tiempo

Gabriela Beatriz Decall

HIPERCUBO

Dados Internacionais de Catalogação na Publicação (CIP)
(Câmara Brasileira do Livro, SP, Brasil)

Decall, Gabriela Beatriz
Benjamín Solari Parravicini : psicografías rescatadas en el tiempo / Gabriela Beatriz Decall. -- 1. ed. -- São Paulo : Hipercubo, 2025.
ISBN 978-65-83678-01-0
1. Médiuns - Biografia 2. Parravicini, Benjamín Solari, 1898-1974 3. Psicografia 4. Previsão do futuro 5. Previsões I. Título.
25-283013 CDD-133.91092

Índices para catálogo sistemático:
1. Médiuns : Biografia 133.91092
Aline Graziele Benitez - Bibliotecária - CRB-1/3129

Coordenação Editorial: Equipe Tesseractum Editorial
Diagramação: Equipe Tesseractum Editorial
Capa: Boris Angonoa
Revisão: Equipe Tesseractum Editorial

Site da Editora: www.tesseractumeditorial.com.br

A mis hijos en el cielo,

Boris Angonoa

Ismael Angonoa

A mis hijos en la Tierra,

Santiago Angonoa

Bricia González

La autora donará lo recaudado por la venta de este libro al Hogar San José en Molinari, Córdoba.

ÍNDICE

1- Introducción

Benjamín Solari Parravicini fue un gran profeta argentino del siglo pasado. Nacido en una familia aristocrática de la época, dedicó su vida al arte, fue un excelente pintor. A la par de su actividad artística, realizaba lo que conocemos como "psicografías", que consisten en dibujos proféticos con un pequeño texto explicativo. Estas profecías eran dictadas, en su mayoría, por su ángel guardián, que lo acompañó toda su vida y con el cual tenía comunicación permanente.

Sus allegados lo recuerdan como un ser cálido, alegre, muy humilde, sin vanidades.

El reconocido investigador argentino Fabio Zerpa lo apodó "El Nostradamus de América". Esa descripción es excelente para quien quiera saber rápidamente de lo que hablamos, pero tanto Fabio Zerpa como aquellos que conocemos el legado profético de Parravicini, sabemos que la información que nos dejó es mucho más clara, entendible y certera.

Pero, ¿qué es una "psicografía"? El término no está en el diccionario de la Real Academia Española, pero, aún así, es aceptado para describir el proceso de escritura automática, la cual se hace por una habilidad sensitiva de la persona, sin estar consciente de ello, y dictada por un espíritu o fuerza desconocida. Mediante esta técnica fueron escritos muchos de los textos religiosos o sagrados. En el caso particular de Parravicini, la psicografía consta de un dibujo junto a un pequeño epígrafe que explican sucesos por venir.

"Pelón" (como lo conocían sus familiares y amigos) realizó muchos de estos dibujos proféticos, "miles", según sus propias palabras. Fueron publicados en varios libros, y otros esperan ver la luz algún día. Desde que se dieron a conocer, cautivaron. Sucede que se han cumpliendo con pasmosa exactitud y continúan cumpliéndose hasta el día de hoy.

Veamos el texto de algunas de las psicografías que se consideran cumplidas por una gran mayoría de personas:

"Caerá el corazón del mundo, año 40. Caerá y será alemán hasta el 44" (1938).

Anuncia la caída de Francia en manos alemanas y su posterior recuperación cuando todavía no había iniciado la 2da. Guerra mundial.

"China será dominada por Rusia y alzará a los amarillos en dogmas rusos" (1939).

10 años después, el 1 de octubre de 1949, en las postrimerías de la Guerra Civil China, el líder del Partido Comunista de China Mao Tse Tung proclama la República Popular China.

"Israel tendrá seis días y descansa el séptimo" (1951).

En junio de 1967 Israel se enfrenta con Egipto, Siria y Jordania derrotándoles y cambiando el tablero de Medio Oriente. La guerra duró 6 días .

"Hitler - Mussolini. Con el mismo fin; el mismo fin" (1938).

En pleno apogeo de los dos líderes anuncia su final.

"Cabeza de barba, que parecerá santa, más no lo será y encenderá las Antillas" (1937).

Acompañada de un dibujo que representa a Fidel Castro con su barba, hace esta psicografía cuando el líder cubano tenía 11 años. Un año después refuerza la premonición con *"Victoria de los barbados en Cuba" (1938).*

"El Papado tendrá nuevas normas. Lo malo de ayer dejará de serlo. La misa será protestante sin serlo. Los protestantes serán católicos sin serlo. El Papa se alejará del Vaticano en viajes y llegará a América, en tanto la humanidad caerá" (1938).

Anticipa el Concilio Vaticano II iniciado en 1962 que hará importantes reformas a la Iglesia y los numerosos viajes de Juan Pablo II que llegará a América.

"El átomo atronará en el 45" (1939).

En 1945 se lanzan las bombas nucleares sobre Hiroshima y Nagasaki causando la muerte de miles de personas e iniciando una carrera armamentística basada en la fisión y fusión del átomo.

"Llega! Un nuevo sistema de comunicaciones en el mundo por planetas artificiales" (1938).

En 1957 la Unión Soviética lanza el primer satélite artificial "Sputnik I.

"Duelo de poderes entre yanquis y rusos. Duelo de conquista espacial y terreno. Aunque no parezca, América llevará el cetro" (1941).

En 1941 Parravicini ya hablaba de la carrera espacial, "conquista espacial", y remarca que será Estados Unidos quien la gane (como ya sabemos con sus misiones Apolo) a pesar de iniciarla la Unión Soviética.

"El hombre volará los espacios siderales, vencerá el sonido, conocerá los astros y sabrá que el mundo es inferior planeta y de castigo" (1937).

Charles Elwood Yeager fue el primer hombre en atravesar oficialmente la barrera del sonido, el 14 de octubre de 1947, volando con el avión experimental Bell X-1 a velocidad Mach 1 y a una altitud de 45 000 pies.

"El can será el primer volador" (1938).

19 años antes con texto y dibujo describe a la perra Laika enviada por la Unión Soviética en el Sputnik II en el año 1957.

"Platos voladores en el mundo" (1938).

9 años después se produciría el encuentro del piloto Kenet Arnold con ovnis en 1947 y a raíz de la descripción que éste

hiciera comienzan a utilizarse los términos "platillo volador" en los medios masivos de comunicación.

"La mujer se desnudará en público y cansará. El hombre se desviará en hartazgo" (1938).

Impensado en el año 1938 ya vemos cumplida esta psicografía.

"Sobre la momificada mandona, sobre las cenizas, el mandón se unirá a otra sin unirse, mas serán unidos" (1940).

En Argentina, 4 años antes que Eva Duarte conozca al ex presidente Perón ya adelanta su muerte ocurrida en 1952. Su cuerpo es embalsamado. Perón, ya viudo, se casa con Maria Estela Martínez.

"Buenos Aires, escuchad. Argentinos ¡tino! Gobernarán militares" (1939).

Si bien ya había ocurrido un golpe de estado en 1930, aún quedarían 5 dictaduras cívico militares, las de 1943, 1955, 1962, 1966 y 1976.

"El origen será desvirtuado. El hombre cultivará sin contacto" (1938).

30 años después, el 25 de julio de 1978, en Oldham (Inglaterra), nace Louis Brown, la primera 'bebé de probeta' ,usando la técnica de fertilización in vitro.

Hay muchas más psicografías consideradas cumplidas, tanta exactitud en los hechos predichos hace que incluso los lectores más escépticos tomen con prudencia y cierto respeto las que quedan por cumplirse.

En el presente libro encontrarán una recopilación de psicografías de Benjamín Solari Parravicini rescatadas en el tiempo, les llamo así porque no son profecías inéditas dado que fueron publicadas en la década del 60 en las revistas llamadas "Conocimiento de la Nueva Era".

Estas eran unas pequeñas revistas que se adquirían por suscripción y trataban los más diversos temas esotéricos, metafísicos, medicinas alternativas, etc. Fue fundada por Francisco Brualla y la Sra Clara Cartieri en el año 1938, llamada en ese momento Sophía, y luego Conocimiento de la Nueva Era. Contaba con múltiples colaboradores que hacían sus aportes desinteresadamente.

Mucho del material que aquí verán no se volvió a publicar nunca más, ni siquiera en los libros que se hicieron sobre Parravicini. Es decir, solo están en esos antiguos ejemplares de esas pequeñas revistas, de las cuales hay muy pocas en la actualidad y son casi desconocidas.

Hasta el momento, los libros con material profético de Parravicini son los publicados por Sigurd von Wurmb, Norberto Pakula, Fabio Zerpa y Pedro Romaniuk. Existen mas autores con hermosos libros sobre Parravicini, pero éstos últimos se han nutrido del material profético publicado originalmente en los mencionados como fuentes.

Algunas pocas psicografías de este libro están en los trabajos de esos autores, muy pocas, la gran mayoría nunca han sido publicadas en libros como se merece el material de Parravicini.

¿Por qué hacer esta edición entonces?

En primer lugar entiendo que siempre la mejor fuente para difundir, resguardar y proteger el material de Parravicini es el libro. Si bien ya hemos subido estas psicografías a internet para su difusión hace muchos años, las personas que las estudian suelen hacerles modificaciones, agregados, coloreados, ¡que no está mal! Pero a veces así continúan luego replicándose por la red. Nada mejor que el libro como fuente fidedigna para quien quiera tener la seguridad de saber cómo fueron publicadas originalmente.

Por otro lado, muchas personas al ver que estas psicografías no están en los libros conocidos han dudado de la autenticidad de las mismas. Nada más lejos si tenemos en cuenta que fueron publicadas cuando Parravicini aún vivía.

Por último, si bien estas psicografías están ya subidas a internet el libro sigue siendo un noble medio para su difusión.

El material aquí publicado pertenece a las siguientes revistas:

Conocimiento de la Nueva Era Nro. 343 – del año 1966.

Conocimiento de la Nueva Era Nro. 344 – del año 1966.

Conocimiento de la Nueva Era Nros. 352-353-354 – del año 1967.

Conocimiento de la Nueva Era Nros. 3378-379 – del año 1969 .

No fue fácil dar con ellas.

La revista Conocimiento de la Nueva Era del año 1969 fue encontrada en los primeros años del 2000 en una biblioteca en Santa Rosa de Calamuchita, Córdoba, Argentina, por mi amiga Martha Núñez, ya fallecida, estudiosa, amante y gran difusora de la obra de Parravicini.

Los demás números fueron encontrados por quien esto escribe en el 2010 luego de una larga búsqueda de más de dos años que incluyó revisar uno a uno los catálogos de diferentes bibliotecas y anticuarios de Argentina y el mundo. A manera de ejemplo, una de las revistas fue encontrada en una pequeña biblioteca en Buenos Aires, otra en Córdoba, otra en un anticuario de España.

En todos los casos ni bien se obtuvo el material, fue digitalizado y subido inmediatamente a internet más precisamente al Foro Argemto desde donde, con gran satisfacción por la obra cumplida, vimos cómo empezaron a circular libremente por la red. Antes de ese momento doy fe que el material no estaba en la web y solo era conocido por muy pocas personas.

El Foro Argemto es un espacio en internet dedicado al estudio y divulgación de la obra de Parravicini, con más de 15 años dedicados a la difusión de su legado profético hoy es considerado fuente y referente a la hora de buscar información sobre la temática, formé parte de la administración del Foro Argemto por 10 años. Mucho de lo que sé y vuelco en este libro lo he aprendido de las largas y a veces acaloradas discusiones que allí se daban.

Pero no fue allí donde comenzó mi pasión por Parravicini. Hace muchos años, a finales de los 90 me prestan uno de los libros con psicografías. Me cautivó, fue amor a primera vista. Ya como buena escorpiana me interesaban los temas ocultos, esotéricos, de ovnilogía y misterios. Pero esto era diferente.

Comienza entonces una búsqueda, que aún no termina. Conseguí todos sus libros y comencé a leerlos, a releerlos y volverlos a leer… Los tenía siempre a mano. Cada vez que ocurría un hecho en Argentina o en el mundo rápidamente los volvía a consultar, siempre encontraba nueva información y esto pasa porque cambia la realidad, o porque cambiamos nosotros y tenemos otra manera de ver las cosas.

En el 2001 Parravicini se hace popular por una psicografía sobre las Torres Gemelas, para mí ya era un viejo amigo.

El interés se transformó poco a poco en pasión. En el año 2007 encuentro el Foro Argemto, en internet, donde estaba muy a gusto porque era el lugar ideal para discutir las interpretaciones de las psicografías con gente que sabía sobre el tema. Al poco tiempo en el 2008 su administrador me invita a integrar la administración. ¡Qué enorme responsabilidad! pensé. Pero aceptar fue la mejor decisión y le estoy muy agradecida. No puedo dimensionar para ustedes la cantidad de horas de trabajo realizado juntos en ese foro para promover el legado profético en forma desinteresada y desde el más absoluto anonimato cuando a pocos le interesaba aún el material de nuestro querido Parravicini.

Así fui creciendo, estudiando e investigando. Aprendí mucho de mis compañeros foristas que enriquecieron Argemto año tras año, muchas de las más famosas interpretaciones que se conocen sobre las profecías de Parravicini salieron de allí, de ellos.

Pero llegó el día en que vi la necesidad de abandonar el anonimato ya que de esa manera podría hacer mucho más para difundir el legado. Comencé a dar conferencias, entrevistas y ahora siento que es necesario hacer este libro para resguardar y difundir este material como se merece y espero que toque el corazón de cada uno de ustedes como tocó el mío.

2- Su Vida

Benjamín Solari Parravicini nació en Buenos Aires, Argentina el 8 de agosto de 1898. Fue el mayor de 8 hermanos, hijo de Benjamín Tomás Solari, médico psiquiatra y de Dolores Parravicini. Su padre fue diputado de la Nación y su madre prima del conocido actor argentino, Florencio Parravicini.

Le llamaron Pelón desde niño, así se les llamaba a los primogénitos en las familias de la época.

Pasó sus primeros años en una hermosa quinta en el barrio de Palermo, muy cerca del Jardín Botánico. En esa casa hablaba con sus duendes, hadas, con las nubes, disfrutaba de la naturaleza, su infancia fue feliz rodeado del amor de sus padres y los recuerdos en ella vividos junto a sus "amigos" los conservaría con nostalgia toda su vida.

Al llegar a la edad escolar sus padres deciden mudarse a una casa mas céntrica, en la calle Córdoba. ¡Cuánto dolor causó eso a Benjamín! él quería continuar en comunión con las nubes, los pájaros, las flores, las hadas y los duendes, sus amigos. Lloró mucho. Pero la aflicción duró muy poco, la nueva casa, de varios pisos, pronto se llenó del calor de hogar.

Descubrió una azotea donde parecía que estaba mas cerca del cielo, de sus nubes y las estrellas. Su mamá la llenó de plantas y flores, algo que alegró mucho al niño. Y lo mas bonito es que sus amigos invisibles igualmente estaban allí.

La familia también tenía una gran casa quinta a las afueras de la ciudad, en Vicente López heredada por vía materna, le llamaban "La Casona". Era una mansión del 1800 con caballerizas, galpones forrajeros, gallineros, tambos, casa de peones, parques y canchas de juegos, allí pasaban vacaciones y fines de semana toda la familia, era un hermoso lugar de reunión donde Benjamín también podía conectar con la naturaleza.

El comportamiento tan diferente, de pasar largo tiempo solo, hablando con "amigos imaginarios" tenía preocupados a sus padres, sobre todo a su padre que era psiquiatra. Luego de hacer consultas médicas, tanto los facultativos, familia, como maestros coincidieron en que el niño era muy inteligente y de conducta ejemplar, solo que con una "vívida imaginación". Ya por entonces demostraba además tener un talento especial para la pintura y el dibujo.

Fue al colegio San Juan Bautista de Lasalle, de la Congregación Salesiana de Buenos Aires. Allí se formó también en la fe católica, como lo era toda su familia, algo común en la sociedad argentina y mas aún de aquellos años-

Los duendecillos y las hadas le ayudaban en las tareas escolares, también le anunciaban hechos que sucederían en el día, o bien sucesos mundiales. Así en una oportunidad se avecinaba el conocido cometa Halley, las noticias aseguraban que chocaría con el planeta o bien la estela que dejaría a su paso causaría extinción. Todos se despedían, amigos, familiares, se hicieron reuniones para esperar juntos el fatídico momento, pero "el Niño de Leo" sabía que eso no sucedería, sus amigos, las hadas y los duendes, se lo habían dicho. Cuando comenzó la primera guerra mundial los duendes afligidos le comunican "*hoy es el comienzo, es el comenzar del final de finales. Ya el mundo ciego corre hacia el castigo merecido, los jóvenes elegidos serán mártires, los culpables desorbitados serán sumergidos después de la contienda dentro de la profunda oscuridad eterna. Niño de Leo, ¡debes orar!*"

Así le llamaba su ángel guardián Niño de Leo, Joven de Leo, Hombre de Leo… y Anciano de Leo.

Y llegó un día en que el Niño de Leo creció... Llegó el Joven de Leo. Como muchos jóvenes de su edad se vio embriagado por la música y la diversión fácil. Su Ángel guardián le dejó hacer: "*ve hijo, corre, danza, diviértete a tu manera nada dejes por hacer*". El Joven de Leo transcurrió su juventud a su manera, en la noche, entre música, mujeres, alcohol y drogas.

Según cuenta su hermano menor Justino en esta etapa de su vida Benjamín era un hombre serio y "de mal carácter". Justino era 19 años menor que Pelón y creció junto a su hermano mayor que, ya con más de 30 años, aún vivía en la casa paterna. Su familia intentaba hacerlo entrar en razón, mas él no quería escuchar consejos "ñoños y pasados de moda".

Así vivió muchos años hasta que comienza a sentir el vacío, un vacío en el alma, se da cuenta de la vida frívola y libertina que estaba llevando, comienza a extrañar a sus amigos imaginarios, la voz de su ángel… y los llamó, *"Ángel mío, vergüenza tengo en llamarte, no te merezco, soy una triste cosa, sucia y despreciable, ¡no soy nada!"* Los llamó con desesperación y no vinieron… volvió a llorar.

Hasta que una noche llegaba Pelón a su dormitorio, era el que estaba en el piso mas alto de su casa (lo que le daba cierta independencia familiar) y al cerrar la puerta siente una mano que con mucha fuerza lo toma por el cuello y lo hace arrodillar *"Oh Jesús… mi Dios"* dijo Benjamín muy asustado. La mano con fuerza lo obliga a postrarse frente a una cruz de madera y escucha una voz benigna que le dice *"Hijo ten fe en la fe, esperanza en los designios, caridad en los sentimientos"*… su ángel había retornado. Al otro día, tenía las marcas en el cuello por la mano que le tomó y en la frente por haberse postrado en el piso.

Comienza así a escribir "lecciones", aprendizajes espirituales. Durante los dos primeros años escribió estas enseñanzas y al mismo tiempo esto sirvió como "entrenamiento" en el proceso de canalización. En un comienzo Benjamín escuchaba la voz a su lado que le dictaba todas las noches, luego esa voz solo la siente claramente dentro de su oído derecho… después con el tiempo ya puede escribir anticipándose a lo que la voz le dictaba. Y ya al final, la mano escribía sola. Fue todo un proceso.

Las habilidades de comunicación también incluían lo siguiente: Pelón recibía de su ángel las palabras que debía decir a quienes se acercaban en busca de guía, consuelo, o información las que fluían como propias. Pero luego ya estando solos y en la intimidad podía conversar con la voz amiga de su ángel, de igual a igual.

En la vida de Pelón el ángel siempre estuvo a su lado, la comunicación fue constante, pero hubo un especial cuidado de no interferir en su libre albedrío. Éste le decía que cuando no sepa qué hacer y le pregunte... su respuesta siempre será: "sí y no". Dejándole en claro que las decisiones deberían ser siempre de Pelón, quien estaba haciendo la experiencia de vida.

Pasado los dos años el ángel le dice que tenga siempre a mano hojas para hacer unos dibujos con un corto epígrafe donde avisaría sucesos por venir. El mundo entrará en una etapa muy difícil y esos dibujos harán el bien, llevarán luz y lo más importante... *"salvarán al que vio"*.

"Te entregaré en mayoría simbólicos dibujos traduciendo profecías al llegar. Debes saber, criatura, que ya es cercano el final de finales".

Así comienza la producción de miles de dibujos premonitorios. A los primeros los desechó porque no entendía bien de qué se trataba luego comprendió y comenzó a guardarlos. Según dice Parravicini las comunicaciones se dieron en 1936, pero se han publicado psicografías de 1934 y se ha visto incluso una que otra psicografía del 33. En otra entrevista también dice que comenzó por el año 1933 o 1934. Recordemos que los primeros dos años recibía escritos con enseñanzas, las psicografías aunque haya recibido pocas en esos años, masivamente vinieron después. Por lo que vemos la exactitud sobre "cuándo comenzó todo" no parecía tan importante para nuestro Benjamín.

Muchas psicografías las regaló a sus parientes y amigos, otras las dio a quienes pudieran luego publicarlas.

Antes de que se dieran a conocer mediante libros y revistas por primera vez, amigos, artistas, colegas y parientes ya conocían de sobra estos dibujos proféticos y dieron testimonio de ello.

Una vez le preguntaron:

- *¿En qué piensa cuando realiza sus dibujos?*

- *En nada. Sólo observo. Dejo que la mano trabaje y yo la miro.*

Siempre dijo que "no entraba en trance" al hacerlos, lo aclaraba en sus cartas también, como si le preocupara que se pensara aquello.

Mas allá de los dones que Parravicini hubiere tenido, en el caso particular de los dibujos proféticos, éstos eran dictados por su ángel guardián en su gran mayoría y algún otro espíritu que le dejaba información (con el permiso de su ángel guardián).

Su ángel tutelar, como le decía Parravicini, se llamaba Fray José de Aragón y fue un fraile franciscano español del año 1400, perteneciente al convento de la orden de la Rábida, España.

Con toda esta información este es un buen momento para preguntarnos lo siguiente ¿tenía Benjamín Solari Parravicini el don de la profecía?

La Real Academia Española define así la palabra profecía:

- *Don sobrenatural que consiste en conocer por inspiración divina las cosas distantes o futuras.*

- *Don sobrenatural para pronunciar oráculos en nombre y por inspiración de Dios.*

- *Predicción hecha en virtud de don sobrenatural.*

Como vemos el término tiene connotación religiosa o espiritual, aunque la tercera definición no lo es tanto y la asocia a un don sobrenatural del profeta. En la antigüedad también se acercaban "seres" a los humanos que les hablaban directamente o bien los inspiraban a escribir o profetizar hechos por venir. Desde esos tiempos hasta ahora esas comunicaciones se dijeron venían "de los Dioses", "de Dios" o "los ángeles". Me pregunto ¿cuántas de esas comunicaciones vinieron de Dios realmente? ¿Cuántas de ángeles, de seres desencarnados o incluso de extraterrestres, de otras dimensiones o de otros tiempos? ¿Tenemos la capacidad hoy en día de distinguirlos si se nos presenta un hecho de esa naturaleza? Y en la antigüedad ¿habrán tenido la capacidad de discernir quiénes eran realmente los que les hablaban o inspiraban?

Pelón aclaró que tiró al cesto de basura las primeras psicografías porque no entendía bien a qué se referían. Cuando se cumple una recién allí toma conciencia de que se referían a hechos por venir y comienza a guardarlas como le habían pedido. Esto nos hace pensar que no era él quien estaba "viendo" los sucesos por venir. También le preguntaron una vez quién era el enigmático Hombre Gris que menciona en algunas a lo que respondió "no lo sé" - Es mas, no tenemos registro de Parravicini explicando lo que dicen las psicografías, dando interpretaciones o ampliando su información. Todo indica que Benjamín no veía el futuro que detalla en sus dibujos y que prestaba como instrumento la mano para que su ángel pasara la información.

La mejor explicación que muchos aceptamos es que Benjamín era un canal y quien veía nuestro futuro, y estaba tan preocupado por nosotros fue Fray José de Aragón, aunque Pelón, en entrevistas en este mismo libro, también menciona "ellos" cuando se refiere a sus interlocutores del mas allá, dejando en claro que tenía comunicación con varios seres.

Pero todo lo dicho hasta aquí es solo para referirnos únicamente y exclusivamente al proceso de la canalización de las psicografías. Se sabe que Pelón hacía precogniciones a sus amigos y parientes.

El investigador Fabio Zerpa cuenta en su libro "Benjamín Solari Parravicini El Nostradamus de América" lo siguiente:

Cuando yo trabajaba todavía como actor y director de teatro, radio, cine y televisión, me dijo que ME VEÍA "llenando teatros", y yo "trabajando solo en un teatro europeo, con una gran pantalla atrás".

Hecho que se consumó cuando comenzó a dedicarse de lleno a dar conferencias sobre la temática ovni.

Y acá solo puedo transmitirles mis dudas, ¿Parravicini podía ver el futuro en estos vaticinios que hacía a sus amigos o estaba aplicando, como ya comenté, ese perfecto y entrenado proceso por el cual hacía fluir como propias las palabras de su ángel tutelar? No lo sabemos y como se dice en mi país Argentina ya "estamos hilando muy fino".

Aún así no tenemos ninguna duda de los increíbles dones de este excepcional sensitivo. La comunicación permanente con seres desencarnados, con extraterrestres, la manifestación de aportes es solo una muestra. Podemos llamarlo "profeta" porque mas allá de si veía o no el futuro, si era un canal, si lo contactaban ángeles, seres desencarnados o extraterrestres, no me cabe dudas de que nada de esto hubiera sido posible sin la intervención de un mandato mayor, por arriba de todos los intervinientes, de un Dios amoroso que se manifiesta de diferentes maneras para mostrar el amor y la preocupación por la humanidad.

Una vez en misión Pelón cambió, de ser una persona seria y huraña pasó a ser el hombre amable y alegre que todos conocieron y recuerdan. Muy generoso. Le gustaba disfrazarse y hacer reír a sus amigos y parientes, en las fiestas tocaba el piano con su hermano Justino en acordeón.

A la par iba creciendo como pintor, pero fue un artista completo, además de las pinturas, hizo escultura, tocaba muy bien el piano, compuso tangos, dibujó historietas, escribió poemas y obras de teatro, entre otras. Llama la atención que en la actualidad no se lo tiene tan presente como "pintor argentino", no hay muestras de sus pinturas, tampoco tiene un curador como otros pintores. ¿Quizá sea que el destino le tendría asignado ser reconocido por su legado profético más que por su legado artístico? Creo que el tiempo nos está diciendo que sí.

Participó en varias muestras nacionales e internacionales. Recibió premios en varias de ellas. En Bélgica el rey Alberto 1° compró su obra premiada en una exposición en Lieja. También fue premiado en Francia. En Argentina el presidente Alvear intenta comprar otra obra premiada en una exposición y el joven Parravicini se la obsequió. Gustaba hacer motivos camperos y costumbristas además de realizar una gran colección de cuadros sobre payasos inspirado en su amigo, el famoso payaso anglo argentino, Frank Brown. En el ambiente de los estudiosos de Parravicini se comenta que sus dibujos inspiraron al después tan conocido Molina Campos. Veamos estos dibujos del año 1933.

Fotos tomadas por la autora en la Biblioteca Nacional Argentina- Bs. As

Fue profesor de pintura y director del Salón de Artes y Acción Social del Banco Municipal de Préstamos. Parravicini se hizo cargo del Salón de Artes, donde tenía su propia oficina y personal a cargo. A su inauguración asistieron el presidente, políticos, periodistas y personalidades del arte y la cultura. Allí realizaba muestras de artistas, exposiciones y ventas de productos de asociaciones benéficas. Desde ese lugar trabajó en el bien al prójimo, junto a Fray José de Aragón, que le iba indicando a quiénes ayudar y de qué manera a cada persona o artista que se acercaba. Toda esa actividad caritativa, asistida por su ángel, lo colmaba de gozo.

Ya para entonces, con trabajo y más de 30 años de edad, se muda a un departamento que alquila en el séptimo piso de un edificio en la calle México al 800. Allí se hace muy amigo del cuidador del edificio, Generoso Ruiz Idarraga, de origen vasco y que vivía un piso más abajo. Generoso sería desde entonces amigo y compañero inseparable, incluso aprendió a pintar de la mano de Pelón, realizó muestras de sus pinturas ¡y las vendió con éxito!

Pude visitar el edificio donde vivió Pelón hasta su muerte, en calle México 881, Capital Federal, Buenos Aires. Un hermoso día de lluvia. Foto: archivo personal de la autora

Su vida de continuo estuvo marcada por lo paranormal, Parravicini veía a seres ya fallecidos, que en varias oportunidades se acercaban a él para hallar consuelo, o dejar mensajes a sus familiares vivos. Así es que transmitía estos mensajes a parientes y amigos. Trató de diferenciarse de los espiritistas, quizá por el hecho de ser católico, aclaraba que nunca los invocaba, sino que se acercaban a él por sus propias decisiones, y, según sus propias palabras, "había que atenderlos". En más de una oportunidad seres desencarnados lo han utilizado como médium para dirigirse a sus familiares o presentes.

También manifestó "aportes": esto es, la materialización de objetos, dinero o animalitos en este plano, no por el fenómeno en sí mismo, sino como mensajes o para misión de los seres que lo acompañaban. Así, le aparecía dinero que debía dar a personas determinadas, o un ave que aparecía por épocas en su balcón. Pero, de los aportes, el que me resultó más sorprendente es el que narra Fabio Zerpa en su libro "Benjamín Solari Parravicini El Nostradamus de América". Según cuenta allí, cuando Pelón estaba conversando con él, en un momento pedía permiso para retirarse a su cama y recibir una psicografía, la cama estaba integrada al departamento, al estilo "loft", por lo que Fabio lo consideraba "todo un adelantado", en esa época era algo muy extraño. Entonces, veía como tomaba la hoja, levantaba la mano y de la nada misma "aparecía el lápiz" para dibujar. Esto llamó mucho mi atención.

En el año 2016, hicieron un homenaje en Capilla del Monte al gran y querido investigador Fabio Zerpa por su trayectoria, al cumplir 88 años. En esos tres días que estuvo en la localidad serrana cordobesa, se alojó en nuestra casa. Mientras todos veían con agrado poder tener en casa a tremendo investigador, escritor, profesor, mi entusiasmo pasaba por otro lado, Fabio fue amigo de Benjamín Solari Parravicini. Veía una oportunidad única para preguntarle sobre su vida y amistad con el profeta. Allí fue cuando le pregunté sobre el tema de la súbita "aparición del lápiz para dibujar" - "¿pero vos viste eso con tus propios ojos?" a lo que me responde "psss! ¡No menos de 20 veces!".

En mi hogar, junto al Profesor Fabio Zerpa – 9 de diciembre 2016 - Foto: material personal de la autora

Buscando más información, encuentro que en un viejo documental del ya desaparecido canal Infinito ¡también lo cuenta su hermano Justino! "el lápiz le aparecía solo", lo dice "como para adentro", como si no se animara a decirlo, esa frase que ha pasado desapercibida para muchos, la rescato y muestro cuando doy mis conferencias sobre el tema.

Parravicini nunca lucró con sus psicografías, siempre las regaló o dejó en manos de amigos para que las publiquen, quería que se conocieran. Tampoco tuvo "discípulos", como se dice por ahí, él tenía "amigos", con los cuales se juntaban a conversar de estos temas. Sí tuvo alumnos ,como profesor de arte.

Su personalidad y las rutinas que llevaba no eran compatibles con una vida en familia. Era un bohemio, aún en misión siguió viviendo de noche, gustaba salir, ir al teatro, cenar con amigos, llevaba la vida de un artista, y normalmente se levantaba al mediodía. Tuvo varias novias; Susana Bernardo Macini fue su novia por 11 años. Se habían comprometido, y, como era costumbre de muchas parejas de la alta sociedad, el compromiso fue publicado en la revista Caras y Caretas de 1928, cuya foto expongo más abajo.

Los compromisos eran eventos sociales importantísimos por aquellos años. Después de ello, el casamiento era algo más que seguro, pero Pelón decide dejar a su prometida... por teléfono. Esto, supongo, debió ser una inesperada sorpresa para el entorno familiar y sus amigos.

Imagen tomada de la Biblioteca Nacional de España – Revista Caras y Caretas 1928 - Hemeroteca Digital

También conocemos otro amor. Una joven, postrada en silla de ruedas, robó su corazón. Se enamoraron, fueron felices por varios años, él era su príncipe azul y ella su princesa. Benjamín le propuso matrimonio y se comprometieron un 22 de septiembre, pero, al poco tiempo de su compromiso, ella cae gravemente enferma y muere. El Joven de Leo le lloró, pero cuenta que, en la soledad, nunca dejaron de conversar y ser felices.

Su padre, que no lo comprendió en vida, sí lo hizo en el lecho de muerte. Benjamín lo ayudó con mucho cariño en el momento de partir al más allá. Ya su ángel le había advertido meses antes del fallecimiento de su padre, y esos meses los atravesó con mucha angustia. Una vez pasado ese triste trance, queda a disposición de su anciana madre, quien vende "La Casona" de veraneo y compra una chacra más chica en el mismo Vicente López. Allí continuaron las reuniones en los días de verano con los hijos, nietos y amigos. Pelón decoró con amor esa casa para su madre y la mantuvo hasta que ella fallece. Por esos años, Parravicini se jubila de su trabajo.

Benjamín, hacía mucho tiempo atrás, estando en La Casona, mirando por una ventana, había recibido un hermoso poema, la voz dictó:

"*Tú has de venir un día, has de partir en ese día, de la fatigada Tierra; en un atardecer lánguido, en el que las hojas otoñadas rueden por los parques, arrolladas por las primeras desapacibles brisas de un abril en su final...*" y el bello poema continúa...

Así pasó su vida convencido de que su partida sería un abril.

Mas ya de grande y anciano, su ángel tutelar le aclara, llamándole Caminante.

"¡Caminante! Una tarde será tu partida en un abril... dijo un poeta, y fue tu mente la que le tomó un día diciendo: partiré en un abril de melancólico otoñado... fue una tarde que leíste, y desde entonces guardaste, ¡Oh!¡No! Caminante: aún no es la hora, ni será tu abril. Tal vez en un mañana inesperado llegue tu abril, mas no en el instante en que tu misión es álgida y necesaria al hermano amigo (...)"

Cada vez que el Anciano de Leo sentía sus fuerzas flaquear o tenía un sueño extraño preguntaba a Fray José si ya era su hora, y éste le decía... Aún no...

Pero llegó el momento de dejar esta vida. Su misión estaba cumplida, con 76 años cae en lo que Justino su hermano llama "enfermedad astral" y lo vio postrado en la cama... con cabello blanco, casi no lo reconoce. Pelón conservaba su clásica cabeza rapada, gracias a que se afeitaba o rasuraba al mediodía los pocos cabellos que le quedaban. Ya de anciano y postrado, no pudo hacerlo más.

A lo largo de todos estos años en que me dediqué al estudio de su vida y obra, hubo siempre una confusión sobre la fecha de muerte de Pelón, algunos autores indican que murió un 12, un 13 y otros un 14 de diciembre. Es más, he visto dar dos fechas de muerte por un mismo autor. También leí artículos señalando que murió en 1975. Mas allá de la polémica, la fecha mas aceptada y ampliamente difundida de fallecimiento es el 13 de diciembre de 1974, a la cual quien esto escribe dio por cierta. Pero para terminar con esa polémica decido buscar la partida de defunción de Benjamín Solari Parravicini. Al tenerla en mis manos, aparece un dato que desconocía: su nombre completo, Benjamín Ramón Solari Parravicini. Y luego, la sorpresa: Benjamín no murió un 13, como tantos creíamos, ni un 14, murió el 12 de diciembre. Adjunto copia del certificado de defunción. Quizás, al leerlo rápidamente, se vea la fecha 13 y por ello las confusiones posteriores, pero ese día es el de registro, mas abajo dice claramente la fecha de defunción y figura como testigo su gran amigo, Generoso Ruiz Idarraga. Ya he enmendado el dato en Wikipedia y habrá que rever muchas páginas, libros y artículos, incluso que yo misma escribí, para corregir este dato. Benjamín Solari Parravicini, dejó este mundo el 12 de diciembre de 1974, a las 10hs, por una insuficiencia cardíaca.

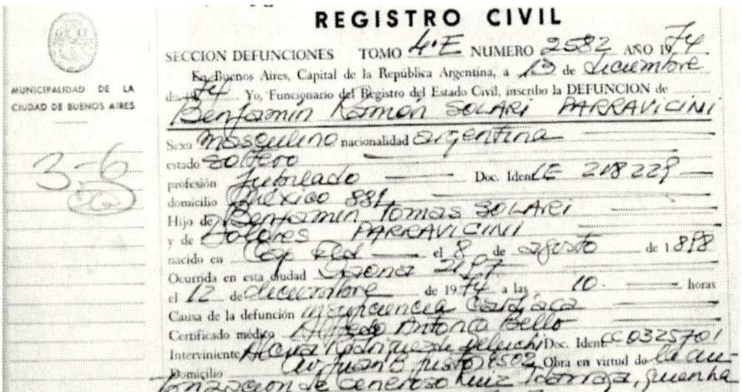
REGISTRO CIVIL

MUNICIPALIDAD DE LA CIUDAD DE BUENOS AIRES

SECCION DEFUNCIONES TOMO 4 E NUMERO 2582 AÑO 1974

En Buenos Aires, Capital de la República Argentina, a 13 de diciembre de 74 Yo, Funcionario del Registro del Estado Civil, inscribo la DEFUNCION de

Benjamín Ramón SOLARI PARRAVICINI

Sexo masculino nacionalidad argentina

estado soltero

profesión jubilado Doc. Iden. LE 218229

domicilio México 881

Hijo de Benjamín Tomas SOLARI

y de Dolores PARRAVICINI

nacido en Cap Fed el 8 de agosto de 1898

Ocurrida en esta ciudad

el 12 de diciembre de 1974 a las 10 horas

Causa de la defunción insuficiencia cardíaca

Certificado médico

Interviniente Doc. Iden. CC 0325701

Domicilio Obra en virtud de la autorización de Generoso Ruiz Idarraga, quien ha visto el cadáver

IF-2016-04736767- -DGRC

Documento gestionado por la autora ante las autoridades del Registro Civil de la Ciudad de Buenos Aires*

3- Legado profético

El material que aquí se presenta es fiel a lo que se ha publicado en las revistas mencionadas. Verán que se mantienen los modismos e incluso se transcriben los textos psicográficos tal cual fueron publicados con sus aparentes errores de expresión o de ortografía.

No pretende éste ser un libro de interpretaciones de su legado profético. Las interpretaciones pueden cambiar con los años ya sea porque cambian los hechos, porque aparecen nuevas psicografías que agregan más información o simplemente porque cambiamos de opinión. La idea aquí es presentar las psicografías y que el lector pueda sacar sus propias conclusiones.

Solo me atreveré a dar un lineamiento o desarrollo explicativo en los temas "Ummo", "El Caos" y "El Hombre Gris" más una serie de pautas o consejos para abordar el análisis del material, basado en la experiencia que he adquirido a lo largo de más de 20 años dedicados al estudio psicográfico de Parravicini en los que he cometido tantos errores... y de ellos se aprende.

También hablaré de las dudas y las críticas que de continuo recibe el material y sobre las mismas emitiré mis opiniones personales con las que pueden o no estar de acuerdo y me parece muy bien que así sea.

En primer lugar diré que la forma correcta o "ideal" de difundir una psicografía es mostrando el material tal como lo hiciera Parravicini: dibujo y texto de su propia mano. El dibujo debe estar completo, sin faltantes por escaneos deficientes o fotografías "parciales". A buen tamaño y resolución, limpio, sin agregados de letras, marcas de agua, colores o filtros, sin tachaduras, con su texto completo de puño y letra.

En algunos casos, en lo personal, no me parece mal agregar la fuente que lo difunde, pero esto no debe entorpecer a la misma psicografía, siempre se puede colocar en una esquina, en reducido tamaño, y así lo hicimos al momento de darlas a conocer en Foro Argemto.

Esto vale para quienes pretendan difundir el material profético. Diferente es aquel que sube a la red una interpretación y le ha realizado modificaciones o coloreados para expresar sus ideas, algo muy común en el estudio de las psicografías. Son dos casos diferentes. Lo que expreso como "ideal" es para aquellas publicaciones que pretenden ser "fuente de divulgación".

Me parece bien acompañar las mismas con el texto tipeado, como sugerencia del texto manuscrito que debería estar siempre a la vista.

El texto tipeado no solo en éste sino en cualquier libro con psicografías de Parravicini debe ser tomado como lo que es, una guía, una ayuda para comprender el texto manuscrito, que en muchos casos resulta difícil entender la letra. Aún así, siempre debe primar el buen criterio y sentido común del lector al cual aconsejo verificar si lo tipeado se corresponde con el texto manuscrito. En este libro el texto tipeado ha sido analizado por varios foristas de Argemto que trabajamos juntos en el 2010 para tratar de comprender lo que dice la letra manuscrita, pero puede haber equivocaciones y revisiones o correcciones más adelante.

A lo largo de estos años he visto en los libros muchos errores. Es común que se confundan las palabras "juego" con "fuego", "espera" con "esfera", "clownes" con "clones", "Luna" con "Suna", y otros errores más. Una sola palabra mal escrita puede cambiar el sentido completo de la psicografía.

Lo que expresé en los párrafos anteriores es el "ideal", pero no siempre tenemos el material publicado de esta manera y las razones son por demás variadas y entendibles. Muchas psicografías se publicaron completas con dibujo y texto manuscrito, pero luego por falta de espacio se publicaron solo los textos tipeados.

En esta situación no nos queda más que esperar que quienes hicieron el trabajo de tipear los textos lo hayan hecho sin equivocar palabra. Y si alguna vez quien tenga los originales los vuelve a publicar nuevamente completos, ahí sí dispondremos de la información necesaria para verificar los textos fehacientemente.

Con respecto a las interpretaciones, aquí van mis consejos:

- Mirar el año de la psicografía y tener en cuenta TODA la historia que ha transcurrido desde que fue dictada. Un error común es hacer "encajar" todas las psicografías al momento presente olvidándonos de los hechos del pasado ¡y del futuro también! Por ejemplo, cuando habla de una guerra uno tiende a pensar en alguna guerra actual, olvidándonos de la segunda guerra mundial, u otras del pasado a la que puede estar haciendo referencia.

Considerar que toda psicografía se refiere siempre a "nuestro hoy" suele ser una tentación constante.

- Muchas veces nos sentimos "iluminados" al ver claramente algo en una psicografía. Tener presente que siempre nos podemos equivocar a la hora de hacer una interpretación. Me ha pasado de sentir ese "instante de claridad inequívoca" y luego con el tiempo, ante la evidencia, he teniendo que rever mi opinión. Esta experiencia me ha llevado a ser sumamente respetuosa de las demás interpretaciones. Cuando se presenta una interpretación siempre es saludable aclarar "según mi parecer, que puede estar equivocado, veo tal o cual cosa en esta psicogarfía". Por lo general, cuando algo falla puede no ser Parravicini quien se equivocó, sino nuestra interpretación de los hechos.

- Escuchar otras voces. Las mejores interpretaciones han surgido del aporte de muchas personas. El conocimiento de unos se complementa con los conocimientos de otros. Sumando los saberes de muchas personas se obtienen mejores resultados. Es bueno compartir interpretaciones, por descabelladas que parezcan, podremos nutrirnos de las opiniones de los demás.

- Tratar de ser lo más objetivos posible. Al analizar debemos despojarnos de cualquier fanatismo político o religioso. Un caso típico, pero no el único, es ver análisis cargados de ideologías políticas en las psicografías referidas al Hombre Gris, del cual hablaremos más adelante. Si prima el fanatismo, se interpreta o analiza mal.

- Tener en cuenta que si el Alto se comunica con la Humanidad, es para hacer advertencias importantes. Es duro decirlo pero inundaciones, terremotos, plagas, guerras por lamentables que sean, ha habido y seguirá habiendo. No se trata aquí de asociar mecánicamente cualquier inundación, guerra o terremoto a las psicografías que aluden a esos hechos. Teniendo el conocimiento que la obra de Parravicini nos da, podemos estar atentos, con prudencia, expectantes a los hechos para saber si decantan o no en los presagios realizados.

- En el caso de contar con el texto y dibujo de una psicografía, analizarla en su conjunto. El texto tiene información que se completa con el dibujo y viceversa, produciéndose una sinergia entre ambos. Tener en cuenta ese conjunto a la hora de intentar sacar una conclusión. De nada sirve dar una interpretación al dibujo cuando el texto nos está diciendo otra cosa, y lo mismo ocurre al revés.

- Si algo caracteriza la información contenida en las psicografías es su simpleza. Son claras, simples. "El can será el primer volador", refiriéndose a la perra Laika enviada al espacio. Que no se haya podido comprender antes de que suceda es otro asunto, pero la información fue certera, concreta y simple. Si al analizar una psicografía ven que deben tejer una gran maraña de interpretaciones rebuscadas, con cálculos engorrosos, con demasiada búsqueda de simbolismos ocultos es que quizá, el camino no es por allí.

- Analizarlas en conjunto. Esto es importantísimo. Cuando se quiera investigar "Qué dijo Parravicini sobre un determinado tema" buscar TODAS las psicografías referidas a ese tema. Las mismas pueden estar mezcladas en los diferentes libros. Por lo general en asuntos importantes hay varias psicografía y en cada una agrega o refuerza datos. No sirve mucho quedarse con una sola, la falta de información al no verlas a todas en conjunto suele generar interpretaciones erróneas. Un caso típico es decir que Parravicini habló bien de los extraterrestres, porque hay varias psicografías en donde nos avisa de su ayuda, y ¡es así! pero también hay otras en las que avisa que habrá roces en las alturas entre los humanos y extraterrestres. No todo será color de rosa, y si no se analizan en conjunto uno pierde información y analiza mal.

4- Curiosidades y críticas que recibe el legado profético

Revisando el material publicado en las revistas Conocimiento y el publicado años después en los libros de Sigurd von Wurmb, vemos que hay variaciones en los textos de algunas psicografías, siempre teniendo en cuenta que el material fue cedido por el mismo Parravicini. Cito como ejemplo esta psicografía publicada en Conocimiento de la nueva Era del año 1969.

En la revista Conocimiento de la Nueva Era la acompañaba el siguiente texto:

"Últimas noticias anuncian el arribo de los invisibles en masa."

En años posteriores, la misma psicografía es publicada en el libro Dibujos Proféticos III de Sigurd von Wurmb con el siguiente texto:

"Este mensaje del año 1939 dice: Últimas noticias anuncian el arribo de invisibles en masa!. En el año 1952 insiste diciendo: Seres no visibles a nuestra retina, que viajaron y viajan en bolas de fuego pequeñas penetrarán casas y habitaciones. Quedarán en ellas para hacer el bien. Hoy repite: Seres invisibles moran el mundo, sus naves chicas posan sobre árboles y casas irradiando sobre el humano ser toda idea de bien. ¡El hombre aún no escucha y ríe!"

Es decir, que, según las publicaciones, con el decantar de los años, algunos pocos textos se han publicado diferentes, pero siempre reafirmando o agregando información, nunca cambiándola.

Una de las tantas críticas que reciben las profecías de Parravicini sostiene que algunas no se han cumplido. El caso más conocido son las que se refieren al año 2002, que se encuentran en este y otros libros.

Algunos mensajes han sido dados con fechas certeras como, por ejemplo:

"Caerá el corazón del mundo año 40, caerá y será alemán hasta el 44" (1938).

Hablando claramente sobre la caída de Francia en manos alemanas, y así fue. Pero no vemos que haya pasado lo mismo con las psicografías que se refieren al año 2002, donde Parravicini pronostica un gran Caos y, luego de eso, la humanidad aprende y realiza un cambio de consciencia y de amor. Nos habla de un 2002 maravilloso, lleno de paz.

Veamos unos pocos ejemplos:

"Pasado el grande caos, las almas que fueron en martirio exclamarán: Fuimos en el castigo de los castigos y somos en el premio del premio. Llevaremos la paz sobre la tierra, porque la tierra será en amor ¡Será en el 2002! "(1966).

"La mujer nueva será la nueva mujer, será de nuevo temerosa a la falta y pródiga al nuevo querer. Llenará su yo con amor y el amor será círculo que unirá a pesar del caos y la quemazón. Triunfa el 2002" (1968).

"Hombre de la hora. Terreno ser. Es ya la hora de la hora en la hora. Medita: ¡Llega la desconsolación! Llegará la consolación. No olvides, es la hora del mandato. Es ya el 2000 y el 2002 será con el comenzar la luz en la perenne paz del amor en amor. ¡Es la hora diez!" (1961).

Llega el final de la grande prueba. Pasada la prueba, llega el principio de los tres humos. Luego será el caos de las aguas tonantes y el final de finales en la paz. Será el 2002" (1968).

Analicemos qué puede haber pasado y, luego, cada uno puede sacar sus propias conclusiones:

- ¿Es posible que hayan fallado? Que Parravicini, o mas específicamente Fray José de Aragón, se haya equivocado? ¡Pues claro que sí! Muchos estarán de acuerdo conmigo en que solo Dios, el Creador, no se equivoca, de ahí para abajo, cualquiera de sus criaturas puede cometer errores. Recordemos que se considera un buen profeta o vidente, no aquel que no tenga fallos, sino aquel con menos fallos, o más aciertos, que es lo mismo.

- ¿Hemos estirado, aplazado o cambiado los tiempos? quizás, porque otras psicografías aún se siguen cumpliendo al día de hoy, como si, dentro del proceso o sucesión de hechos, estos siguieran el derrotero pronosticado, quizá con un ritmo o tiempos diferentes. Me es útil, y quizás al lector también, estar más atenta a la secuencia de hechos, que, a pesar de las fechas dadas, los mismos parecen seguir el orden en que han sido profetizados.

- ¿Evitamos el caos que da comienzo a la Nueva Humanidad en el 2002? Porque el hermoso inicio del 2002 es luego de un gran caos. En última instancia, siempre me gusta citar las palabras de Nostradamus *"Una profecía cumplida, es una profecía fallida"*, entendiendo que la misma muchas veces se da como advertencia de lo que debemos evitar. ¿Seremos capaces, como humanidad, de evitar ese caos?

Pero me gustaría agregar otra posibilidad a este análisis, y es el siguiente: ¿comprendemos realmente el lenguaje profético, tan abstracto, cargado de simbolismos y metáforas?

Haciendo uso del consejo dado más arriba, hay que analizar todas las psicografías que hablan del 2002 en conjunto y no solo unas pocas. Veremos que, en muchas, agrega información describiendo el inicio de una nueva etapa, una nueva ERA en ese enigmático año 2002.

Veamos:

"El 2002 será el PRINCIPIO DE LA ERA del amor (...)" (1937).

"En el 2002, cuatro ángeles azules, con aspecto de acero vivientes, bajarán a la Tierra anunciando el júbilo en el amor verdad. Traerán el nuevo decir, el nuevo construir, el nuevo conocimiento y el nuevo querer. SERÁ EL COMENZAR DE LA NUEVA ERA, Y LA NUEVA ERA SERÁ. Paz y Amor! El 2000 será en el 2002" (1960).

"NUEVA ERA 2002" (1951).

Claramente, en estas psicografías explica que, en el 2002, comienza una "nueva era", una nueva etapa para la Humanidad. ¿Es necesario que lo esté aclarando en cada una de las psicografías? ¿Será que, en otras, usando un lenguaje más acotado, nombra simplemente el año 2002?

Quizá, en un tiempo lejano, toque indicar cuándo comienzan los cambios que llevarán a esta humanidad a transitar una nueva etapa, una nueva ERA, ¿será elegido ese año? Sin ir muy lejos en el tiempo, todos recordamos los virajes en la política mundial desde el 2002, luego de la caída de las Torres Gemelas en los Estados Unidos, a fines del 2001.

Entonces, ¿Qué cambios radicales notamos en el 2002? Ninguno. ¿Qué cambios radicales habrán notado los hombres que vivieron en el año 1790, al inicio de la Edad Contemporánea? ¿O los que vivieron en 1453, al inicio de la Edad Moderna? Seguro que ninguno, tampoco. ¿Pasaron de una Edad a la otra de la noche a la mañana? claro que no, son años simbólicos que se pueden tomar como íconos una vez que ha pasado mucho tiempo.

Con perplejidad vi documentales o libros o interpretaciones anteriores a esta fecha que planteaban, con esperanza, la llegada del 2002 para ver concretadas tantas bonanzas, sin imaginar que, tal vez, se refería a una era completa. Para dar un par de ejemplos, Parravicini explica en varias psicografías que, en la nueva era del amor, luego de los cataclismos, las razas se confundirán en una sola, que surgirá un nuevo hombre con nueva genética, que será más inteligente y que tendrá mejores sentidos. A esas psicografías las escribió unas pocas décadas antes del año 2002, así y todo, ¡había personas que de verdad esperaban ver todo ello concretado en un solo año y tan próximo! Una unión de razas mediante cruzas o el mejoramiento genético del ser humano ¡requieren generaciones! Aún incluso si esa mejora es de manera manipulada en laboratorio, o mucho más si es de manera natural. Dejo aquí esos ejemplos para que saquen ustedes sus propias conclusiones. En lo que a mí respecta, no tiene ningún sentido y carece de toda lógica que seres avanzados planteen un cambio genético o desaparición de las razas desde la década del 60/40 hacia el 2002, nadie necesitó llegar a ese año para ver la "profecía incumplida", era algo de esperar.

"El mundo, luego de los tres humos, ya en minoridad de humanos seres, recibirá el nuevo humano, que tendrá otro aspecto. Conservando el

actual, con más desarrollo potencial e inteligencia en súper medida. Será el 2002" (1968).

"Llega la doble vista. Llega el doble oído. Llega el doble ser. Llega la verdad en su cuarta dimensión, y el hombre del 2000 será en el 2002" (1967).

"AÑO 2002 – NUEVA ERA. Destrozada la Humanidad. Se unificará en abrazo de Hermanos. Las razas se confundirán." (1941).

Entiendo que es una de las psicografías que no nos tocará a nosotros ver cumplida sino a varias generaciones más adelante, pero en nosotros sí está la tremenda responsabilidad de iniciar esa Era del Amor.

Otra crítica que suelen recibir las psicografías de Parravicini es su alto contenido católico. Teniendo en cuenta que tanto el emisor Fray José de Aragón, como el canal Solari Parravicini, eran de fe católica, vemos muchas psicografías de "tinte religioso católico", y eso puede no gustar a las personas que profesan otras religiones, son agnósticas o ateas. Si bien es cierta la crítica, esto no desmerece la información que hay en ellas. En muchas, incluso, se observan severos reparos a la Iglesia y al Vaticano. El buscador objetivo ya debe saber que ,en todas las religiones, ha habido y seguirá habiendo profetas acordes a cada fe, el mensaje se da a la gente según cada cultura, en un lenguaje que puedan comprender y aceptar, pero, en general, todos ellos están pidiendo lo mismo a la humanidad, volver al amor para evitar nuestra propia destrucción. Uno puede recorrer las psicografías y sin fanatismos religiosos, "extraer" la información objetiva que nos interese.

Existe una psicografía que, a mi entender, no se ha comprendido bien y ha generado más de un reproche. La que se refiere a la televisión.

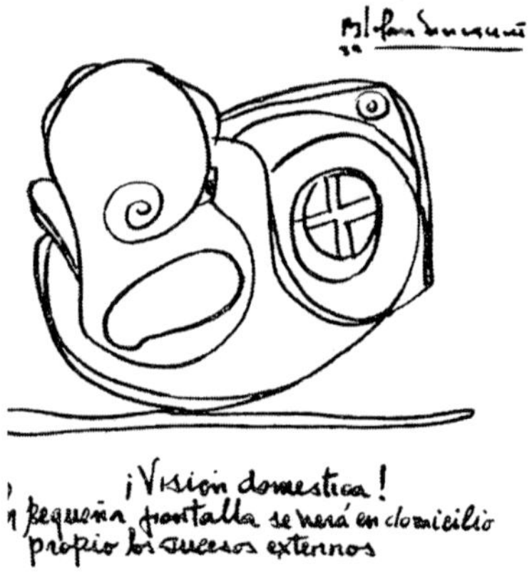

"¡Visión domestica! Por pequeña pantalla se verá en domicilio propio los sucesos externos" (1938)

Por lo general, se la asocia rápidamente a la invención de la televisión, pero el analista perspicaz con poca investigación descubrirá que para 1938 ¡la televisión ya existía! Y además, ya se habían realizado las primeras transmisiones. Todo muy incipiente, claro, estamos hablando de los primeros pasos, por esos años apenas se había dado la transición de mostrar imágenes estáticas a móviles. No había muchos aparatos, ni horarios fijos de transmisión. Las transmisiones eran de algunos minutos.

Pero, entonces... ¿qué sentido tiene esta psicografía si ya existía la televisión? Se preguntaron muchos, o bien la aprovecharon para levantar un dedo acusando de fraude al vidente.

Ensayaré una posible explicación y, como en todos los casos, no tienen que estar de acuerdo conmigo.

Pelón hizo psicografías que nos mostraban hechos por venir, políticos, religiosos, cambios climáticos, adelantos tecnológicos, adelantos en ciencia y cambios culturales entre otros. Ejemplos típicos de las psicografías de cambios culturales son los siguientes:

"La mujer pasará su cabello al hombre, el hombre pasará sus ropas a la mujer. Ambos marcharán en igualdad de mando, pero el tiempo les hundirá" (1936).

"La mujer se desnudará en público y cansará. El hombre se desviará en hartazgo" (1938).

Existe una gran cantidad de psicografías que se centraron en describir únicamente los cambios culturales. ¡No era fácil decir que la mujer se desnudará en público y que cansará en los años 30! Eso era, cuanto menos, una locura.

Entiendo que el error ha sido considerar que la psicografía de la televisión se refiere a predecir un avance tecnológico, cuando en realidad se refiere a la descripción de cambios culturales. ¿Cómo llego a esta conclusión? Analizando en conjunto, como ya aconsejé, las otras psicografías que mencionan a la tv o al cine, veamos:

"El mundo llegará a ser desnaturalizado por el poder de la pantalla doméstica. Toda mala influencia será desparramada groseramente sobre todo hogar y será impuesta por el comercio avisador que busca la masa. La masa embrutecerá dominada por las órdenes disfrazadas de paraísos fáciles y superiores, contemplará la estupidez y la inmoralidad con fruición. Llegará el día en que el grueso popular será manejado como aprisco" (1938).

"La cinematografía encumbrará a la pornografía. El acto sexual será escena de éxito. Cae el arte sano" (1939).

"En la hora de la hora, el mundo será tomado por el pornográfico poder de la pantalla televisiva y cinematográfica, además por el teatro y la literatura. Causará esta causa relajamiento en la enceguecida masa, la que abandonará principios de bien" (1954).

Como vemos, siempre que se refirió a la televisión y al cine, lo hizo para avisar de qué manera esos recientes inventos iban a modificar nuestra manera de vivir a niveles inconcebibles para la sociedad de esa época, nunca como precognición de adelantos tecnológicos.

Y ya que estamos en el tema de los adelantos tecnológicos, en las psicografías que se refieren a ciencia y tecnología debemos tener un especial cuidado. Los avances científicos y tecnológicos no ocurren de la noche a la mañana, como por arte de magia, a menudo son el resultado de largos procesos de investigación, de ensayo y error, donde se hacen desarrollos de prototipos que, luego de varias etapas, terminan en lo deseado, mas después siguen mejorando. ¿Cuándo entonces se puede decir que "se inventó algo"? Veamos un ejemplo:

El corazón será artificial en el 66

"El Corazón será artificial en el 66" (1938)

Muchas personas relacionan esta psicografía con el exitoso trasplante de corazón de Christian Barnard, eso fue en 1967, por lo que la cercanía de la fecha es por demás interesante y se puede considerar certera. Pero ese no fue un corazón artificial, fue el trasplante de un corazón humano. Cuando buscamos datos sobre el corazón artificial vemos que llevó muchos años de desarrollo desde sus inicios, anterior a 1966, y continuó después de ese año. ¿Entonces, cuándo se puede decir que la humanidad dispone de un corazón artificial? ¿Que hizo de especial a ese año 1966 en comparación con los otros años de desarrollo?

Quizá sea porque en octubre de 1966 los doctores Michael E. DeBakey y Domingo Liotta usan por primera vez con éxito y salvan una vida mediante el uso de una bomba extra corpórea ante los intentos fallidos de los años anteriores.

Con la psicografía de la perra Laika pasa algo similar.

"El Can será el primer volador" (según Sigurd Von Wurmb, esta psicografía pertenece al año 1938)

Todos estamos de acuerdo en que se trata de la perra Laika, que puso en órbita Rusia a bordo de su nave Sputnik 2, el día 3 de noviembre de 1957. Pero Laika no fue la primera en ir al espacio, antes fueron enviados otros animales, en su mayoría monos, y posteriormente se enviaron también perros. ¿Qué hizo especial a Laika entre tantos animalitos enviados al espacio? Fue la primera en realizar una órbita completa a la Tierra, y su sacrificio permitió grandes avances en los experimentos que siguieron. Laika, no fue la primera "a secas", pero hoy en día es indiscutible que simboliza para toda la humanidad al primer ser vivo enviado al espacio. Entonces vuelvo a preguntarme ¿Comprendemos el lenguaje utilizado en las psicografías? ¿Comprendemos el lenguaje profético y lo que quiere significar?

Al inicio de las comunicaciones, Fray José de Aragón le dice a Pelón *"Te entregaré en mayoría simbólicos dibujos TRADUCIENDO profecías al llegar"*.

Queda claro que son "simbólicos", y cuando Fray José dice "traduciendo", nos está dando a entender la dificultad existente de poner en palabras y dibujos la información que se presenta en los planos más sutiles... hay que traducir.

¿Es necesario entonces, en una comunicación entre dimensiones diferentes, estar aclarando términos y especificaciones como si habláramos por teléfono?

Otro caso que merece especial atención es la conocida como "la psicografía de Las Torres Gemelas".

Una gran mayoría de personas en Argentina y en el mundo conocen a Parravicini después del tremendo atentado a las Torres Gemelas del 11 de septiembre del 2001 en los Estados Unidos. Es que apenas de sucedido el hecho sale a la palestra una psicografía que parece identificar el evento.

"La libertad de Norte América perderá su luz. Su antorcha no alumbrará como ayer y el monumento será atacado dos veces" (1939).

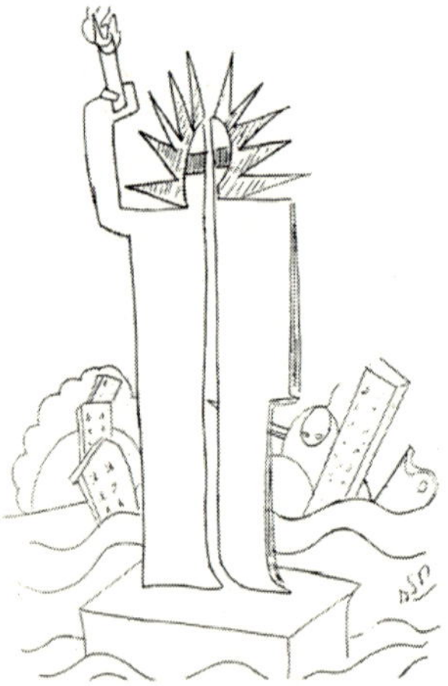

Pero, si miran bien, no es una sola psicografía, son dos. Fueron publicadas así, dos psicografías separadas, cada una en su propia hoja, solo que "casualmente", en páginas enfrentadas del libro "Cono Sur" de Pedro Romaniuk, que se tomó el trabajo de publicar las psicografías agrupadas por temas, por lo cual no es extraño que estén juntas.

A la izquierda, la Estatua de la Libertad con el epígrafe, del año 1939. A la derecha, otra psicografía con un dibujo que representa a las Torres Gemelas, firmada pero sin fecha, sin epígrafe. No necesitamos mucho texto para saber hoy en día lo que simbolizan Las Torres Gemelas para el inconsciente colectivo de la humanidad y más aún viendo el caos detrás. Allí están, solo ahora, después del atentado, las podemos mirar así, comprendiendo su importancia y cómo su desaparición cambiaría el mundo.

La que lleva el epígrafe anunciando un ataque es la otra con el dibujo de la Estatua de la Libertad.

¿Ambas psicografías están aludiendo al atentado del 11 de septiembre? Sí, claro que puede ser, es una muy buena interpretación, pero... ¿y si no? Guardo con prudencia, y espero equivocarme, la posibilidad de que anuncie un atentado a la propia Estatua de la Libertad, el monumento.

Lo que correspondería es verlas por separado, pero para que la psicografía "encaje" en la difundida interpretación, hay que mostrarlas a las dos juntas. Y así circulan. Y ¡peor aún! En las redes es común encontrar el dibujo de la derecha de las Torres Gemelas con el epígrafe de la otra psicografía en un intento mayor de lo que yo llamo "forzar la interpretación".

Así fue mostrada también, el dibujo de una con el epígrafe de la otra, en un viejo documental que el canal televisivo Infinito hiciera sobre la vida y legado de Solari Parravicini.

Cabe decir que ambas fueron publicadas muchos años antes del atentado no solo en el libro de Pedro Romaniuk, sino también en la revista Cuarta dimensión de Fabio Zerpa.

¿Hay psicografías falsas? A menudo me preguntan. Sí, hay algunas pocas. En el foro Argemto las hemos discutido hace muchos años ya, pero por suerte no son tan conocidas ni han sido muy difundidas en la red y, obviamente, no las voy a difundir aquí. Cuando aparecen psicografías nuevas hoy día, con Parravicini ya fallecido, solo nos queda fijarnos en el origen, de dónde provienen, quienes las tenían, cómo llegan a sus manos y decidir cada uno si las toma o no por ciertas. Así está sucediendo en la actualidad, aparecen nuevas psicografías e inmediatamente unos las consideran auténticas y otros las consideran fraudulentas. Generalmente se basan en la desconfianza hacia las personas que las poseen o bien analizando sus trazos o letra.

Opino personalmente que hacerles peritajes caligráficos no sirve de mucho para autenticar una psicografía por varios motivos.

En primer lugar, si bien Pelón no entraba en trance para canalizarlas, convengamos que no estaba en un estado "tan normal" como para compararlas con su letra cotidiana.

Tanto dibujos como texto han ido cambiando con los años, son muy diferentes las psicografías del año 1938 comparadas con las del año 1972, por ejemplo, y ésta comparación estaba bien a la vista entre las psicografías publicadas con Parravicini aún en vida. Pienso que es un error comparar la letra de las psicografías de la década del 30 en su juventud con las que hizo antes de su muerte, con una mano y pulso típicos de una persona mayor de edad.

Por ejemplo, cuando alguien me dice que una psicografía es falsa porque "esa no es la línea de Parravicini", yo me pregunto ¿a cuál línea se estará refiriendo? Observen una pequeña muestra de las diferentes líneas en sus dibujos de psicografías inobjetables de su propia mano.

Con la letra pasa algo similar, cuando alguien afirma con total seguridad "esa no es la letra de Parravicini", me pregunto ¿a cuál letra se estará refiriendo? Les dejo otra pequeña muestra de sus diferentes letras.

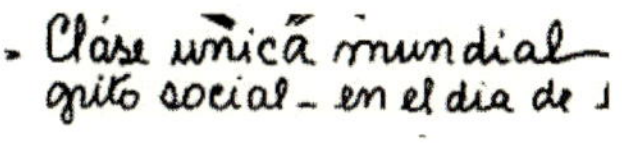

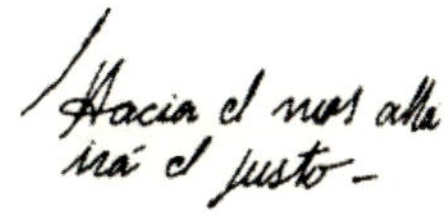

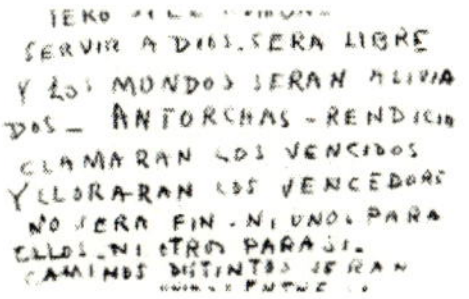

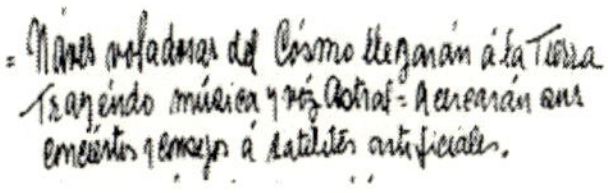

Por otro lado, si bien la gran mayoría de las psicografías fueron canalizadas por su ángel guardián Fray José de Aragón, sabemos que no solo él era quien dirigía su mano, por lo cual cada ser plasmaba su impronta en la misma. Además, algunas psicografías eran tan antiguas que a la hora de publicarlas hubo que "redibujarlas en tinta", sí, tal cual lo lee, fueron redibujadas, y esto trae más de un problema para un análisis caligráfico. Pero veamos cómo explican este tema en la revista Conocimiento de la Nueva era del año 1967 para presentar el material.

"Los dibujos proféticos psicografiados de B. Solari Parravicini, de cuyo valor artístico habla muy elogiosamente el comentario anterior, son en realidad de gran calidad, algunos y de diversos valores, otros, como si hubiesen sido realizados por diferentes pintores, aunque todos profetizan y enfocan el futuro de la humanidad y del mundo.

En verdad, esa despareja calidad o variedad de manos que se descubre por la diferencia de trazos y construcción se debe, según el artista, a distintas influencias que, parapsicológicamente, recibe. Solari Parravicini, gran artista y pintor, presta simplemente su mano que corre vertiginosamente sin oponerse él, sobre el papel, diseña y escribe con diversidad de líneas, obedeciendo a energías cuyo origen la ciencia trata ahora a nivel universitario de descubrir.

Desde el año 1932, este artista recibe premoniciones referentes al porvenir del hombre. Es mucho el material aportado y que sigue llegándole en estos últimos años, aunque las técnicas son distintas. Algunos dibujos son de trazos muy delicados y revelan una gran sensibilidad, otros de vigorosa y gruesa línea y gran economía gráfica, mientras que otros aún, muy elaborados, evidencian la decidida identificación de la energía creadora con la personalidad del pintor.

"Estos dibujos son tomados a lápiz, debiendo muchos de ellos ser redibujados a tinta china porque su antigüedad obligó a tal tarea al ser casi invisibles sobre el papel oscurecido por el tiempo transcurrido."

Este pequeño texto, realizado en base a las explicaciones del mismo Pelón, deja sin sentido los minuciosos análisis caligráficos y de líneas que suelen hacer a las psicografías para determinar si son o no auténticas, análisis que en la mayoría de los casos tampoco se hacen sobre originales, sino sobre las publicaciones o fotocopias de las publicaciones.

Pero quien recibe las mayores sospechas de haber manipulado psicografías es el reconocido investigador

Pedro Romaniuk. Esta situación tiene su causa en que ha escrito en sus libros que él mismo canalizaba a Parravicini.

Pedro Romaniuk es el único autor de libros considerados "fuente" sobre Parravicini que no recibe el material de manos de Pelón, sino que lo hace a través de terceras personas después de su muerte. Sí recibe Romaniuk una carta de Parravicini con 6 dibujos muy extraños sobre la "célula crística" y que muestra en "Cono Sur Faro de Luz en el Mundo" de su autoría.

En sus libros ha publicado supuestas transmisiones que Pelón le hiciera después de fallecido con textos explicando psicografías, dando una suerte de interpretaciones de las mismas. Recordemos que Parravicini se cuidó de no hacer interpretaciones en vida.

Romaniuk también ha publicado una psicografia con dibujo y texto "firmada por Parravicini con fecha 5/6/2002", es decir, posterior a su muerte obviamente canalizada. Todas estas acciones, además de causar confusión, llenó de suspicacias a muchas personas que pensaron ¿hasta qué punto ha sido capaz de llegar Pedro Romaniuk en sus intervenciones?

En su defensa diré que en sus libros queda claro cuál es el material canalizado por él y bien diferenciado de las psicografías originales, aun así esto ha creado confusiones y dudas sobre el resto.

Poner en tela de juicio todas las psicografías de Parravicini publicadas por Romaniuk puede no ser lo más justo ni para Pedro ni para la obra de Pelón, dado que con el tiempo hemos visto y seguimos viendo cumplirse muchas de ellas. En lo personal, le estoy muy agradecida que las haya publicado.

Como siempre sostengo, las psicografías dan fe de sí mismas por sí mismas. No necesitan de nosotros para autenticarse, se autentican por sí mismas a medida que se van cumpliendo.

Lo curioso es que son varias las personas que se han acercado para decirme que canalizan a Parravicini, y siempre me pregunto ¿tiene sentido canalizar "al canal"? en mi caso, si pudiera elegir, ¡preferiría canalizar a Fray José de Aragón!

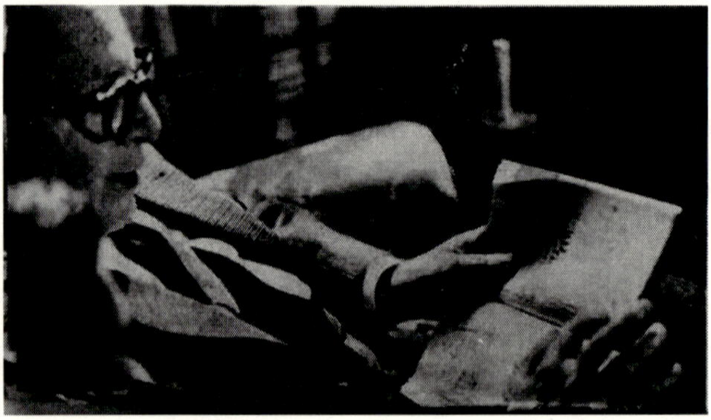

Pelón con una de las revistas Conocimiento de la Nueva Era que recopilamos en esta edición -Foto publicada en la Revista "Así" del año 1968

Ante la duda, con el material que ya conocemos como legítimo nos basta y sobra para conocer de qué trata el mensaje en general para la humanidad. Las demás psicografías que vayan apareciendo quedará en cada uno decidir si las considera o no, en cuanto no cambien el mensaje dado en las ya publicadas como auténticas.

Todo el material de este libro vio la luz cuando Pelón vivía por lo tanto no entra en controversia alguna.

5- Parravicini y el caso Ummo

Los hechos paranormales en su vida no se limitaron al contacto con seres en espíritu o desencarnados, también fue contactado por seres extraterrestres. En el año 1961 venusinos lo llevaron desde plena avenida 9 de julio, una ancha y concurrida calle de la ciudad de Buenos Aires. Estuvo con ellos, en su nave varias horas, recorrieron el espacio y lo devolvieron cerca de su casa. "*Estése tranquilo, señor. Queremos hacerlo viajar porque usted es telépata y nosotros le hemos frecuentado porque pasamos periódicamente por acá y deseamos mostrarle lo que ustedes ignoran...*" le dijeron, este hecho está narrado en los libros de Von Wurmb, de Zerpa y en tres entrevistas, en la revista Esquiú, en la revista Así, y el diario la Razón todas de 1968.

Solari Parravicini explica al cronista el modo de saludar de los venusinos.

Solari Parravicini explica al cronista el modo de saludar de los venusinos con las manos en los hombros - Foto publicada en la Revista "Así" 1968

Pero el contacto no terminó allí, sino que el mismo Parravicini por sus dotes telépatas sirvió como puente de mensajes entre seres venusinos y el Sr. Sesma, uno de los protagonistas del caso Ummo.

El caso Ummo comienza en el año 1934. Una señal experimental lanzada desde un barco llega al supuesto planeta Ummo que orbita la estrella Wolf 424. Desde allí envían una misión a la Tierra para estudiar su origen. Los seres de dicho planeta entran en contacto con diferentes personas, en particular con el señor Fernando Sesma en Madrid, quien comienza a recibir en la década del 60 llamados telefónicos y cartas con un símbolo que identifica a esta raza extraterrestre, un a H con una barra vertical en el medio. En las cartas imparten conocimiento sobre su planeta y su cultura, además de conocimientos científicos. El señor Sesma se reunía con entusiastas de estos temas donde estudiaban el contenido de las informaciones recibidas en un bar llamado "La Ballena Alegre" en el subsuelo del desaparecido Café Lion. Entre las personas que allí se reunían estaba el señor Jordán Peña, quien por la década de los 90 se adjudica la autoría de las misivas, diciendo ser el creador del fraude de los Ummitas. Para muchos eso fue el fin del caso Ummo, para otros no.

Este es un brevísimo resumen, ya que no es tema del presente libro, hay interminable cantidad de bibliografía y documentales sobre el caso, riquísimos en datos para investigar y para que cada uno pueda sacar sus propias conclusiones. Pero ¿qué tiene que ver este caso con Parravicini?

Tiempo después de haber sido abducido por los venusinos (no hay información de cuándo específicamente), esos mismos seres se comunican telepáticamente con él a fin de dictarle una carta para el Sr. Sesma (en el libro de Fabio Zerpa "El Nostradamus de América" encontrarán también este relato pero con el apellido "Lesma" debido a una posible confusión de la letra manuscrita de Pelón entre la "S" y la "L").

Entre otras cosas le dictan lo siguiente para ser entregado a Sesma:

"... los estudios que hacen ustedes, en el centro de investigación de la existencia de nuestros platos voladores o platillos

volantes como nos bautizan, están perfectamente dirigidos por usted. Me valgo de este medio para darles una prueba más de nuestro afán educativo y real existencia..."

Parravicini le envía la carta a través de una amiga en Madrid. A partir de allí ambos, Pelón y Fernando Sesma, se conocen y comienzan a intercambiar correspondencia.

Pero el tema no queda aquí. El último día del mes de mayo de 1967, reunidos con amigos, Pelón recibe un mensaje para Generoso Idarraga que estaba entre los presentes: *"en este momento hay sobre la terraza un plato volador naranja dispuesto a llevarte a visitar tu tierra"*, recordemos que Generoso era de origen vasco. El hecho se tomó a risas y no creyeron. Acto seguido, el mismo mensajero desde la nave dice: *"(...) Para que no duden de la veracidad de la invitación hecha, marcharemos a España en nuestro proyecto y en especial demostración de lo dicho volaremos sobre un apartado de Madrid llamado San José y enfrentaremos un colegio allí mismo instalados igualmente nombrado San José. Recuerden, el naranjo otra vez será"*.

Así fue que el al otro día, el 1 de junio de 1967, un platillo volador naranja se posó sobre la escuela de San José de Valderas por varios minutos. Al día siguiente se publicó en un matutino el episodio con una fotografía del ovni.

Foto publicada el 2 de junio de 1967

Mas allá de si las fotos del episodio son reales o fraudulentas, dado que aún sigue la polémica, hubo muchos testigos del incidente. Pelón y sus amigos estaban eufóricos por el suceso y en nueva reunión posterior uno de ellos quiso saber el significado del monograma a lo que Pelón escucha

"El *gran monograma es de Cristo, estos platillos naranjas símbolo, su color amor y fe, recorren mundos menores enseñando su divina lección, porque deben ustedes saber ¡Cristo es en el Universo!"*

Me pregunto ¿cómo se explican las transmisiones telepáticas recibidas por Pelón dentro de la teoría del fraude del señor Jordán Peña del caso UMMO?

Los episodios con los Ummitas narrados por Parravicini quedaron en manos de los autores Sigurd Von Wurmb y Fabio Zerpa quienes los publicaron muchos años después de fallecido Pelón. Los escépticos estarán en su derecho de dudar. En ese caso tendrían que decir que esta es una más de las mentiras en el caso Ummo en esta oportunidad perpetrada por Pelón, un disparate. En realidad, para un escéptico nada de lo narrado en éste libro tendrá visos de realidad. Los autores Zerpa y Von Wurmb muestran en sus libros los manuscritos de Parravicini narrando ese contacto.

Investigadores que han estudiado muy bien el caso Ummo manifiestan que tiene aspectos verídicos y "se lo ha ensuciado con mentiras para derribarlo". Quizá la cosa vaya por allí.

Me pregunto si esta psicografía alude a ese contacto:

"España recibirá una raza de seres hermosos venidos de un planeta alejado de nuestro sistema solar. La Argentina igual lo recibirá y establecerán un puente de comunicación entre ambos países y el planeta de origen" (1940).

Según las propias palabras de Parravicini: ***"los Ummus ¡Son otra realidad!"***

6- El Caos

Analizando el contenido recopilado vemos que hay gran cantidad de información que no estaba en los libros tradicionales considerados "libros fuentes".

Aquí Parravicini nos habla por ejemplo del contacto con los seres de Ganímedes, nos habla del mundo subterráneo, de civilizaciones anteriores a la nuestra, también encontraremos un hermoso artículo donde nos habla del Mundo del Futuro, allí describe a la Tierra ocupando su lugar entre los hermanos del cosmos.

Pero de toda la información que encontré la que más impacto me causó fue "El Caos". En los libros anteriores también se describen hechos referidos a "El Caos", las guerras, el final de la civilización y aquí los citaremos, pero es con las psicografías encontradas en Conocimiento de la Nueva Era donde lo pude ver con mayor claridad.

Voy a hacer una pequeña revisión de psicografías referidas a ese momento tomadas de todas las fuentes. Hago este compendio basado en mi visión personal por lo cual pido al lector que tome solo lo que sienta coherente según su propio criterio.

Por falta de espacio solo tomo algunas psicografías, no todas, con la idea de mostrarlas organizadas y luego cada uno de ustedes puede recorrer en los demás libros o por internet el legado profético completo viendo y ubicando las restantes en el lugar que le corresponda según la línea de sucesos que aquí presento, si es que concuerdan conmigo claro.

Parravicini explica que habrá una gran guerra con armas nucleares (¿serán tres las detonaciones? ¿Los famosos tres humos que menciona en otros libros?) y que en plena contienda ocurrirá un evento natural de carácter cataclísmico que hará desistir al Hombre de continuar con los enfrentamientos. A los eventos generados por el Hombre les llama El Caos del Hombre, a los eventos generados por la naturaleza les llama El Caos de Dios.

"Llega ya el sol de explosiones. El entregará guerra – el hombre enloquecerá y el Caos será para anular el Caos del hombre. ¡Caos de Dios contra Caos del Hombre!" (1938).

"Llega la etapa del Caos" (1940).

"Cataclismos geológicos acompañarán a los conflictos bélicos" (sin fecha mostrada por Sigurd Von Wurmb en un artículo del periódico La Capital de Rosario – 11 de julio de 1971).

Caos de Dios contra Caos del Hombre, dos caos, por eso en otras psicografías menciona "el caos en el caos" algo que puede tomarse como palabras poéticas pero en realidad son mas que reales para describir la situación.

Explica que el Caos de Dios no viene tanto como castigo sino como salvación ya que de continuar el Caos del Hombre, la destrucción sería total. Está claro además que el Caos del Hombre se refiere a una contienda con armas nucleares.

"¡Señores...meditad! El mundo se apresta a experimentar una nueva fuerza que hará el mal y el bien, que elevará al hombre a otros planetas o desintegrará al mundo, en ese caso el Caos salvará de la total destrucción" (1938).

Como vemos esta psicografía está en condicional la nueva fuerza hará el bien **"o"** desintegrará al mundo y **"en ese caso"** el Caos salvará. Es decir, como Humanidad algo podemos hacer para evitar la destrucción, no nos cansemos nunca de orar y visualizar un mundo en paz.

"Nacer, vivir, morir... será palabra vana en el Caos" (1938).

Pero veamos cómo describe el Caos del Hombre:

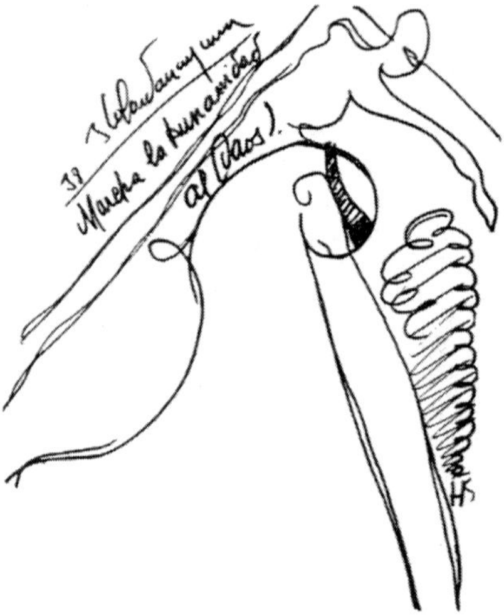

Marcha la humanidad al Caos

Marcha la humanidad, ciega con los ojos vendados, al Caos y dibuja la bomba **H** (también llamada bomba de hidrógeno, bomba de fusión o bomba termonuclear) en el año 1938 cuando la primera prueba de esta máquina de matar fue en 1952.

"La visión corta de los poderes mundiales serán nubladas sin remedio y los poderes rodarán en atómica locura - ¡Caos!" – (1971).

"La locura encumbrada en mandatarios será la causa del grande Caos" (1936).

Cada vez que describe Caos y guerras, es el Caos del Hombre.

Veamos ahora cómo describe el Caos de Dios, siempre referido a eventos naturales:

"Polo será Ecuador después del Caos" (1938).

"¡Verano será invierno! Después del Caos. Estío frío" (1938).

"¡Otoño será Primavera! después del Caos" (1938).

"¡Primavera será Otoño! después del Caos" (1938).

"El altiplano encierra verdades que saldrán a la luz en el final de los tiempos, cuando los meridianos regresen. Allí se oculta la raza gigante" (1968).

¿Pero qué puede suceder para que los meridianos se muevan de lugar, cambien los polos, el ecuador y las estaciones se trastoquen? Parravicini nos habla de un objeto que impactará con la Tierra mas específicamente cerca de las Antillas, habrá fuego y agua, veamos algunas:

"El espacio trae un planeta que chocará" (1938).

"Llega la hora de las horas y en su oscuridad recibirá el choque del gran planeta. Trastocará así la Tierra. Todo caerá" (1939).

"Un planeta será herido por un planeta apagado que rueda los espacios. Ese planeta será la Tierra. La herida en el choque será en la parte sur del hemisferio Norte y arrancará gran parte de su colofón. Entonces el mundo tierra en el sacudimiento dará un volcón igual al que dio cuando le fue arrancado el trozo de "América del Sud" y hoy llamado en alto "Luna". De nuevo el diluvio de nuevo la

oscuridad, de nuevo el eje en su lugar, de nuevo el rodar y un nuevo mar en el foso dejado, y de nuevo otra luna que brillará mas La Amnis." (1938).

"Las Antillas serán cubiertas de guerras, luego el Caos las hará trizas" (1938).

El choque en esa región separará las américas.

"Luz. Los hijos del norte altiplánico verán la luz del mañana, después de los grandes cataclismos que separarán la América del Sur de la Central y Norte. Después la luz será del Sud". (BSP 1938).

¿Qué papel tendrá América del Sur y la Argentina luego del Caos en el Caos?

"América del Sur será cuna de amor, luego de la gran llamarada" (BSP 1968).

"Después de la llama. La caída civilización terminada será elevada y socorrida por el bloque americano, el que se hallará solidificado y enseñado para el bien. ¡Amor de hermano será!" (BSP 1968).

"Los hombres de la argentada tierra, la que casi no padeció en el retumbe, cantará extendiendo alegremente sus brazos en amor al hermano que deberá llegar de las calcinadas regiones. La argentada tierra será en mandato mayor en el 2002" (BSP 1960).

"El pájaro de luz de la joven Argentina iluminará al mundo en Caos" (BSP 1967).

"Argentina es vacía porque vacía debe permanecer hasta el día de la llegada del hermano mundo herido en los fuegos" (BSP 1971).

"Argentina conservará sus parcelas como los hospitales sus camas para el llegar del sufriente ardido por los humos. ¡Será en Caridad! ¡Será en OM!" (BSP 1972).

"Pampa argentina, cuna del mañana" (BSP 1938).

"Viajará el hombre ametrallado hacia el sin fin de un destino- la voz del justo dirá: Argentina- y el herido curará junto al nativo. ¡Cantará!" (BSP 1972).

"Argentina- puerto de puerta celeste- de arenas de oro – de pastos verdes – de flores rojas- hablará y dirá: Tierras tengo para el que sufre en quemazón, para el sin hogar, para el huérfano niño, para el que hambre padece, para el desposeído, para el anciano, para el enfermo, para el que nace y para el que deba nacer en este lugar de promisión, ¡Argentina Samaritana del Mundo!" (BSP 1972).

"Caminante tu que observas ve hacia la playa de las arenas argentadas, allí aguarda la paz- ¡Faro de Faros!" (BSP 1972).

Los hermanos extraterrestres nos avisarán mucho antes para pedirnos que cambiemos, y de suceder el Caos, trabajarán para ayudarnos en curas de enfermedades y aportando material biológico como hemoglobina.

"Naves marcianas dirán en la Tierra, mas no serán de Marte. Ellos traerán el mensaje del alto; hablarán del Caos y dirán: Acudid a Dios y al amor porque Dios es amor" (BSP 1960).

"Los interplanetarios invisibles al ojo humano, mensajeros son de Dios y llegarán en más y en más, para evitar el estallido de

la atómica, ellos tratarán de imponer la hermandad y el amor al prójimo y hasta infiltrarán en la juventud desubicada la meditación mística y el retiro de todo mal" (BSP 1939).

"Satélite laboratorio extraterráqueo donde se trabaja por la humanidad. Allí se hacen cultivos de gérmenes nocivos de la Tierra para hallar la manera de exterminarlos. Allí se busca la forma de acabar con las enfermedades que le asolan. Conseguir la limpieza de toxinas que pueblan nuestro espacio, y de las aguas. Se fabrica allí sangre artificial de diferentes tipos y diferentes maneras de cura para acudir a nosotros en socorro después del ¡caos final!" (BSP 1940).

"Naves interplanetarias no visibles a la retina humana llegarán a la Tierra, habitarán América en el extremo Sur, allí recogerán materiales para socorrer al mundo en el hambre y en el cataclismo de fuegos. Portarán sangre humana a sus laboratorios satélites para elaborarla artificialmente ¡Proveerán hemoglobina!" (BSP 1959).

También nos ayudarán con el alimento. Sobre este punto quiero poner la atención en que proveerán alimentos de origen vegetal y animal. Seres superiores, quizá comprensivos de la etapa evolutiva de la humanidad proveerán alimentos acordes a nuestras costumbres, incluyendo vegetales y animales.

Es común en el ambiente contactista considerar que para lograr un contacto con seres superiores del cosmos hay que ser vegetarianos. Pues como leerán en éste libro Benjamín Solari Parravicini fue abducido por venusinos luego de comer un "puchero de gallina" (el puchero es una comida típica argentina donde se hierve en agua, en este caso la gallina, con vegetales) es decir, el alimento de origen animal que aún estaba en su estómago no fue problema para el contacto. Y mas adelante en este libro también podrán leer en "El Mundo del Futuro" cómo pasados los siglos los humanos dejarán de comer animales de pastoreo pero seguirán comiendo peces, hablando de una humanidad que ya estará integrada al cosmos. Quizá dejar de alimentarnos con seres de origen animal sea algo deseable y algún día lo lograremos, pero entiendo que son procesos culturales o bilógicos que irán cambiando paulatinamente y no parece ser condición para integrarnos con seres superiores.

Pero volvamos al tema del caos y veamos de qué manera nos ayudarán con los alimentos en el momento del hambre:

"Llegarán seres interplanetarios trayendo gérmenes a cultivar en la Tierra. El mañana de hambre precisará de ellos" (1940).

"Laboratorios extraterráqueos sembrarán arideces en la Tierra y alzarán productos que utilizarán para alimentos, no de los del alto mas sí para el terráqueo después del 2000 ¡llegará el hambre!" (1960).

"Vegetales gigantes llegarán a la Tierra antes de la gran hambre" (1940).

"Vegetales y seres gigantes en la Argentina" (1938).

"Viene a la Tierra un nuevo polen fecundador de vegetales. El crecimiento será exagerado en muchos, mas será en bien. Llega el gigantismo en todo ser animal que pueda servir de alimento, porque llega ¡el hambre!" (1968).

"Vegetales y animales de gigantesco desarrollo aparecerán sobre la Tierra en el final de la prueba. Ellos serán para el hombre en hambre" (1959).

"Cultivadores de Kross transportarán vegetales y aves nuevas a la Tierra para el día del hambre" (1960).

Pero no solo recibiremos ayuda de los hermanos extraterrestres, sino también desde las esferas astrales de nuestros seres queridos ya desencarnados:

"Cerebros pensantes" que fueron humanos, llegarán en retorno a la Tierra por amor a sus familiares y amistades. Les aconsejarán, enseñarán y guiarán en el instante del gran caos (1960).

Según Parravicini cada raza del planeta desciende de diferentes razas extraterrestres. En el Caos final cada una hará su aporte para salvar a sus descendientes en la Tierra

"Los nautas interplanetarios negros llegarán al final de los tiempos para rescatar a su raza y salvarle" (1940).

"Marino eléctrico, morador del profundo mar, será visitado por naves espaciales que vendrán a llevarle al planeta que fuera su origen ¡Les salvarán de la lucha nuclear! "(1960).

"La mujer ciclópea del ayer bajará a la Tierra en su nave de Neptunia. Traerá ayuda a la raza negra "(1960)

"Los hombres azules del planeta azul que bajaron a la Tierra para guiar y proteger el éxodo de Israel regresarán en el final de la sexta década para de nuevo proteger a Israel "(1960).

Luego del Caos, los sobrevivientes llegarán a América del Sur para iniciar una nueva Humanidad socorridos por los hermanos del cosmos. Y según Parravicini será el momento del regreso de Jesús, el Cristo.

"2002- "Hombre ciego: la hora de la hora ya fue dada y su retumbe ensordecerá en el día del día día. Llega presta la marejada lunar. Llega el encrespado de la grande ola. Llega el desborde del aluvión de aluviones. Llega el fuego fuego, de los fuegos en el fin. Las naves astrales se acercan y bajan. El pastor de pastores hablará desde el alto diciendo-, "Van a vosotros ángeles de consuelo, portando el consuelo de los consuelos, la palabra de la grande palabra. El sentido del grande sentido. El amor en el amor de amores" ¡Oh! De nuevo el Sol ya regresa, exclamará con temores la lombriz de la tierra tierra. ¡Ya es el Sol sin la nube de la nube nube! Sin el humo del humo humo. Es ya el Sol en el brillar del brillo. Ya es el Sol en Dios. Dios es el Cristo en retorno. ¡Él es la paz! ¡Llega el 2002!"

"Terminada la grande prueba del Caos en el Caos el mundo conocerá el amor en caridad de amor. Cristo será en él y la paz será. Será en el 2002!" (BSP 1966).

...y la humanidad se levantará para ver a Jesús

...y la humanidad se levantará para ver a Jesús" (BSP 1939)

Según sus propias palabras, el retorno de Jesucristo sería en la Argentina.

"La Argentina se salvará porque está protegida por los hábitos divinos. El sol que tiene la bandera creada por Belgrano (que era médium) significa el retorno de Cristo" - (texto extraído de entrevista a Benjamín Parravicini recopilada en este libro).

"Cristo regresa en el Sol de soles a la Argentina en la nube de Paz" - (psicografía sin fecha mostrada por Sigurd Von Wurmb en un artículo del periódico La Capital de Rosario – 31 de julio de 1988).

Comienza así la reconstrucción del planeta junto a Jesús y los hermanos del cosmos, quienes enseñarán a la humanidad caduca a vivir en armonía iniciando la hermosa Era del Amor.

7- Pestes y Enfermedades

Me preguntan de continuo si Parravicini avisó sobre la pandemia del Covid-19 y la respuesta es un rotundo "Sí, Parravicini avisó sobre pestes y enfermedades nuevas", aunque de manera general. Y no lo hizo una sola vez, lo avisó en numerosas psicografías, algunas en esta recopilación y otras en los diferentes libros que se hicieron con su material. En realidad fue más amplio, habló sobre "pestes" así en plural avisando que serían varias y no una.

En mi caso personal al leer esas psicografías pasaba de largo el aviso de las pestes, no entendía la dimensión y la gravedad de esa palabrita hasta que nos tocó vivir una.

Nos habló de pestes naturales y de pestes creadas por la ciencia. En el caso de las pestes naturales las ligó al cambio climático, y en el caso de pestes creadas por la ciencia las ligó a guerras.

Aquí por ejemplo en las siguientes dos psicografías habla de las consecuencias de los deshielos provocados por el cambio climático. Consecuencias que los científicos nos avisan a viva voz, la posibilidad de que afloren virus o bacterias para los cuales ya nuestro ADN no tenga memoria y causen enfermedades o pandemias de difícil control.

"Llega al mundo hambre, frío, ***pestes, enfermedades nuevas,*** *nuevas razas zoológicas, nuevas clases botánicas, nueva raza humana" (1936).*

*"**Microbios nuevos saldrán a la palestra** junto con insectos nuevos. Surgirán animales antediluvianos que durmieron los hielos que cayeron en deshielo. El año 2000 será de nuevo de ellos. El hombre será para entonces de enormes cerebros. La realidad asustará porque ellas serán las intelectas. El hombre escapará" (1936).*

Cuando leamos en su legado pestes y enfermedades nuevas recordemos los consejos dados para interpretar las psicografías, no solo pensar en Covid-19, pensemos en el Sida, el H1N1, gripe porcina y aviar, claro que Covid-19 y quizás... otras por venir.

"El átomo llegará a dominar el mundo. El mundo será atomizado y quedará ciego. Caerán tormentas ocasionadas por las incursiones del hombre en la atmosfera. ***Nuevas enfermedades,*** *trastoques de sexos, locura colectiva, dislate total. El mundo oscurecerá." (1936?).*

Interesante toda la información en la anterior psicografía. Cuando Pelón menciona varios eventos éstos suelen estar acomodados en una línea de tiempo. Comienza hablando del desarrollo atómico en el mundo, el cual ya tenemos como una espada de Damocles sobre nuestras cabezas con la cantidad de armas diseñadas con esa tecnología. Sigue con el aviso de un cambio climático provocado por ¿geoingeniería? O ¿Por las más de 2000 bombas explotadas en pruebas nucleares muchas de ellas en los océanos y en la atmósfera? En la línea de eventos continúa con "nuevas enfermedades", que estamos viviendo. Sigue con "trastoques de sexos" que también estamos viviendo, la agenda mundial impone el reconocimiento de nuevos géneros a tal punto que en algunos países están pensando no indicar el sexo en los recién nacidos hasta que el niño o niña lo elija en un futuro. Los cambios de sexo hoy día están reconocidos por las Obras Sociales o Seguros de Salud, creo que estamos transitando esos eventos también. Luego locura colectiva, dislate total y el oscurecimiento de la humanidad. Todo eso marcaría el fin de nuestra civilización.

Dos psicografías me dejaron sorprendida cuando encontré este material recopilado y que verán con imágenes más adelante.

"El cáncer será en avance hasta el final del tiempo" (1938).

"¡Llega la locura en masa! El trastorno cerebral será general en el final del siglo" (1938).

Totalmente cumplidas. Recuerdo que una enfermera, ya jubilada, contaba que cuando recién comenzó a trabajar hace varias décadas atrás, la llegada de un enfermo de cáncer al hospital era toda una novedad. Las compañeras de trabajo se acercaban a la sala para mirar a hurtadillas al enfermo de esa "rara dolencia". Imaginen decir en la década del 30 que sería un mal general. Lamentablemente lo estamos viendo, el cáncer ha avanzado a un nivel en que todos tenemos no uno sino varios amigos y parientes afectados por un cáncer. Según Pelón en el mundo del futuro eso ya no existirá, tendremos la cura para muchas enfermedades incluida ésta.

Sobre el tema de la "locura en masa" también la considero cumplida, Ud. Puede realizar otra interpretación por supuesto. Veo de manera generalizada a tanta gente padeciendo ataques de ansiedad, insomnio, fobias, manías, toc, autismo, ataques de pánico, depresión, bipolaridad, etc. Es común que una persona tenga que recurrir a pastillas para dormir o ansiolíticos que si bien ya venía sucediendo en décadas anteriores no podemos negar que en la actualidad eso es ya casi general.

Aun así entiendo que estas psicografías más que tener el objetivo de avisarnos de esas enfermedades o trastornos en realidad son eventos señaladores para saber dónde estamos parados en la línea del tiempo, y la del cáncer es bastante clara en eso, será en el "final del tiempo".

La peste o las pestes como marcadores en una línea de tiempo también la vemos en la psicografía siguiente:

*"Fuego - hambre - **pestes** - muerte - repite la campana justiciera que se acerca al mundo, mas aún el mundo no escucha, ni ve. Viene la tiniebla del dragón que pareció dormido. Viene el terror del oso que fingió amor y hermandad. Viene el demócrata humilde, que no lo fue nunca, y viene con él la pobreza, el sin albergue, y con ellos todas las explosiones de la disgregación. Viene la oscuridad y luego ¡la luz del Sud! ¡La Cruz!" (BSP 1972).*

"Fuego, hambre, **pestes**, muerte" las pestes son indicadoras de una etapa, la etapa del fin o final de finales de esta civilización. Luego la psicografía nos habla del anuncio de estos males, mas el mundo no escuchará. Según el legado se aproximaría una gran guerra que involucraría a las tres potencias, China, Rusia y EEUU. Mostradas en la psicografía como "el dragón", "el oso" y "el demócrata". En la línea de tiempo avisa que esas tres potencias nos llevarán al caos de guerras. Luego la luz del sud, en América del Sur será el inicio de la nueva humanidad, y la Cruz marcando el regreso de Jesús.

Como decía al principio, además de mencionar nuevas enfermedades causadas por cambios climáticos en la que sigue nos advierte de una bacteria que sería lanzada en terrible guerra.

"Ciencia: portas a la bacteria en detrimento humano. ¿Qué hace tu saber? Comprende y entiende, ***la bacteria será por ti lanzada en terrible guerra*** *mas recuerda, ella en anticipo terminará contigo. Llegan pestes para tu conocer ¡Desconocidas!" (1968).*

Tremendo. En la psicografía le habla a la ciencia, al científico en general que está trabajando en armas biológicas. ¿Será el caso del Sarscov2 que provocó la pandemia del Covid-19? Puede ser, claro que sí, aunque se trate de un virus, en lenguaje profético podría estar mencionando bacteria de manera general. Hoy estamos viendo cómo los países se están acusando mutuamente de propagar la enfermedad de manera deliberada. ¿Será este el caso del inicio de una guerra bacteriológica? ¿Vendrán más virus y bacterias dentro de una guerra generalizada?

Yo creo que sí. Hasta ahora la pandemia de Covid-19 no tiene una gran mortandad a nivel mundial los índices son parecidos a la de la gripe estacional, pero podría mutar o aparecer o ser lanzada una nueva que genere muchos más muertos que la actual, claro que sí y lo veremos en la siguiente psicografía:

"El apocalipsis de los fuegos nuevos, de la bomba, de la explosión "hongo", ***de los gérmenes****, de los gases, de los ácidos… Terminará en el comienzo. En el Reino" (1972).*

No habla de "guerras" simplemente, una palabra lo cambia todo, es el proceso apocalíptico lo que describe. En los momentos finales, según Parravicini, además de las bombas nucleares habrá una guerra bacteriológica (gérmenes) y una guerra química (gases y ácidos). Esta última no es nueva, por dar un solo ejemplo todavía Vietnam está sufriendo las consecuencias en su población y en sus tierras del agente naranja lanzado por EEUU en la última guerra allí. Las armas químicas ya se usan desde la primera guerra mundial con el gas mostaza y otras sustancias. Por mas que los países hayan hecho tratados para frenar su uso en la realidad han continuado desarrollando armas químicas y como vemos, también bacteriológicas.

"El altiplano será respetado y perplejo mirará el Caos pero ***la peste y las deformaciones atómicas*** *allí producidas harán un lugar creíble pero increíble. Estudios mundiales, pero el mundo nada podrá ofrecer, habrá oscurecido. Tres tiempos, mas un tiempo, después la luz" (1938).*

Si bien entiendo que describe o da más datos del Caos o apocalipsis final, sigue siendo un lenguaje críptico. No podemos comprender qué significan "los tres tiempos" por ejemplo por mas que especulemos serán solo interpretaciones.

Ubica al altiplano y las personas que allí viven como "espectadores" de ese caos final. Y así es, Pelón contó que toda América del Sur sería salvada para después ayudar a los sobrevivientes. El altiplano hoy es muy respetado. Millones de personas peregrinan anualmente a sus tierras buscando paz, contacto con la naturaleza, contacto con su gente, buscando sabiduría, sanación y enseñanzas espirituales ancestrales.

Puse en negritas las palabras que quiero destacar "la peste y deformaciones atómicas" es decir, me parece entender que vendría una peste tan importante que merece llamarla en singular "la peste" y por sus consecuencias también merece ser puesta a la par de "deformaciones atómicas", inquietante.

La ciencia nada podrá hacer para remediar el desastre que termina con esta civilización.

Luego de esos ¿cuatro tiempos? O ¿tres tiempos y medio? Comienza la luz del Sud que menciona en las demás psicografías que ya vimos.

No creo que en esta psicografia esté hablando del Covid-19, el pronóstico de los científicos es que se volverá endémica como la gripe estacional, están apareciendo tratamientos efectivos, en pocos años habrá una vacuna segura, la inmunidad de rebaño lo debilitará sumado a su actual baja mortalidad. Me parece que está hablando de una enfermedad peor, ya sea natural o creada en un laboratorio.

Como sea, hay más psicografías que mencionan pestes y enfermedades. Lo vivido hasta ahora por el Covid-19 despertó todas mis alertas. Durante 20 años leía esas psicografías, leía esas palabras… pestes, enfermedades y las pasaba de largo poniendo mi atención en las guerras nucleares o la caída de un asteroide. Hoy tomo conciencia de lo que significan y la manera en que pueden afectar a nuestras vidas, a la humanidad. A los conocidos hechos de pandemias anteriores en la historia los veía lejanos y me sentía segura por los avances de la medicina, el avance de las medidas sanitarias y de higiene de la actualidad. Hoy entendí que no es así, aún somos muy vulnerables y lo que mejor parece funcionar sigue siendo nuestro maravilloso sistema inmune que puede ser ayudado por la ciencia pero nunca reemplazado.

Aun así Parravicini menciona las pestes como eventos marcadores, señales de los tiempos que vienen. Pestes hubo siempre desde el inicio de la humanidad pero no se usaron como armas biológicas algo que solo vemos en estos tiempos. Las pestes son otro factor para prestar atención y en mi caso, nunca más volveré a minimizarlas.

8- El Hombre Gris

Si hablamos de psicografías muy difundidas sobre Parravicini, sin dudas las del Hombre Gris están entre ellas. Mucho se dice de esta premonición que atañe específicamente a la Argentina, pero dado el papel en la reconstrucción de la humanidad que le tocará a este país, podría decir que atañe a todos.

Las mismas hacen referencia a un posible dirigente que conducirá la Argentina en momentos difíciles. Pero vamos primero a verlas.

Las siguientes 4 psicografías fueron publicadas en los libros de Sigurd von Wurmb. Hay alguna que otra más, pero aún deben demostrarse fehacientemente sus orígenes. De todas maneras las demás no cambian el sentido ni agregan mucha más información a las que aquí tenemos, por lo cual, centrémonos en éstas que no pueden ser objetadas.

"El "hombre gris" en la Argentina será abrazo en la prueba." (BSP sin fecha).

– Se publicó solo su texto.

La Argentina tendrá su "revolución
francesa"– en triunfo– puede ver.
sangre en las calles. si no ve
el instante del "hombre gris"–

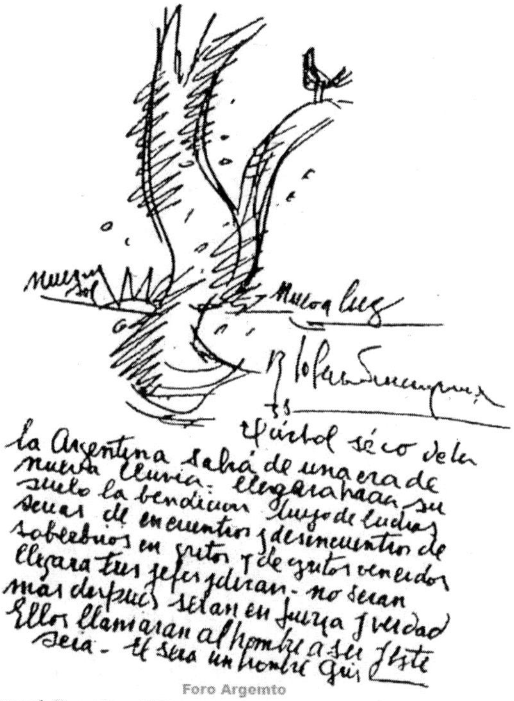

Nuevo sol. Nueva Luz. El árbol seco de la Argentina sabrá de una era de nueva lluvia. Llegará hacia su suelo la bendición luego de luchas serias, de encuentros y desencuentros, de soberbios en gritos y de gritos vencidos.

Llegarán tres jefes y dirán. No serán, mas después serán en fuerza y verdad. Ellos llamarán al hombre a ser y éste será. El será un hombre gris. (Profecía año 1938)

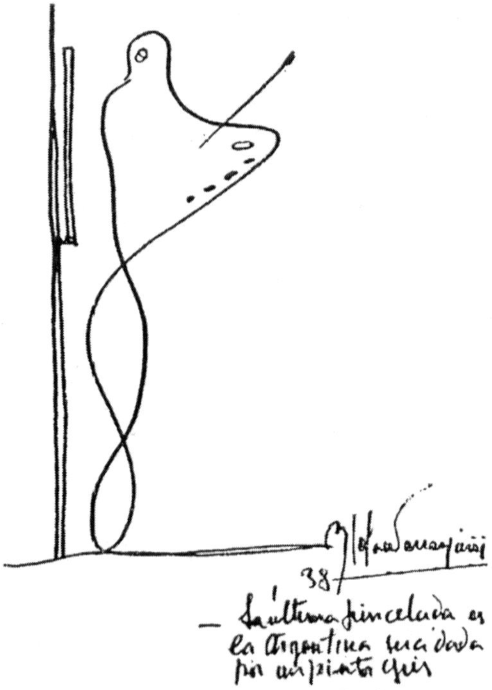

La última pincelada en la Argentina será dada por un pintor gris.

Leyendo los textos, alguien podría decir que la última no habla del "Hombre Gris" sino de un "Pintor Gris" y estaría en lo cierto, pero la he incluido solo por el hecho de que es aceptado por la mayoría de los estudiosos que hace referencia a ese enigmático ser. Igual, el lector está en su derecho, si así lo desea, de no considerarla como específica del "Hombre Gris".

Parravicini menciona de maneras similares en diferentes psicografías a "el hombre humilde", "el hombre del evangelio", "el hombre block", "el hombre del mañana" veamos algunos ejemplos para graficar cómo usaba Pelón la forma "El Hombre…." Junto a una cualidad a destacar.

El Hombre:

Ametrallado, Marino eléctrico, Ciego, Bala, Atolondrado, Ególatra, Sensible, Amarillo, Comunista, Cristo, de Cuarzo, Extraterráqueo, Tierra, Anfibio, Astral, Redimido, del Júbilo, del Mañana, del Único Mirar, etc…

En algunos casos queda claro que no hablan del Hombre Gris, pero hay personas que piensan que las psicografías del Hombre del Evangelio, o del Hombre Humilde hacen referencia al mismo Hombre Gris, algo no demostrado y no todos concuerdan con eso.

Las interpretaciones son múltiples y variadas. En algunos casos se considera que el Hombre Gris es un colectivo social, en otros que es un hombre, también que es una mujer, incluso un extraterrestre, por eso es gris. En mi caso personal creo que las interpretaciones del Hombre Gris como un colectivo social "el pueblo" o "un hombre" son las más acertadas.

Está muy difundida la creencia que será un presidente, pero si se fijan bien en ningún lugar dice que será un presidente, en ese caso estamos ante una "interpretación" tan válida y sujeta a equivocación como cualquiera.

Justamente en función de esta interpretación es que cada vez que Argentina renueva su presidente inmediatamente salen a la red explicaciones afirmando que el nuevo presidente es el Hombre Gris y los opositores argumentando en contra.

A lo largo de todos estos años han ido surgiendo innumerable cantidad de autoproclamados Hombres Grises. Muchos de ellos se presentan en el Foro Argemto, quizá buscando un reconocimiento o aprobación de gente que sabe del tema. Tantos han sido que nos vimos obligados a crear un lugar especial para poder colocar allí las discusiones de los diferentes "Hombres Grises" que se presentan.

A tal punto ha surgido en algunas personas ese sentimiento mesiánico de ser el enigmático personaje, que yo misma pude ver y escuchar al ex presidente argentino Carlos Menem, cuando aún estaba en mandato, decir… "yo soy el Hombre Gris".

Y así andan muchos argentinos buscando al enigmático Hombre Gris en líderes sociales, religiosos, políticos, etc…

También me contactan por privado personas para decirme que son el Hombre Gris, argumentando a su favor, y se enojan si no reciben el apoyo buscado. O bien lo que se da con mayor frecuencia, es que sabiendo que estudio el legado de Parravicini se comunican por privado preguntándome quién es el Hombre Gris, como si yo pudiera tener guardada esa valiosa información.

En algún momento le preguntaron a Parravicini "¿Quién es el Hombre Gris?" a lo que respondió "no lo sé". Y he ahí la gran humildad de este gran hombre, humildad que no veo en las personas que interpretando las psicografías aventuran con total seguridad quién es o quién no es el Hombre Gris.

En lo personal intuyo que el Hombre Gris no sabrá que lo es, y mucho menos andará autoproclamándose como tal. Pero lo mío es una simple opinión.

Como sea, aprovechemos la poca información que tenemos. No sabemos "quién" pero tenemos indicios del "cuándo". El Hombre Gris al parecer vendrá a ayudar (ya sea como líder o presidente o desde el lugar que sea) en un momento difícil para la Argentina o el mundo. Parravicini describe un Caos mundial como ya vimos. En otras dice que Argentina tendrá su propia prueba, su propio caos. La psicografía que dice *"El Hombre Gris será abrazo en la prueba"* y *"la última pincelada en la Argentina será dada por un pintor gris"* posiblemente nos están indicando el momento en que el líder surgirá para ayudar. No lo busquemos antes.

Pero si Parravicini habla de una prueba para Argentina, que luego vivirá el mundo en grande, ¿en cuál de las pruebas aparecerá el enigmático personaje? Aquí está la respuesta:

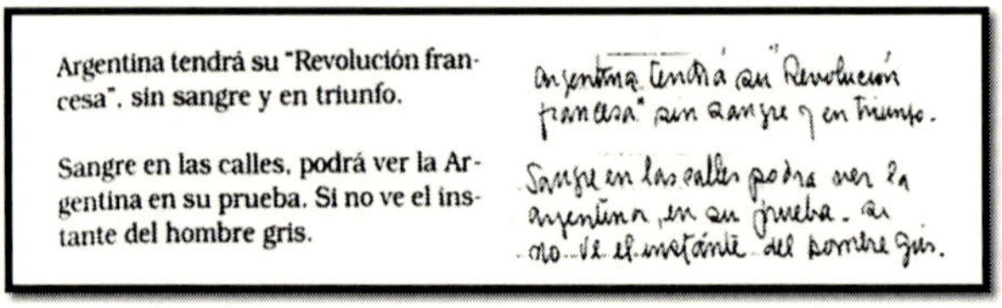
Argentina tendrá su "Revolución francesa", sin sangre y en triunfo.

Sangre en las calles, podrá ver la Argentina en su prueba. Si no ve el instante del hombre gris.

"Sangre en las calles, ***podrá ver la Argentina en su prueba****, si no ve el instante del hombre gris".*

Y es que a la hora de transcribir las psicografías para enviarlas a su amigo Sigurd, agregó más información, y en este caso fue un pequeño gran detalle.

En algunos casos han interpretado que el momento de "prueba" para la Argentina fue en el colapso económico y político del 2001, es una muy buena interpretación, pero en mi opinión esos difíciles momentos pueden estar en el futuro. Sin ir más lejos Argentina vuelve a dirigirse cíclicamente a un colapso social, económico y en la actualidad agravado por un colapso sanitario debido a la pandemia del Covid-19. También podría estar refiriéndose al clima del Caos mundial que golpeará a la Argentina, aunque en menor magnitud. Como en toda interpretación, el tiempo dirá...

A la hora de interpretar sobre el Hombre Gris, tengamos esa humildad de saber que estamos opinando, y que podemos equivocarnos. Por otro lado, evitemos analizar esta figura desde el fanatismo o pasión política. Es más, creo que si el Hombre Gris es el que conducirá nuestros destinos en el momento de esa "prueba" o del caos mundial, poco nos van a importar las banderías políticas, estaremos muy preocupados por otros asuntos, tal como la supervivencia o salir lo mejor posible del colapso.

También les diría que no existe "voz autorizada" para interpretar sobre el Hombre Gris. No permitan que nadie, por mucho que sepa sobre Parravicini, les imponga quién es o quién no es el Hombre Gris.

Si es que le toca a nuestra generación vivir esos momentos de caos, lo mejor que podemos hacer es trabajar con honestidad, buscando siempre el bien común, respetando a quienes piensan diferente, en ese contexto el Hombre Gris podrá hacer su labor.

En el caso que los acontecimientos angustien, o crean que la Argentina ha perdido el rumbo, recuerden estas esperanzadoras palabras de una psicografía:

"...Nada sucederá en la Argentina que no sea por mandato del Alto" (BSP 1968).

9 - ¿Fatalismo o Libre Albedrío?

Cientos de libros se han escrito sobre el determinismo, el libre albedrío, el fatalismo, el libertarismo, etc. Ahondar en cada uno de ellos no es materia de este libro, el debate es interminable y aún desconcierta a los filósofos, teólogos, biólogos, neurólogos, legistas. Porque en ese debate se encuentran todas las áreas relacionadas con el quehacer humano. ¿Es realmente libre el hombre cuando toma decisiones? Es una pregunta que necesita respuesta en todas las áreas de las ciencias, no solo es materia de religiones y creencias. Un juez necesita tener esas respuestas para aplicar justicia, por dar un solo ejemplo. El asunto se retuerce en un laberinto interminable cuando además agregamos a los conceptos de libertad, los de voluntad y deseos humanos.

Nuestra pregunta aquí sería ¿está escrito el futuro o podemos cambiarlo? Porque si no podemos cambiarlo, ¿dónde estaría entonces nuestra libertad? O bien, si no podemos cambiar el futuro, ¿qué sentido tienen las profecías? No crean que hallaremos aquí esas respuestas, seguiremos con los mismos interrogantes.

Para el determinismo, cada evento es una consecuencia inevitable de causas previas. Todo lo que sucede tiene una causa. De allí deriva luego el fatalismo que sostiene que todo evento sucederá sí o sí, independiente de la voluntad humana, ya sea por causa de los dioses, por leyes naturales o por el ambiente y experiencias previas vividas por ese ser humano. Pero también hay una discusión determinismo versus fatalismo, donde en el primero aún subsiste la razón, podemos analizar causas y tratar de cambiarlas, mientras que en el fatalismo nada se puede hacer para cambiar los resultados. Todo, absolutamente todo, está en un debate complejo, no hay respuestas sencillas en este tema.

Según la Rae, el "albedrío" se define como potestad de obrar libremente, tras reflexión y elección. También se denomina "libre albedrío". Pero ¿hasta qué punto el ser humano es libre de obrar, elegir o incluso "sentir"? Basta investigar un poco la manera en que las hormonas influyen en nuestro comportamiento para empezar a cuestionarnos algunos conceptos, incluso el de "sentir amor".

¿Somos libres para cambiar nuestras acciones y con ello cambiar el porvenir?, ¿Se puede conocer el futuro?, ¿Podemos cambiarlo? Al debate se sumaron los científicos que estudian mecánica cuántica. Hace dos décadas un libro cambió mi visión sobre el tema, "El Tao de la Física" de Fritjof Capra, Doctor en Física teórica e investigador de física subatómica, explica que podemos cambiar la realidad en la que vivimos y que todos los conceptos de la física cuántica se unen a las antiguas enseñanzas orientales. Ya no podemos hablar de "observadores objetivos" porque somos partícipes, somos creadores de la realidad. Si estamos creando nuestro presente, y el futuro depende de éste, entonces seríamos creadores de nuestro futuro.

Pero, ¿cómo es posible que Fray José de Aragón conociera el futuro de la humanidad con tanta precisión?, ¿Cómo pudo conocer con anticipación el presente o el futuro que crearíamos con nuestro supuesto libre albedrio? Si somos libres de elegir, cómo puede alguien saber con anticipación nuestras elecciones.

Según diferentes teorías no estaríamos en una tercera dimensión, sino en una cuarta. Para poder determinar dónde se encuentra una partícula en nuestra realidad necesitamos 4 vectores, 3 vectores de posición en el espacio X, Y, Z (los que permiten definir largo, ancho y profundidad de un cuerpo) serían los tres vectores que nos permiten describir dónde se encuentra una partícula, y habría un cuarto vector de tiempo que permite saber en qué momento encontramos a la partícula en esa posición. A tal punto el tiempo es percibido como un vector lineal con dirección, que podemos "sentir" el paso del tiempo, donde el pasado está "detrás" y el futuro está hacia "adelante".

Las enseñanzas metafísicas nos explican que para los seres desencarnados el tiempo es uno solo, pasado, presente y futuro son un eterno presente. Es difícil imaginarlo para nosotros y por eso es entendible el lenguaje simbólico usado por Fray José para transmitir la información. Debe ser muy difícil traducir aquello que puede percibirse en una dimensión superior para que sea entendible en otra inferior.

No solo tenemos el caso de Fray José, que supuestamente es un ser desencarnado en comunicación con Pelón. También existen los casos de contactados, quienes refieren que los seres del cosmos usan tecnología muy avanzada que les permite conocer el futuro e incluso viajar en el tiempo. Por ello tantas advertencias para que el ser humano cambie su comportamiento ya que ellos conocerían lo que sucederá en años venideros, porque de allí vienen.

En lo personal pienso que en este asunto no hay blancos y negros. Quizás haya hechos que no puedan modificarse y otros que sí. Quizás haya un destino, un camino trazado al encarnar en esta vida, pero tenemos el poder y la libertad de cambiar algo o todo del mismo. Quizás haya eventos que sucederán y nuestra libertad radique en lo que cada uno decida vivir o cómo decida vivir esos acontecimientos. Es tan difícil para mi adoptar una posición, definir una opinión. Reconozco que cualquier manera de pensar sobre este tema es solo eso, una opinión, de ninguna manera un conocimiento. Observo con ternura todas las definiciones tajantes que pretenden explicar que las cosas son de tal o cual manera.

Las psicografías no aclaran el panorama. Mas bien diría que tienden al determinismo en algunas y al fatalismo en otras. Si Nostradamus dijo "Una profecía cumplida es una profecía fallida", es decir que son dadas con anticipación para que la humanidad cambie ese futuro, el legado dejado por Fray José tiene un objetivo diferente.

Al inicio Fray José de Aragón le cuenta a Pelón que harán dibujos premonitorios con el siguiente objetivo:

"Te entregaré en su mayoría simbólicos dibujos traduciendo profecías al llegar. Debes saber, criatura, que ya es cercano el "final de finales" […] cada uno de ellos llevará un epígrafe explicativo a su pie […]. Después ellos harán bien en luz, otorgarán luz en bien, y el bien en luz, y la luz en bien. ***¡Salvarán al que vio!"***

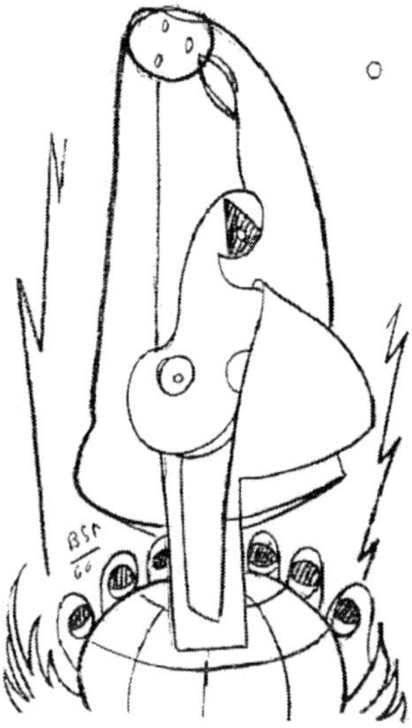

Humanidad ciega que corres tras el cascabel vacío.
Ya el pavor del grande pavor es sobre la inerte Tierra.
Los que no vieron sucumbirán. Los que vieron llorarán
!Fin de finales!

"Humanidad ciega que corres tras el cascabel vacío. Ya el pavor del grande pavor es sobre la inerte Tierra. ***Los que no vieron sucumbirán. Los que vieron llorarán****. ¡Fin de finales!" (1966).*

En otra oportunidad se lamenta Fray José que la humanidad estará ciega y que no escuchará su mensaje, pero termina diciendo esto… pero salvarán al que vio. Entiendo que su objetivo es poder llegar a aquellos que sí recibirán su mensaje y puedan tomar decisiones que les permita sortear el Caos. He buscado tratando de dar con el mensaje de cambiar los hechos profetizados y no he encontrado nada, al menos entre las psicogafías publicadas hasta el momento. El legado de Pelón pareciera dado no para cambiar el curso de los hechos, sino para "salvar al que vio".

oma hablará al mundo cuando Roma fue desoída en el mandato.
El mundo en parte no escuchó, mas escuchará con América.
El caos llega. !Salvaos!

*"Roma hablará al mundo cuando Roma fue desoída en el mandato. El mundo en parte no escuchó, mas escuchará con América. El caos llega ¡**Salvaos**!" (1940).*

Como vemos en estas dos psicografías anteriores, hay personas que verán el momento a llegar y podrán "salvarse", Llega el caos ¡Salvaos! Dan a entender que ese es el objetivo de las psicografías, ayudar a salvar a una parte de la humanidad, muy diferente a lo planteado por Nostradamus.

Es más, redobla la apuesta, ya que pareciera plantear que mas allá de lo que hagamos, el bien o el mal, los hechos sucederán igual. Veámoslo en estas psicografías que, por supuesto, puedes interpretar de otra manera, como siempre digo.

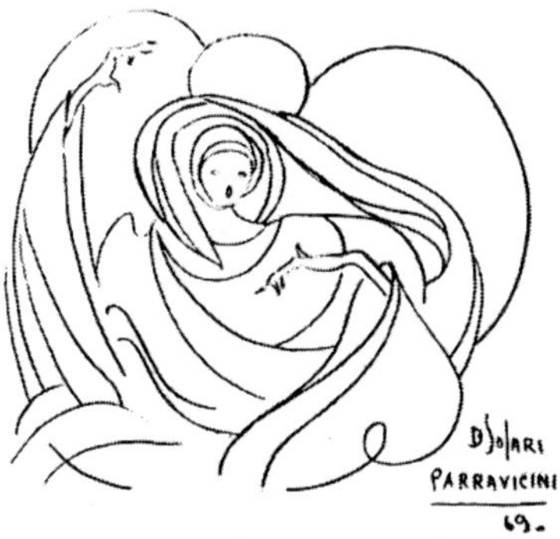

... Y entonces Dios enjugará sus lágrimas y no habrá más muertes...
(Apoc.)

Caminante tú que llegas — atended y entended — ¡El tiempo está cerca!
El que daña — dañe aún — El que sucio está prosiga en lo sucio —
El justo justifíquese más y más
— y el Santo doblemente lo haga.
El día del Señor llega — Él vendrá como un ladrón por la noche —
Él sorprenderá a cada uno en su vital estado.
Dichoso aquél que en esta hora última guarda bien sus vestidos para no andar desnudo mostrando sus vergüenzas.

".... Y entonces Dios enjugará sus lágrimas y no habrá mas muertes... (Apoc.) - Caminante, tu que llegas, atended y entended. ¡El tiempo está cerca! El que daña, dañe aún. El que sucio está prosiga en lo sucio. El justo justifíquese más y más, y el Santo doblemente lo haga. El dia del Señor llega. El vendrá como un ladrón por la noche. El sorprenderá a cada uno en su vital estado. Dichoso aquél que en esta hora última guarda bien sus vestidos para no andar desnudo mostrando sus vergüenzas" (1969).

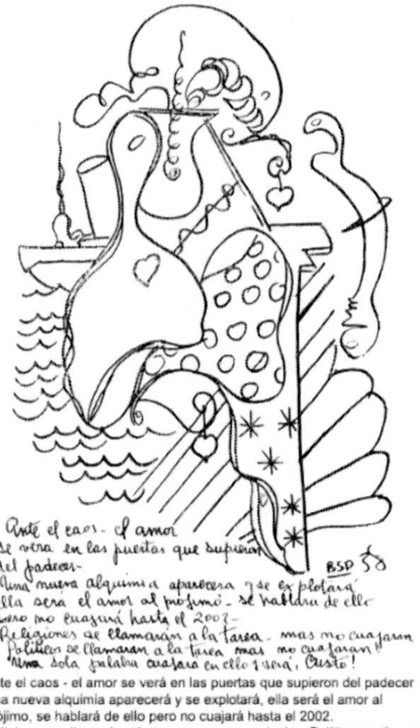

Ante el caos - el amor se verá en las puertas que supieron del padecer
Una nueva alquimia aparecerá y se explotará, ella será el amor al prójimo, se hablará de ello pero no cuajará hasta el 2002.
Religiones se llamarán a la tarea - mas no cuajarán - Políticos se llamarán a la tarea mas no cuajarán! Una sola palabra cuajará en ello y será Cristo!

"Ante el caos, el amor se verá en las puertas que supieron del padecer.

Una nueva alquimia aparecerá, se explotará, ella será el amor al prójimo. Se hablará de ello, mas no cuajará hasta el 2002. Religiones se llamarán a la tarea, mas no cuajarán. Políticos se llamarán a la tarea, mas no cuajarán.

Una sola palabra cuajará en ello, y será, Cristo!" (1938).

"!No violencia! = ¡Sí violencia! Amabas maneras serán fracaso ¡Hasta el Sol!" (1972).

Pareciera decir que mas allá de los esfuerzos por intentar la no violencia, o el amor al prójimo, los eventos seguirán su curso y todo eso que deseamos, vivir en amor y sin violencia será una realidad recién con la llegada de Cristo, en el nuevo milenio, en la nueva era del amor, en la era que inició en el año 2002. Recordemos que Pelón explicó que la nueva era comienza en el 2002, aunque no lo veamos aún, esos tiempos profetizados ya comenzaron a correr. Todo "cuajará" con el renacer de la nueva humanidad.

"¿Por qué se preocupa el Alto de planeta tan pequeño y tan mal habitado? Se preguntan ciertos ámbitos, y el Ángel blanco del Mensaje contesta: "Porque en la Tierra nació el Cristo hecho hombre y el Cristo hecho hombre aprendió a querer a sus semejantes y desea salvarles".

¡Oh! Si Cristo Universo ordena, dijo el profeta inmortal, ***será el hombre redimido, pero será con el nuevo hombre al llegar,*** *y llegará en el 2002".*

En el párrafo anterior, sacado de una canalización de Parravicini, vemos que la esperanza de la humanidad está puesta en el hombre nuevo que llegará en la era presente, la era del 2002, con ese hombre "cuajará" el amor y la no violencia. Ya hablaremos del nuevo hombre, el de la nueva humanidad posterior al caos.

Ante el Caos — la Iglesia y el hombre tratarán de hallarse en amor.
El amor al prójimo será voz de orden y ruego.
Mas... no será —
— Será en el 2002 —

"Ante el Caos, la Iglesia y el hombre tratarán de hallarse en amor. El amor al prójimo será voz de orden y ruego. Mas… no será. Será en el 2002" (1950).

Pero entonces, aun creando un mundo mejor, ¿el Caos llegaría igual? Podría uno preguntarse. Según lo que entiendo en las psicografías, hay un llamado constante a trabajar por el bien común, a ser cada vez mejores personas, a practicar el amor al prójimo y la caridad, no para cambiar los eventos sino porque con mas razón por la llegada de esos eventos es que, según Fray José, necesitaremos manos solidarias y amorosas.

La caridad salvará al mundo, dice en otra psicografía, es por ello menester aprender a trabajar por los demás.

Pensar en crear un mundo amoroso en función de una supuesta "salvación" me parece un objetivo bastante egoísta. Ser "amorosos para salvarnos" es hacer el bien a otros pensando en nuestro propio bienestar, de una manera interesada. Cuidar la vida, proteger al hermano, evitar el sufrimiento, cuidarnos entre nosotros, es necesario, y no precisa ninguna otra razón que lo explique, y mucho menos buscar ese cambio como un fin secundario a otro principal como podría ser "la salvación".

Hombre ciego —
El confusionismo llega al hogar — a la sociedad — a las instituciones —
¡al Papado! —
Apresuráos — el Ángel del castigo baja.
Es ya la hora y aún tiempo resta.
Dad de beber al que sed tiene — restaña la herida del que sufre — alivia necesidades y penas — comprende y consuela al angustiado — apoya al anciano — proteje al niño desamparado — guia al arrepentido — y no olvides tu ligero andar, que aún, un tiempo queda.
Ten presente hombre ciego: La infinita bondad del Padre, permitirá ver al que lloró —
¡El Ángel del castigo baja!

"Hombre ciego- El confusionismo llega al hogar, a la sociedad, a las instituciones, ¡al Papado!

Apresuraos, el Ángel del castigo baja. Es ya la hora y un tiempo resta-

Dad de beber al que sed tiene, restaña la herida del que sufre, alivia las necesidades y penas, comprende y consuela al angustiado, apoya al anciano, protege al niño desamparado, guía al arrepentido, y no olvides tu ligero andar que un tiempo queda. Ten presente hombre ciego: la infinita bondad del Padre, permitirá ver al que lloró. ¡El Ángel del castigo baja! (1968).

Comento esto porque muchos piensan que si la humanidad cambia, todo puede evitarse. No parece ser el mensaje de Parravicini, y voy mas lejos, ni siquiera parece ser el mensaje de Jesús.

En la biblia, en Mateo 24, hay una larga descripción de los "tiempos finales" relatados por Jesús. Extraigo aquí unos párrafos.

3 Cuando llegó al monte de los Olivos, Jesús se sentó y sus discípulos le preguntaron en privado: "¿Cuándo sucederá esto y cuál será la señal de tu Venida y del fin del mundo?".

4 Él les respondió: Tengan cuidado de que no los engañen.

5 porque muchos se presentarán en mi Nombre, diciendo: "Yo soy el Mesías", y engañarán a mucha gente.

6 Ustedes oirán hablar de guerras y de rumores de guerras; ***no se alarmen: todo esto debe suceder****, pero todavía no será el fin.*

7 En efecto, se levantará nación contra nación y reino contra reino. En muchas partes habrá hambre y terremotos.

8 Todo esto no será más que el comienzo de los dolores del parto.

14 Esta Buena Noticia del Reino será proclamada en el mundo entero como testimonio delante de todos los pueblos, y entonces llegará el fin.

15 Cuando vean en el Lugar santo la Abominación de la desolación, de la que habló el profeta Daniel –el que lea esto, entiéndalo bien–.

16 los que estén en Judea, que se refugien en las montañas;

17 el que esté en la azotea de su casa, no baje a buscar sus cosas;

18 y el que esté en el campo, que no vuelva a buscar su manto.

19 ¡Ay de las mujeres que estén embarazadas o tengan niños de pecho en aquellos días!

20 Rueguen para que no tengan que huir en invierno o en día sábado.

21 Porque habrá entonces una gran tribulación, como no la hubo desde el comienzo del mundo hasta ahora, ni la habrá jamás.

29 Inmediatamente después de la tribulación de aquellos días, el sol se oscurecerá, la luna dejará de brillar, las estrellas caerán del cielo y los astros se conmoverán.

30 Entonces aparecerá en el cielo la señal del Hijo del hombre. Todas las razas de la tierra se golpearán el pecho y verán al Hijo del hombre venir sobre las nubes del cielo, lleno de poder y de gloria.

Jesucristo profetizó el fin de los tiempos de la misma manera y en ningún momento veo que aclare que esos hechos pueden ser cancelados si la humanidad cambia.

Es mas, cuando describe los inicios de los tiempos finales sentencia diciendo "*no se alarmen: todo esto debe suceder*".

Jesús habla con toda seguridad afirmando con frases "habrá una gran tribulación", "el sol se oscurecerá", aconseja que se refugien en las montañas, etc... Jesús asegura con firmeza lo que sucederá, no hay una sola palabra en condicional o que sugiera que hay una manera de evitarlos. A lo sumo deja esta frase de consuelo:

"*Y si no fuera abreviado ese tiempo, nadie se salvaría; pero será abreviado, a causa de los elegidos.*"

Al parecer hay hechos que no podemos cambiar, eso contrasta también con la buena nueva de la física cuántica. Quienes se pregunten dónde queda entonces nuestra capacidad para modelar la realidad, dónde está nuestro libre albedrío, les recuerdo que Dios también tiene su libre albedrío y potestad en el asunto.

Pero como mencioné antes, no todo está escrito en blanco y negro. Hay hechos que sí podemos cambiar, esto lo vemos en algunas psicografías que están en "condicional". Es decir, se muestra un futuro y otro, en función de si se hace una cosa u otra. Veamos un par de ejemplos.

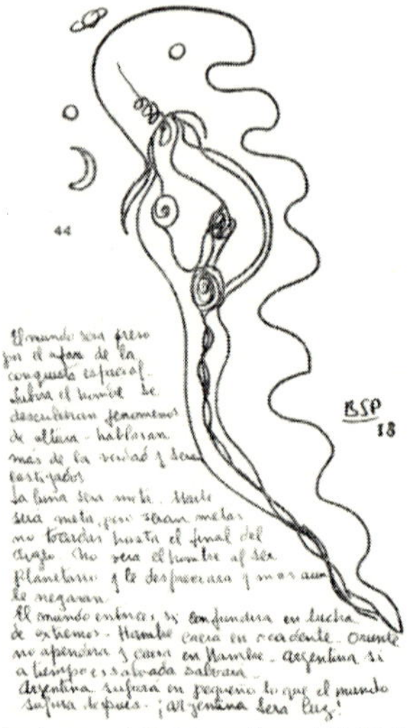

El mundo será preso por el afán de la conquista espacial. Subirá el hombre,
se descubrirán fenómenos de altura - hablarán mas de la verdad y serán castigados.
La Luna será meta - Marte será meta, pero serán metas no tocadas hasta el final
del siglo. No verá el hombre al ser planetario y le despreciará y mas aún le negarán.
El mundo entonces se confundirá en lucha de extremos -
Hambre caerá en occidente - Oriente no aprenderá y caerá en Hambre
Argentina sí a tiempo es salvada salvará - Argentina sufrirá en pequeño lo que
el mundo sufrirá después - ¡ Argentina será luz !

Foro Argemto

"El mundo será preso por el afán de la conquista espacial. Subirá el hombre, se descubrirán fenómenos de altura, hablarán más de la verdad y serán castigados. La Luna será meta. Marte será meta, pero serán metas no tocadas hasta el final del siglo. No verá el hombre al ser planetario y le despreciará y mas aún le negarán. El mundo entonces se confundirá en lucha de extremos. Hambre caerá en occidente. Oriente no aprenderá y caerá en Hambre. ***Argentina si a tiempo es salvada salvará****. Argentina sufrirá en pequeño lo que el mundo sufrirá después. ¡Argentina será luz!" (1938).*

"La Argentina tendrá su "revolución francesa", en triunfo, ***puede ver sangre en las calles si no ve el instante del hombre gris****" (1971).*

Dos psicografías con condicionales. "Si a tiempo es salvada, salvará", es decir, puede que sea de una manera o de otra. Puede ser salvada o no. Puede ser que salve, o que no.

Argentina "puede" ver sangre en las calles "si no ve" el instante del hombre gris. Es decir, es posible que haya sangre, o quizás no si es que logra ver ese instante.

En ninguna de las dos psicografías está todo determinado, al parecer hay eventos que sí pueden ser de una u otra manera, en esos casos está en nosotros elegir el rumbo hacia un lado o el otro. Aquí no hay "fatalismo" como definimos al inicio. Pero en las siguientes nos habla del "destino", veamos:

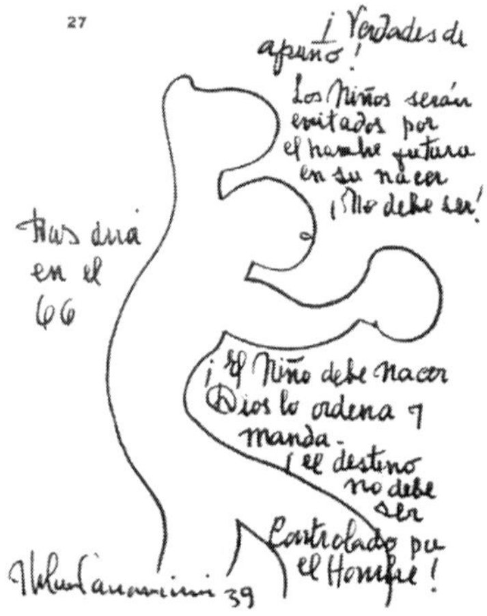

Dios dirá en el 66 ¡Verdades de a puño! Los Niños serán evitados por el hambre futuro en su nacer ¡No debe ser! ¡El Niño debe nacer Dios lo ordena y manda- ¡el destino no debe ser controlado por el Hombre!

Foro Argemto

"Dios dirá en el 66

¡Verdades de a puño!.

*Los Niños serán evitados por el hambre futuro en su nacer. ¡No debe ser! ¡El Niño debe nacer Dios lo ordena y manda. ¡**El destino no debe ser controlado por el Hombre**!" (1939).*

No debe, pero… ¿puede?

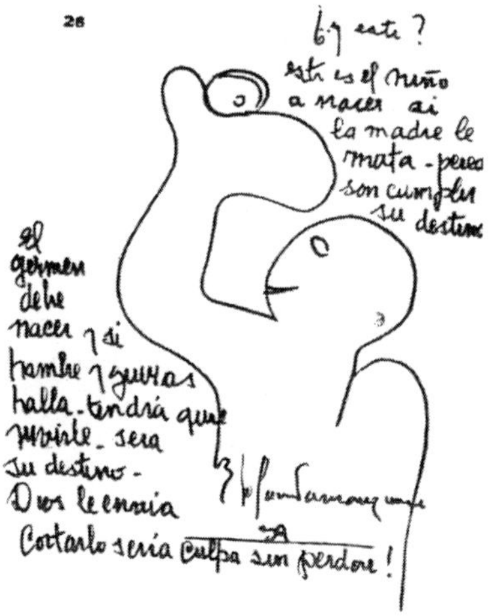

El germen debe nacer y si hambre y guerras halla,
tendrá que vivirle, será su destino. Dios le envía
Cortarlo sería culpa sin perdón!
¿Y éste? este es el niño a nacer si la madre le mata
perece sin cumplir su destino

Foro Argemto

*"El germen debe nacer y si hambre y guerras halla, tendrá que vivirle, **será su destino**. Dios le envía, cortarlo sería culpa sin perdón! ¿Y éste? Este es el niño a nacer si la madre le mata **perece sin cumplir su destino**" (1939).*

¿Destino? Pero ¿dónde queda el libre albedrío entonces?

En la siguiente psicografías se describe cómo será el hombre del mañana, porque el ser humano será muy diferente al actual. Hace un detalle de las diferencias que tendrá comparado con el hombre de la actualidad y entre sus nuevos dones estaría "el libre albedrío".

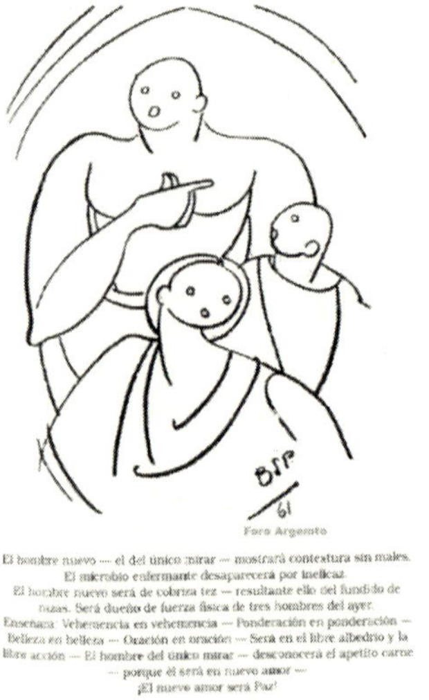

"El hombre nuevo, el del único mirar, mostrará contextura sin males. El microbio enfermante desaparecerá por ineficaz. El hombre nuevo será de cobriza tez resultante ello del fundido de razas. Será dueño de fuerza física de tres hombres del ayer. Enseñará: Vehemencia en vehemencia, ponderación en ponderación, belleza en belleza, oración en oración. ***Será en el libre albedrío y la libre acción.*** *El hombre del único mirar desconocerá el apetito carne, porque él será en el nuevo amor. ¡El nuevo amor será Paz!" (1961).*

Me llama la atención que describa el "libre albedrío y la libre acción" dentro de las nuevas capacidades del hombre del mañana ¿es que no gozamos de esos dones ahora? ¿no tenemos esa plena libertad? *"La verdad los hará libres"* dijo Jesús, ¿alguien puede asegurar que conoce o está en la verdad sobre algo? Ergo... ¿somos libres?

Veamos más características del ser humano del mañana:

> *"En el final de la prueba llegará el súper hombre hijo del nuevo gene. Llegará el hombre astral y será sin ser. Hablará sin hablar. Se trasladará sin traslado y sabrá sin aprender. ¿Será el hombre de Plutón? ¿Será el hombre de Ganímedes? ¡No! Será el hombre tierra, Geón" (1967).*

> *"Cambios rotarios de atmósfera traerán la infiltración en el sistema genético humano de gérmenes llegados a la tierra sobre las vestimentas de sus astronautas. Ello será causa del nacer del nuevo ser, el que presentará un tamaño mayor al normal y será denominado: Geón" (1960).*

> *"Llega el nuevo hombre al mundo tierra, será cerebralmente computado, de físico titánico y de belleza ancestral. ¡Geón será electrónico! Termina ya la gran prueba." (1968).*

"Con el andar del 2000, la nueva tierra sabrá del prolongado existir del hombre nuevo. Este hablará sin gutural expresión. Verá sin vista. Pensará sin mente. Sustentará sin boca. Será de superior aspecto y hermosa faz. Conocerá el traslado sin cuerpo y será dueño del único mirar ¡Tercer ojo, cuarta dimensión!" (1961).

Describe a Un ser humano conectado con dimensiones superiores, con nuevas capacidades como la telepatía, el desprendimiento astral que lo llevará donde desee, tendrá una mente prodigiosa, sabrá sin aprender y vivirá mas años gozando de salud plena.

"El nuevo ser terráqueo que hará desconcertar a la ciencia, hablará de mundos nuevos, de civilizaciones superiores y de Dios" (1968).

Geón será un ser humano mas espiritual, en comunión con otros mundos y con Dios. Imagino que ejercer el libre albedrío o la libre acción debe conllevar una enorme responsabilidad y el nuevo ser humano ya gozaría de los dones necesarios para ello.

Recuerdo un pasaje de la saga Caballo de Troya, de J.J. Benitez, donde en un hipotético diálogo de Jesús con los protagonistas hablan del libre albedrío. Jesús explica que el libre albedrío se ejerció antes de encarnar, allí decidimos la vida que tendríamos y que aquí como mucho somos dueños de elegir qué sentir o aprender mientras la vivimos.

Veamos un pasaje publicado en Caballo de Troya 12 Belén donde hablan de este tema.

No es para dar por real estos diálogos, pero la posición del autor J.J. Benitez es una opción mas para sumar al debate.

El asunto deriva de la cruel muerte de una hechicera llamada Sigal. Ante ese momento uno de los viajeros del tiempo pregunta a Jesús:

"—¿Qué necesidad había?

El Galileo dijo no entender y solicitó una aclaración:

—¿A qué te refieres?

—Lo sabes bien… ¿Qué necesidad había de que esa mujer muriese y de forma tan horrible?

Jesús se detuvo. Me miró intensamente y replicó:

—Ella lo eligió…"

Y mas adelante Jesús continúa el diálogo de la siguiente manera

"—Antes de encarnarte —prosiguió— ya eras. Eras en la imaginación del Padre Azul. Entonces te ofrecieron vivir la aventura de la vida en los universos del tiempo y del espacio…

—¿Quién me ofreció una cosa así? —Le interrumpí.

—Eso no importa —sonrió—. Alguien te dio a elegir y tú seleccionaste la vida que ahora llevas. ***Y lo hiciste con todo lujo de detalles...***

Permitió que sus palabras descendieran en mi mente y me empaparan. Y remató con una frase que me impactó:

—Seleccionaste, incluso, el momento y la forma de morir..."

Es una manera de ver el destino y el libre albedrío, es decir, tenemos la libertad de elegir, sí, pero lo hacemos antes de encarnar en esta vida. Tenemos el Libre Albedrio dado por Dios, no se niega eso, esta visión solo cambia en qué momento lo ejercemos.

En las actuales comunicaciones con médiums o mejor aún con Transcomunicación Instrumental (TCI) las personas de este plano han logrado entablar conversaciones con seres del Reino Espiritual, el lugar donde viven actualmente nuestros hermanos que han trascendido. Pues en esas comunicaciones han transmitido que la reencarnación es un hecho natural y habitual, y que antes de encarnar elegimos qué vamos a vivir. Elegimos todo, absolutamente todo lo que viviremos incluso el momento y forma de nuestra partida. Aquí seríamos libres de elegir de qué manera sentir al vivir esa "película" que hemos creado para nosotros mismos, de aprender, obtener sabiduría y expansión de conciencia.

Chico Xavier el reconocido médium brasilero lo expresa muy bien en sus libros. Chico canalizó mas de 400 libros de personas fallecidas que se acercaron a él con permiso del Reino para dejarnos esa información. Pues uno de los autores fue el Dr. André Luiz. El Dr cuenta en sus libros cómo fue su llegada al mundo espiritual y de qué manera viven allí. Hicieron películas con sus libros que pueden ver en Youtube y otras plataformas, altamente recomendables. Una es "Nuestro Hogar" donde el Dr. André Luiz cuenta su periplo al llegar a ese mundo. Otra película se llama "La Vida Continúa", una ficción que uso el Dr André Luiz para explicarnos cómo funciona el ciclo de encarnaciones y las elecciones que hacemos allí para una nueva vida en la Tierra. Según este último libro la decisión de encarnar es personal y/o sugerida por maestros. La vida que viviremos se diseña primero entre uno y la guía de seres superiores que con todo su amor aconsejan que es lo mejor para nuestra evolución. Luego... venimos a vivir lo diseñado, lo pactado. Algunos le llaman "el contrato" a dichos acuerdos concertados antes de venir a este mundo.

Desde este punto de vista tan bien narrado por el Dr. Luiz en los libros de Chico Xavier, me resulta mas fácil comprender las psicografías que se refieren al aborto y sus consecuencias para con ese "destino" que tenemos que vivir y no cortar, ya que en definitiva, toda vida, con lo bueno y lo malo, es un "plan divino" aunque no logremos comprender aún.

Es mas, en esta psicografía habla de nuestro ángel guardián, entre cuyas misiones tiene la de proteger el destino que elegimos.

"El hombre redimido y de propia luz superior en el final de los tiempos, verá al ser del invisible astral, el ser que rodeó y cohabitó su casa, ***protegiendo su destino****. Al ángel que con él habló telepáticamente, revelándole los misterios al llegar ¡Será así el comenzar del amor! (1960)".*

Pelón y sobre todo Fray José sabían muy bien sobre este asunto tan delicado. Y a esto viene una experiencia que tuvo que vivir Parravicini para que entendamos, que aunque sea doloroso, el designio no se debe ni se puede torcer.

Pelón vivía como ya comenté en su biografia en un departamento de la calle México al 800 en Buenos Aires, mas precisamente en la capital de Argentina. Allí conoció a Generoso su amigo inseparable. Eran como dos hermanos, muy unidos y todo lo vivían juntos.

En el libro de Sigurd Von Wurmb, Una Vida Guiada desde el Cosmos, página 256 encontramos un relato llamado Misión en Misión. Allí nos cuenta que Pelón estaba turbado y muy triste por los fallecimientos de su madre y su novia. Si bien las podía ver en espíritu y conversar con ellas, él aún seguía extrañando su compañía y llegó a preguntarse en su profunda aflicción.

"Cumplí con todas las indicaciones de mi ángel, di de mi todo lo que buenamente pude dar. ¿Será acaso que la misión que me fue entregada ha terminado? Nada veo a seguir. Nada encuentro, poco escucho..."

Por supuesto que su vida aún no terminaba, y mucho menos su misión. Pero la respuesta de Fray José tiene una información inquietante:

"Ofendes a tu Dios y a tu Angel que te habla. No es, y entiéndelo bien, aún el instante del retiro. Nada ves ni encuentras dices. Olvidas que si bien has cumplido con la obra que te fue entregada para salvaguarda de tu vida en vejez, aún tienes que proseguir tu apoyo al buen Generoso y su sana familia. ***Ellos sufrirán un gran dolor, perderán a su hija única. Necesitarán de tus palabras****; ellos serán en tus días a seguir.*

Ellos acudirán a tus dificultades, ellos serán en ti en tus horas y en la hora."

Tremendo. Fray José le dice a Parravicini que su íntimo amigo, con el que prácticamente convive a diario perderá a su única hija. No le aclara cómo ni cuándo. La hija de Generoso ya era mayor y casada. ¡Esa hija que también debe haber sentido como propia el mismo Pelón! La vio crecer, la vio a diario ir al colegio, cumpleaños, etc. Tan solo imaginemos a estos dos íntimos amigos viviendo tantos años juntos en el mismo edificio. La noticia debe haber sido tristísima también para el mismo Parravicini en un momento donde se sentía afligido por sus propias pérdidas. Pero su ángel le pide que saque fuerzas desde no tiene para acompañar el duro momento que se viene para una de las personas que mas amaba en este mundo... Generoso.

Foto de Generoso Ruiz de Idarraga – Revista "Así" de 1968

Pasó el tiempo y en una entrevista que le realizaron a Parravicini en la revista "Así" de 1968 junto a Generoso se relata lo siguiente:

"Solari también habló de una lamentable profecía que tiempo atrás le anunció a su amigo Generoso Idarraga, que éste, en presencia nuestra, confirmó:

Hace ya dos años de esto, le anuncié "en tu casa va a ocurrir un hecho de sangre".

Y efectivamente, agrega Generoso con la mirada perdida en el piso, a las pocas horas me comunicaron que mi hija de 34 años, se había caído sobre la escalera, y había golpeado brutalmente su cabeza contra el filo del escalón, murió inmediatamente, concluyó".

Y aquí viene nuestro tema. ¿Ese era su destino? ¿No lo podían cambiar? ¿Con todo el amor que Pelón seguramente tenía por esa niña ya mujer y por su amigo, no pudo hacer nada para evitar su muerte? Obviamente que no. ¿Era su destino? Tal vez sí. Quizás hay que respetar ese destino elegido, aunque no comprendamos ahora. Recordemos que Fray José también era amigo de Generoso, lo quería, y a veces pasaban tardes conversando los tres a través de Pelón. Eran tres amigos.

Muchas veces nos martirizamos pensando todo lo que podríamos haber hecho para salvar la vida de un ser querido, incluso quien esto escribe tuvo que vivir la muerte de un hijo. Mi hijo amado tenía la misma edad que la hija de Generoso al trascender. Hoy estoy convencida de que ni aún sabiendo con anticipación los hechos venideros, estos se pueden torcer. Ni aún Pelón con todo su contacto con el mundo espiritual, sabiendo la tragedia que se avecinaba, ni el mismo Fray José conocedor del cuándo y el cómo osaron siquiera torcer su destino. Eso es sagrado. Y no lo digo como un auto consuelo, esto mismo lo expresé ante mas de 400 personas en la Conferencia Internacional organizada por el investigador, escritor y contactado Ricardo Gonzalez Corpancho en Capilla del Monte en enero del 2023 meses antes de la partida de mi hijo. Así es, no hay nada para hacer cuando las Esferas del Cielo se abren para recibirnos. Lo comprenderemos cuando lleguemos al Reino. Ahora solo nos queda confiar en Dios y sus designios. En última instancia recordemos las primeras palabras del ángel guardián a Pelón cuando lo toma por el cuello y lo pone de rodillas frente a una cruz.

"Hijo ten fe en la fe, esperanza en los designios, caridad en los sentimientos". Nunca perdamos la esperanza en los designios de Dios.

10 - El Propósito de Fray José de Aragón

Entre las cientos y cientos de psicografías que conocemos, a veces no vemos el verdadero propósito de todo el legado. ¿Cuál fue la preocupación de Fray José de Aragón que lo motivó a él y a otros seres a comunicarse con Pelón para dejar esta información?

Su objetivo es muy claro. Cuando Fray José regresa y se hace presente frente a ese Parravicini joven y descarriado, lo toma por el cuello, lo hace arrodillar, y le dice que trabajarán en misión. Y es allí donde le plantea el objetivo, entre otras palabras le dice lo siguiente:

Te entregaré en mayoría simbólicos dibujos traduciendo profecías al llegar.

Debes saber, criatura, que ya es cercano el final de finales.

Llegado ya es el caos […]

SALVARÁN AL QUE VIO

Allí está su objetivo. Todo el legado profético se trata de esto *"Salvar al que vio"*- porque se acerca el fin de la civilización.

¿Al que vio qué? Se preguntarán algunos, entiendo que se refiere a salvar al que vio la información en las profecías. Fray José estaba muy preocupado por los eventos que veía en el futuro. Una guerra nuclear que podría terminar con la especie humana para siempre. Y en el medio de la guerra, como salvación, cae un asteroide que termina con la contienda, desaparece nuestra civilización tal cual la conocemos, pero se salva la especie humana. La preocupación de Fray José es la salvación de la especie humana. Por eso hace este legado para salvar al que vió. En varias psicografías pone énfasis en pedir a los ciudadanos del mundo que vengan a vivir a Sudamérica, la tierra que será salvada por Dios en esa tribulación. Cada ser individual que sobreviva da esperanzas para la salvación de la especie humana. Según sus mensajes, sobrevivirá 1/3 de la humanidad, a la cual habrá que brindarle ayuda.

El mensaje es claro, para los que viven en otros continentes múdanse a América del Sur, especialmente a Argentina. Como vemos en esta psicografía, le habla al Caminante, una forma de referirse a las almas encarnadas en la humanidad, cada una haciendo su camino de vida. Le habla al Caminante que ve la información planteada al inicio de este capítulo.

"Caminante tu que observas ve hacia la playa de las arenas argentadas, allí aguarda la paz. Faro de Faros" (1972).

Para los hermanos de Sudamérica también hay un mensaje claro, ayuden a los que vienen del mundo herido.

"América del Sur y la unión de Latino América será futuro faro del mundo. ¡Nueva civilización en el final de la llama!" (Año 1968).

"Después de la llama. La caída civilización terminada será elevada y socorrida por el bloque americano, el que se hallará solidificado y enseñado para el bien. ¡Amor de hermano será!" (Año 1968).

Parte del Legado Profético es preparar a los habitantes de América del Sur para recibir en caridad a los hermanos que sobrevivan al Caos final.

Por lo general, cuando hablo de este tema con algunas personas, noto una tranquilidad intrínseca entre quienes sostienen que las profecías son dadas para evitar ese futuro. Dado que ya conocemos el futuro, podemos cambiarlo para que nada de eso pase.

Pues bien, esa no es la visión de Fray José de Aragón.

"Rosarios y rosarios banales serán rezados en la época del arrepentimiento".

Por ello es que centra su objetivo, en "Salvar al que vió".

Y si ese es su único objetivo ¿qué sentido tienen tantas psicografías de temas tan variados y algunos tan superfluos como *"la mujer pasará su cabello al hombre y el hombre su ropa a la mujer"*?

Para entenderlo, vamos a ver una línea de tiempo donde colocaré allí las psicografías en cierto orden.

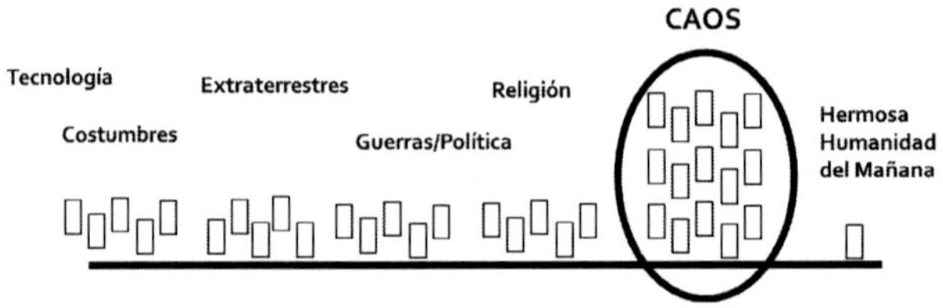

Por un lado, tenemos psicografías de diferentes temas, Tecnología, Religión, Política, Extraterrestres, etc., las cuales vemos en la línea. Pero las mas importantes, las que atañen a su objetivo, son las que anuncian el Caos que coloqué en un círculo. Luego, una vez cumplido su objetivo de anunciar ese Caos, nos deja algunas psicografías para contarnos la hermosa civilización que nace después y alimentar así nuestra esperanza en el futuro.

Todas las psicografías que se han ido cumpliendo en años anteriores y hasta la actualidad han tenido un solo objetivo "blindar" la información contenida en ese círculo, blindar la información del Caos con credibilidad.

Nosotros, al ver cumplidas esas psicografías, desde las mas triviales hasta las mas importantes, algunas incluso con fechas bien precisas, es que ahora podemos prestar atención a las que hablan de ese Caos futuro, que es en definitiva el único objetivo de su legado. Un plan maestro.

Y en mi análisis voy a ir un poco mas allá todavía. Les diría que absolutamente todas las psicografías de esa línea de tiempo fueron dadas solo para nosotros (o para las generaciones que sigan). Para que nosotros las veamos cumplidas antes del Caos y prestemos atención a dicha información.

¿Quién podría entender de qué se trata *"El can será el primer volador"*? Solo nosotros, que vemos claramente que habla de la perrita Laika. Imposible anticiparse, imposible entender esa psicografia hasta no verla cumplida.

Cuando en una psicografia de la década del 30 dice *"Platos voladores en el mundo"* ¿Quién podría haber comprendido de qué se trataba cuando ese término sería acuñado muchos años después? Esa psicografía está claramente cumplida, pero es algo que solo nuestra generación y posteriores pueden comprender. La importancia de muchas psicografías en esa línea de tiempo solo radica en verlas cumplidas, solo eso, como muestra de veracidad y conocimiento sobre el futuro.

Otro duro ejemplo es el siguiente.

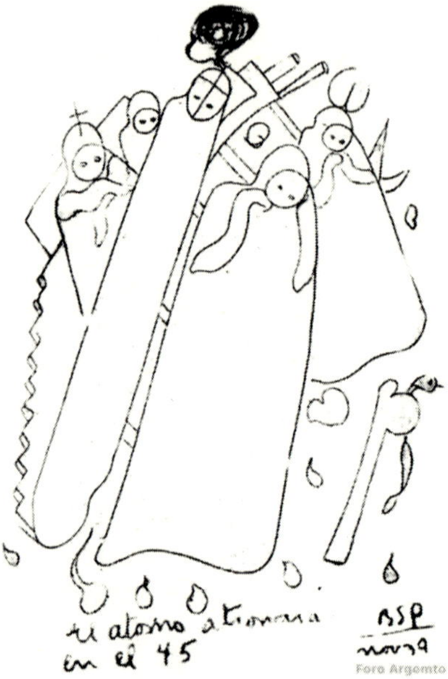

El átomo atronará en el 45.

"El átomo atronará en el 45" (1939)

¿Creen que esta profecía fue dada para ayudar a las personas de Hiroshima y Nagasaki?

¡Obviamente que no!

Miles de ciudadanos de Hiroshima podrían haberla leído en 1939 sin comprender que se trataba de su sentencia de muerte. Esa profecía es muy clara para nuestra generación, no para ellos. Es duro decirlo, pero guerras en la humanidad ha habido siempre. Guerras donde han muerto cruelmente millones de personas. Pero en ninguna estuvo en peligro la especie humana como lo estará en el Caos. No era su objetivo salvar a la población de Hiroshima y Nagasaki, su legado está centrado en salvar a la especie. Esa profecía, como tantas, ha sido dada para que nosotros la veamos cumplida y creamos en él.

Una vez que Fray José captó nuestra atención con todas esas psicografías cumplidas, vemos hacia el futuro las que corresponden al Caos. Y como quiere "salvar al que vio" estas ya no son tan crípticas como las anteriores. Es necesario que nos anticipemos a los hechos, que los conozcamos, que accionemos de alguna manera, ya sea mudándonos, o preparándonos para ayudar. Sobre el Caos lo comprendemos absolutamente todo, sabemos que habrá una tercera guerra mundial, que será una guerra con bombas atómicas, que los países que la generan son EEUU, Rusia y China, que en el medio de la guerra cae un asteroide, nos avisa que el asteroide cae en las Antillas, que separará a América del Sur de la Central y el Norte, que cambiará el eje del planeta. Nos avisa qué tierras serán protegidas para aquellos que puedan moverse con anticipación, etc. Es decir, lo sabemos todo, son psicografías, que aún teniendo lenguaje profético, se comprenden. Y es lógico, de otra manera no cumplirían su propósito: *"Salvar al que vio"*.

11- Psicografías

A continuación se reproducen las psicografías halladas en el material recopilado y explicado al inicio del presente libro. Me han preguntado "¿Parravicini recibía las psicografías separadas por temas?" y la respuesta es no. Él iba recibiendo material de diferentes temas y mezclados entre sí. No solo eso, sino que hay temas para los cuales dejó psicografías en la década del 30, y luego en los 60 y 70 siguieron llegando y ampliando la información. Es decir que para ver lo que dice sobre un evento en particular hay que recorrer todo el material de las diferentes décadas. Esto no quita que haya casos en los que recibió una seguidilla de psicografías juntas sobre un mismo evento, pero no es la norma, quiero decir que parece que no hubo un cuidado especial al respecto. Los autores Romaniuk, Sigurd von Wurmb y Pakula intentaron un ordenamiento al publicarlas que ha resultado algo útil. Acá se muestran en el orden tal cual fueron publicadas. Intentar catalogarlas por temas tiene el siguiente inconveniente, muchas pueden ser ubicadas repetidamente en diferentes temas. Tengo el manterial separado por carpetas "la Cruz Orlada", "tecnología", "la Iglesia", "guerras", etc... y es normal que una misma psicografía esté repetida en varias carpetas diferentes.

Cuando sucede un hecho que afecta a la humanidad suelo recorrer todo el legado completo para buscar si dejó algo sobre el mismo, es la mejor forma de hacerlo.

Vamos con el material:

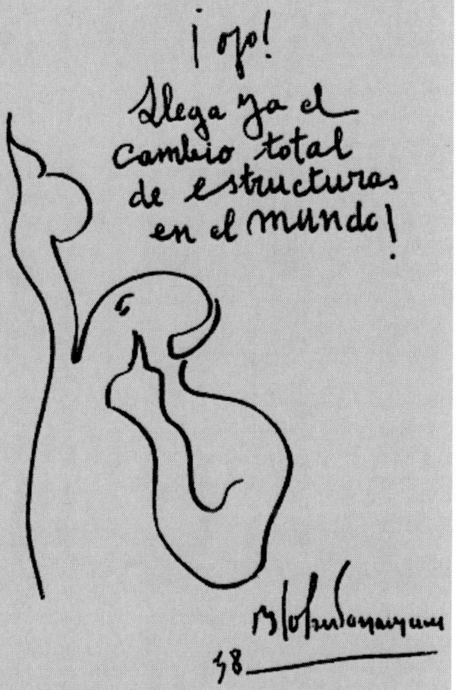

!Ojo! Llega ya el cambio total de
estructuras en el mundo

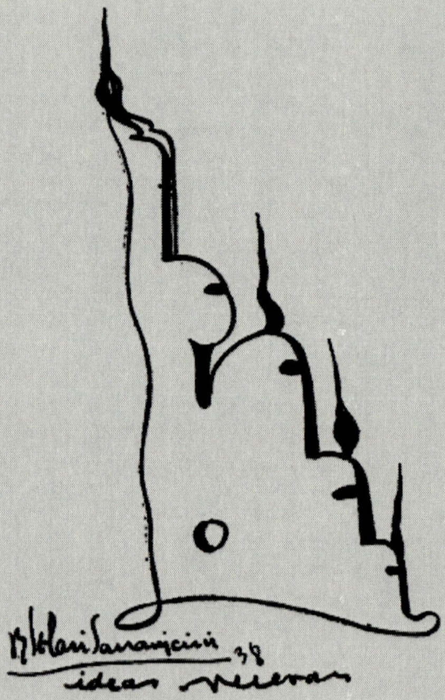

Ideas nuevas

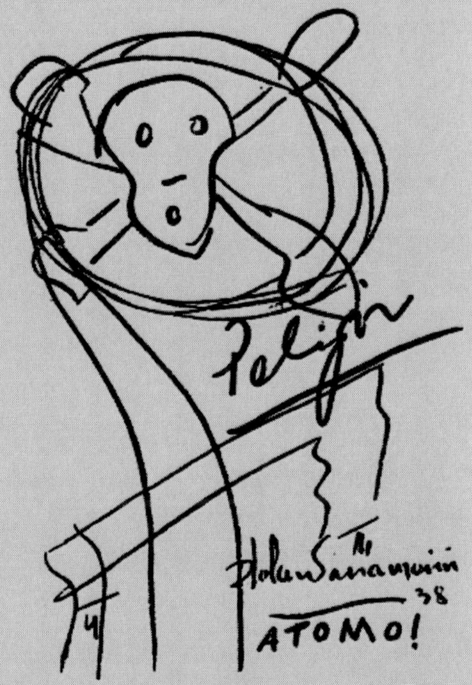

Peligro Átomo!

¡Señores...meditad
El mundo se apresta a experimentar una nueva fuerza que hará el mal y el bien - que elevará al hombre a otros planetas - o desintegrará al mundo - en ese caso el Caos salvará de la total destrucción

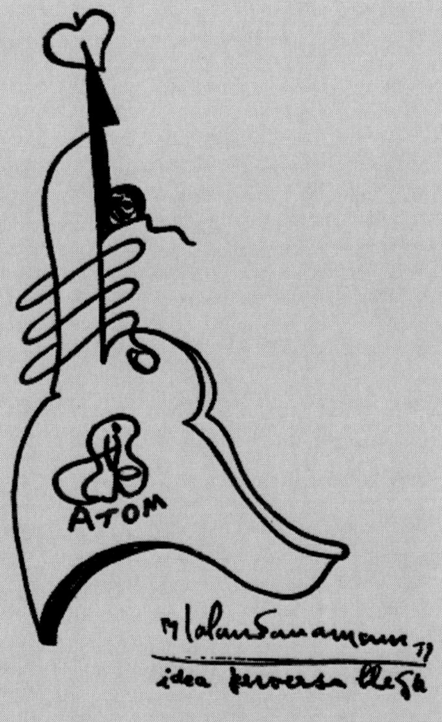

ATOM
Idea perversa llega

Ser o no ser! La alternativa llega.
El mundo lo exigirá o de uno o del otro!
Hamlet será en el mundo

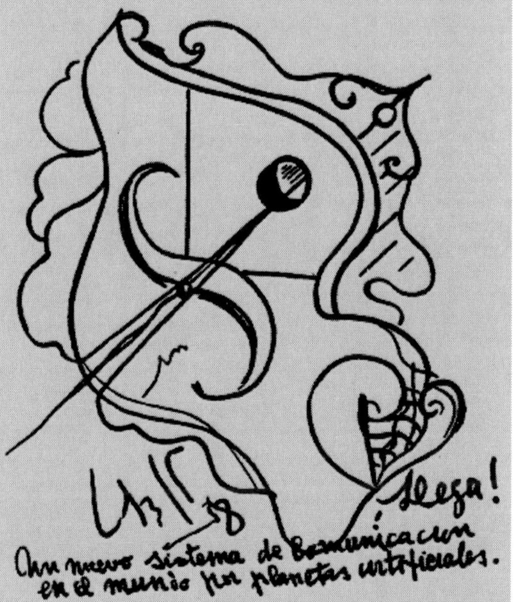

Llega! Un nuevo sistema de comunicación
en el mundo por planetas artificiales.

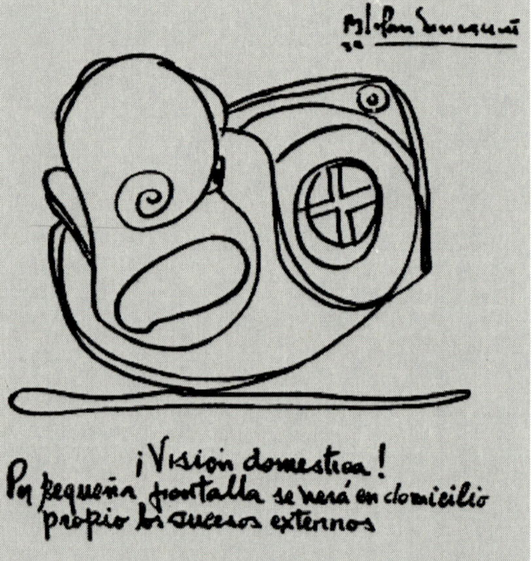

¡Visión doméstica!
Por pequeña pantalla se verá en
domicilio propio los sucesos externos

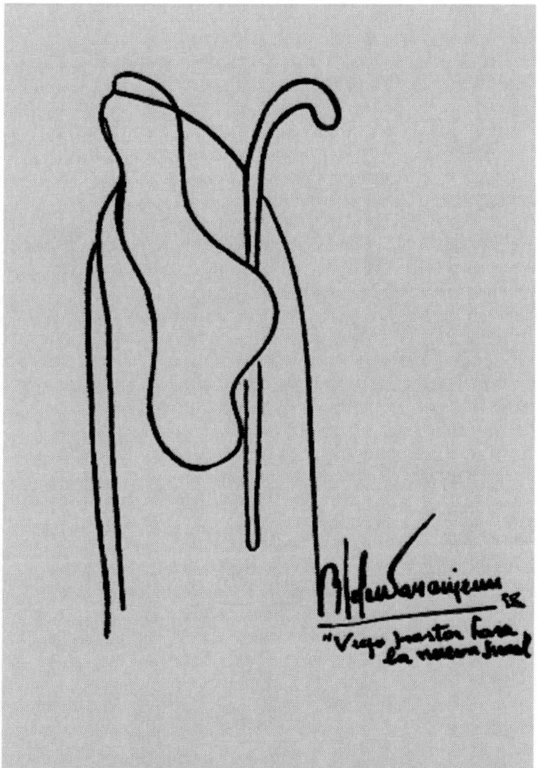

Viejo pastor hará la nueva Israel

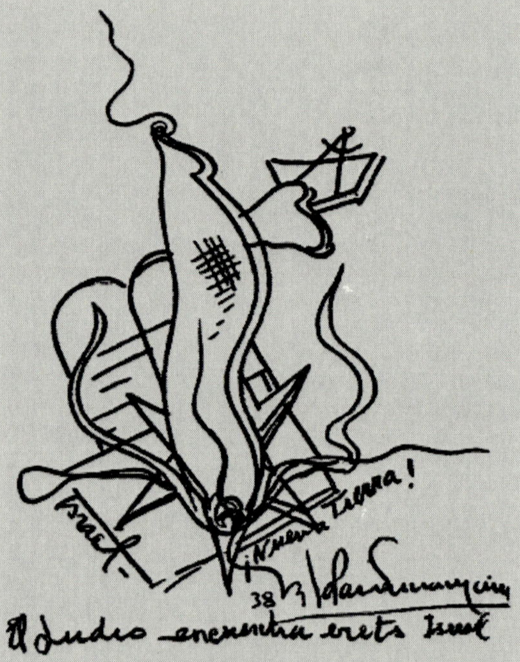

Israel - ¡Nueva Tierra!
El Judio encuentra erets Israel

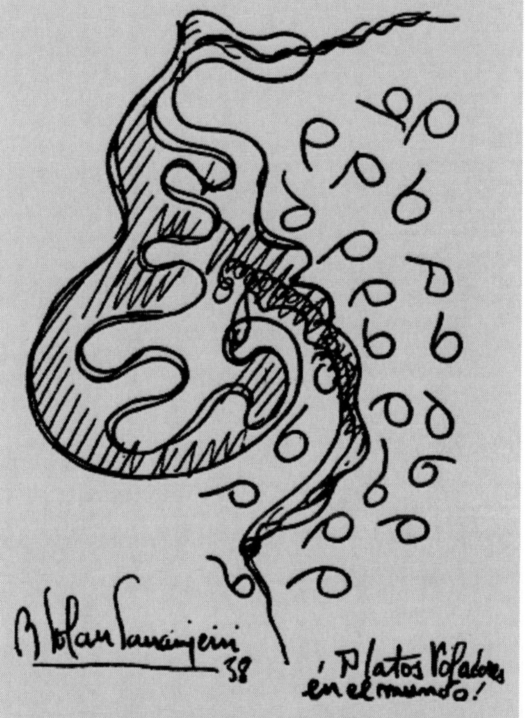

¡Platos Voladores en el mundo!

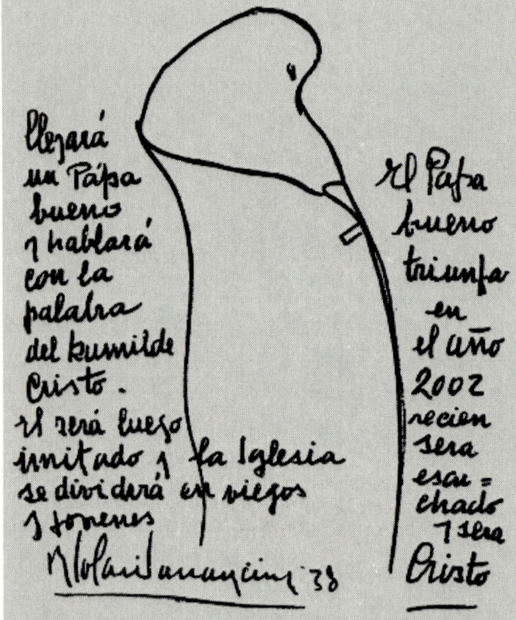

Llegará un Papa bueno y hablará con la palabra del humilde Cristo. Él será luego imitado y la Iglesia se dividirá en viejos y jóvenes. El Papa bueno triunfa en el año 2002 recién será escuchado y será Cristo.

Anhelo y esperanza de un mundo mejor.
El Vaticano orará en concilio y el concilio será

Consejo de Patriarcas en Roma será pero...

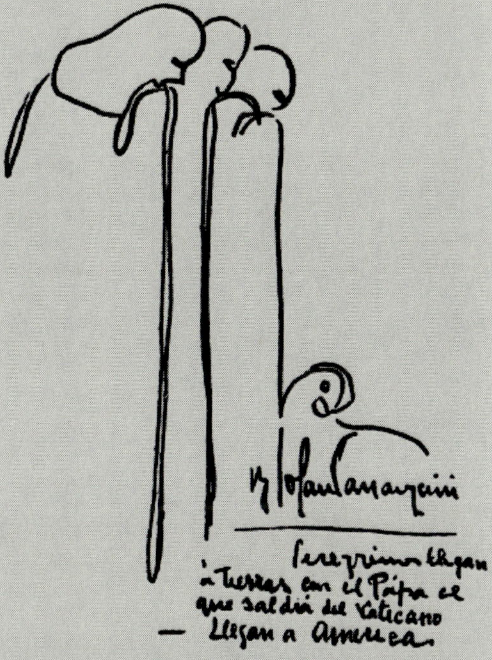

Peregrinos llegan a Tierras con el Papa
el que saldrá del Vaticano. Llegan a América

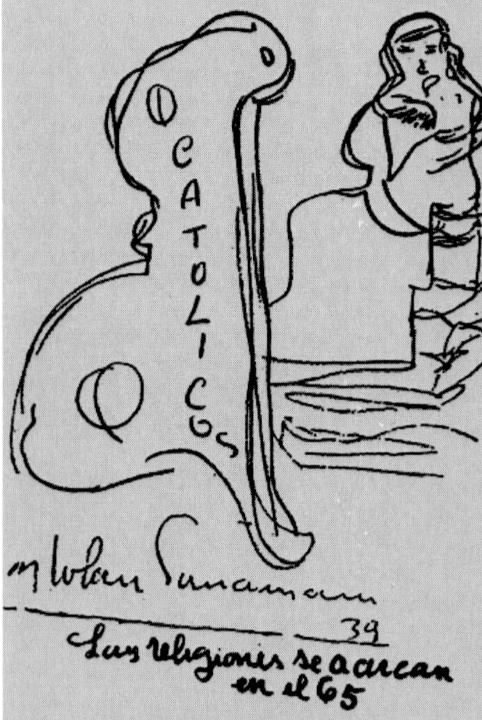

Católicos - Protestantes
Las religiones se acercan en el 65

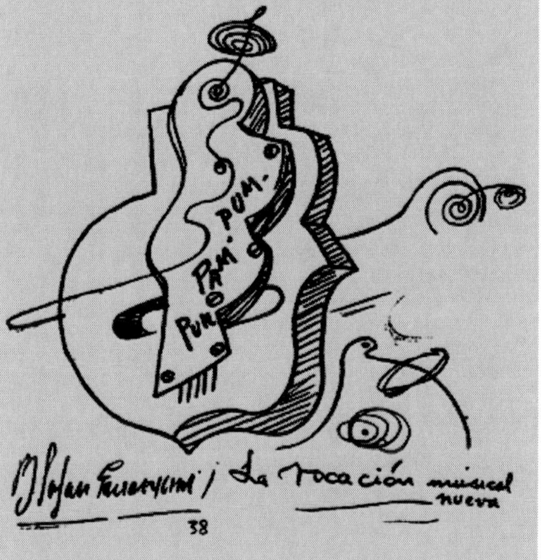

Pun Pam Pum La vocación musical nueva

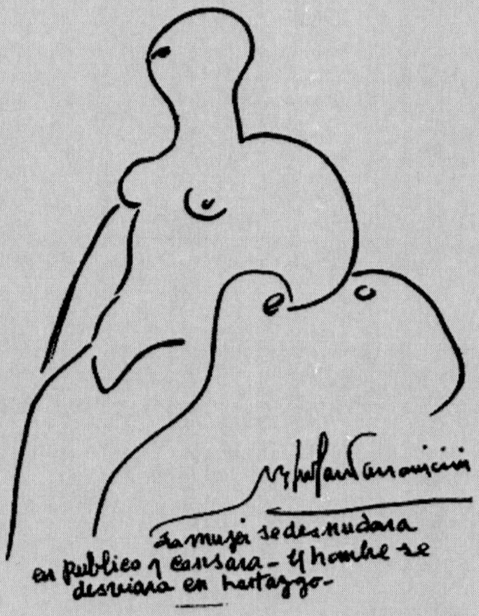

La mujer se desnudará en público y cansará.
El hombre se desviará en hartazgo.

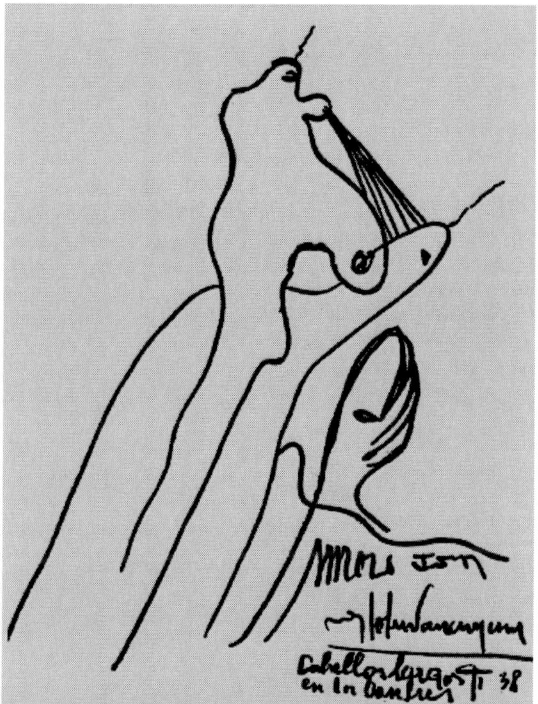

Cabellos largos en los hombres

Anómalos sexuales _ 66

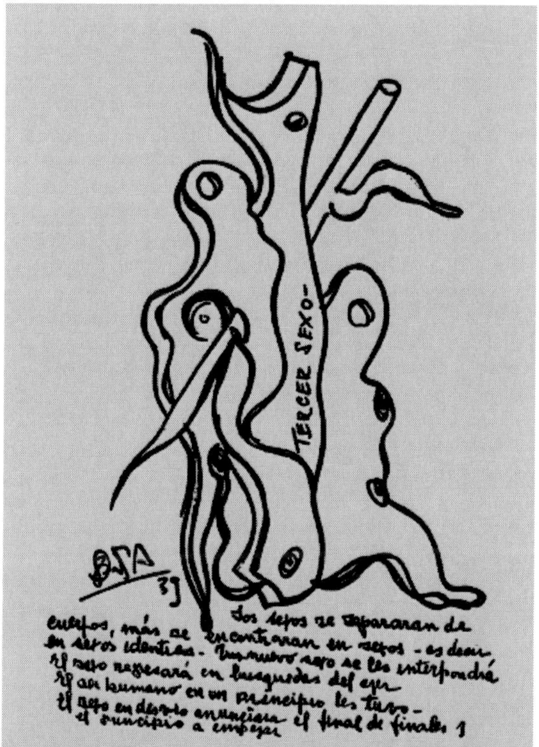

Tercer Sexo - Los sexos se separarán de cuerpos. mas se encontrarán en sexos, es decir en sexos idénticos. Un nuevo sexo se les interpondrá. El sexo regresará en búsquedas del ayer. El ser humano en un principio les tuvo. El sexo en desvío anunciará el final de finales y el principio a empezar.

El sol revelará males que se creyeron de risa
y serán graves.

El corazón será artificial en el 66

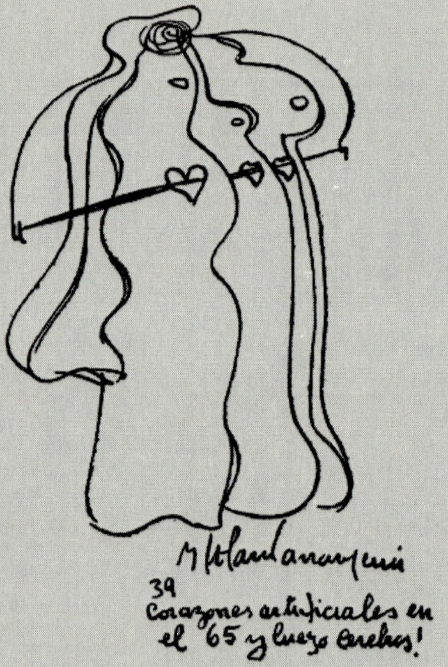

Corazones artificiales en el 65 y luego cerebros

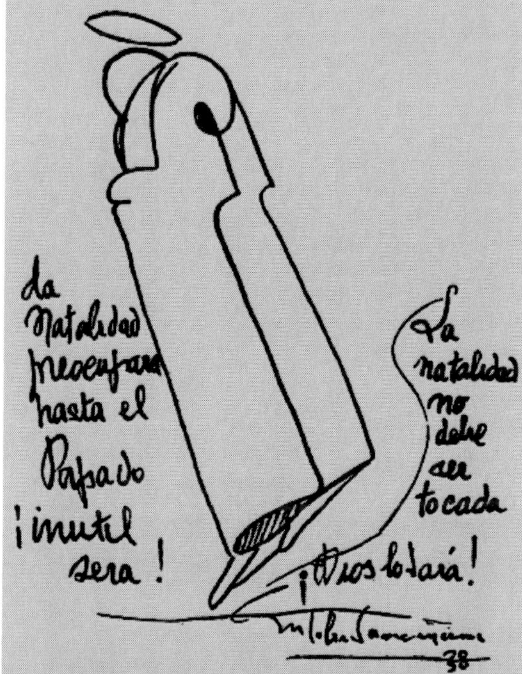

La natalidad preocupará hasa el Papado. ¡Inútil será!
La natalidad no debe ser tocada ¡Dios lo hará!

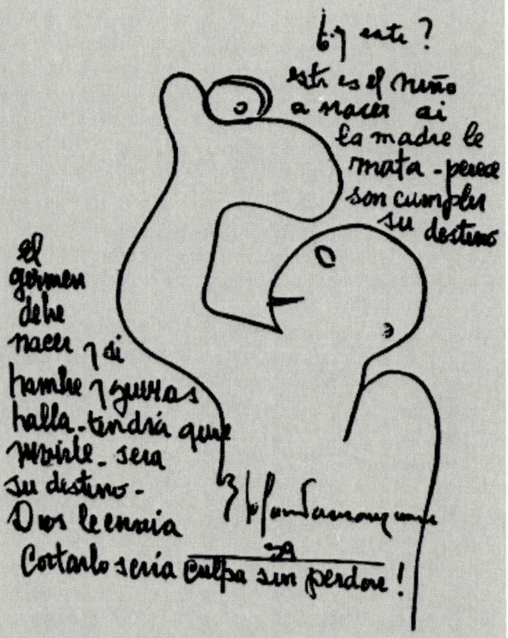

El germen debe nacer y si hambre y guerras halla,
tendrá que vivirle, será su destino. Dios le envía
Cortarlo sería culpa sin perdón!
¿Y éste? este es el niño a nacer si la madre le mata
perece sin cumplir su destino

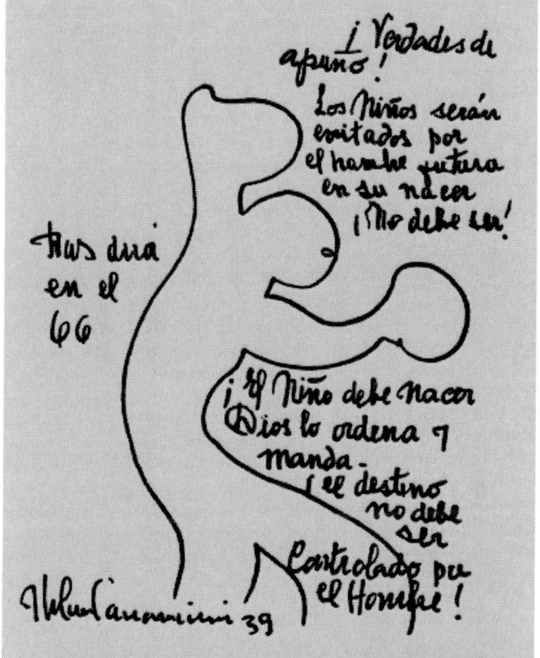

Dios dirá en el 66 ¡Verdades de a puño! Los Niños serán evitados por el hambre futuro en su nacer ¡No debe ser! ¡El Niño debe nacer Dios lo ordena y manda- ¡el destino no debe ser controlado por el Hombre!

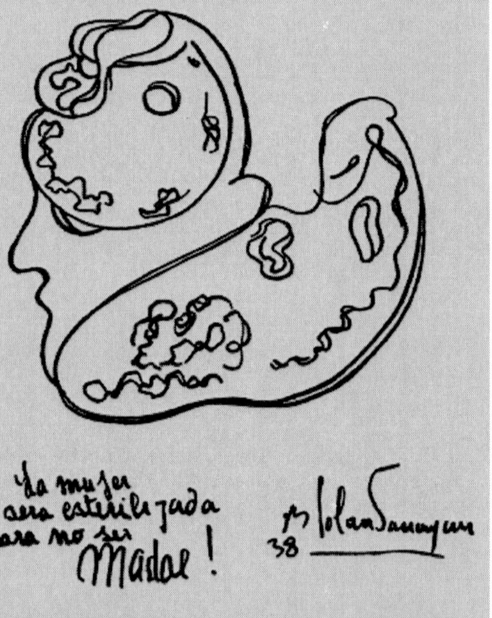

¡La mujer será esterilizada para no ser Madre!

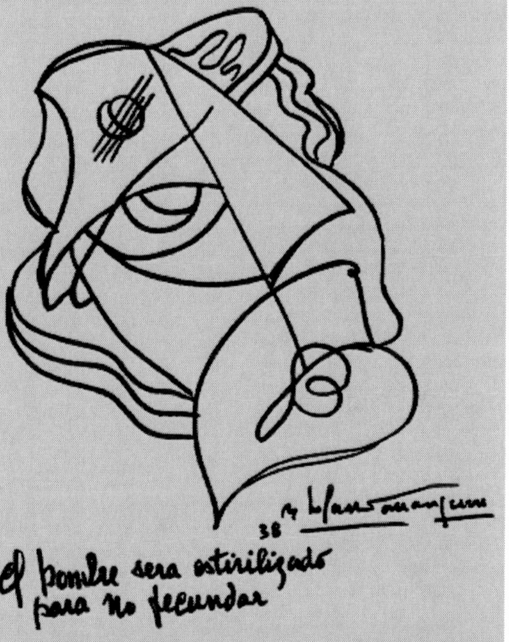

El hombre será esterilizado para no fecundar

Maternidad - no será Ya!

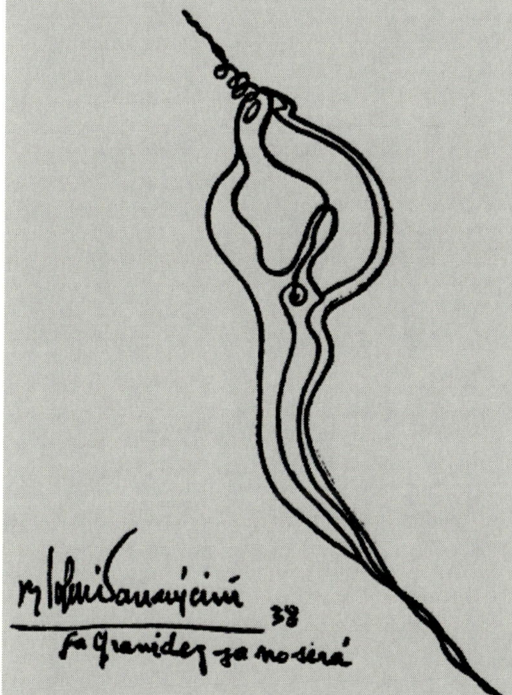

La gravidez ya no será

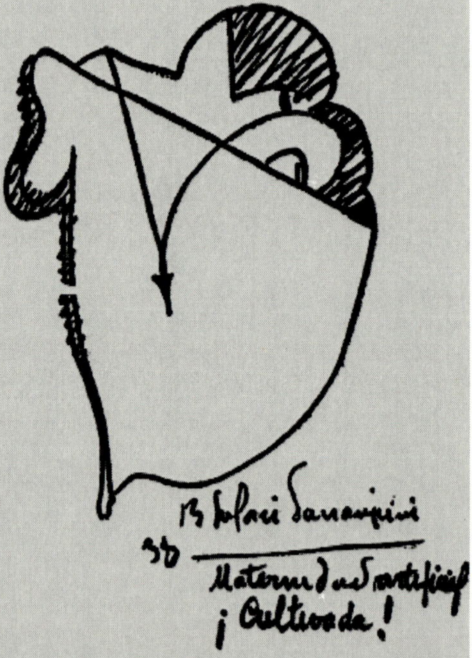

Maternidad artificial ¡Cultivada!

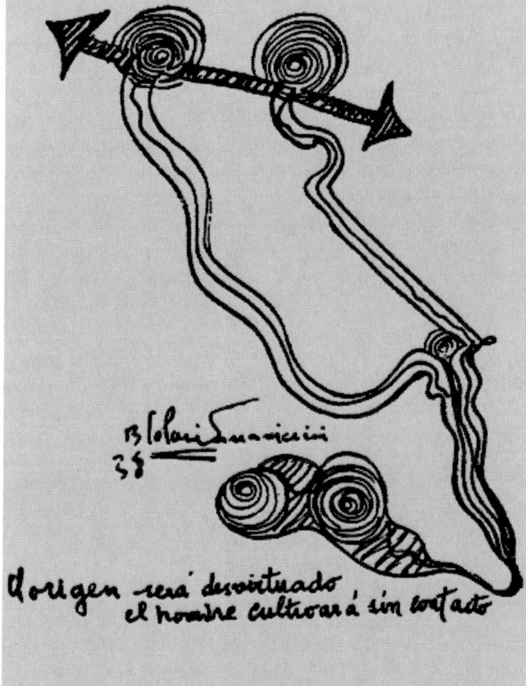

El origen será desvirtuado
el hombre cultivará sin contacto

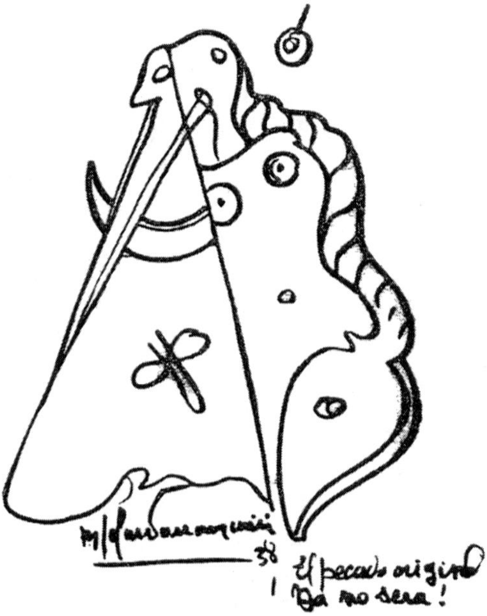

¡El pecado original ya no sera!

¡Llega la era espacial!
¡Cuidado que perderán!

El Can será el primer volador

¡ Hombres voladores
en la era 60 - 70 !

Naviera en el espacio !

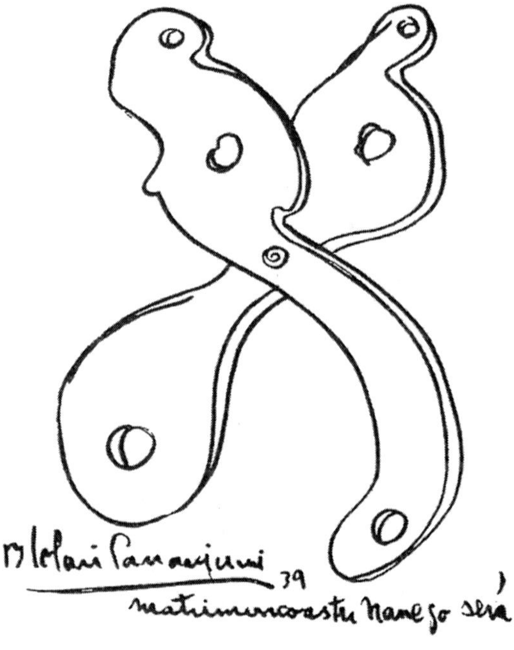

Matrimonio astronavego será

Caballero andante en el espacio

Embriaguez en el alto del hombre Volador!
¡Morirán sin regreso!

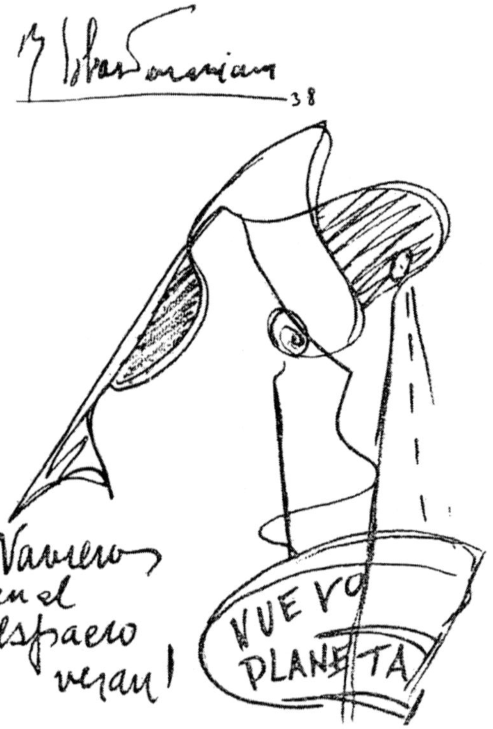

Navieros en el espacio verán Nuevo planeta

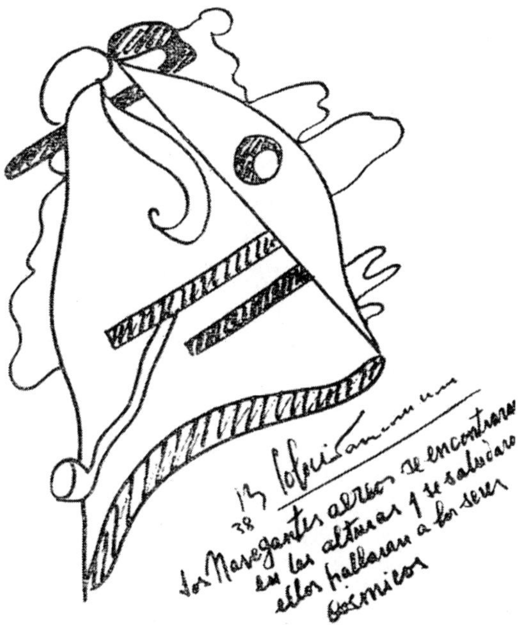

Los navegantes aéreos se encontrarán
en las alturas y se saludarán.
Ellos hallarán a los seres cósmicos

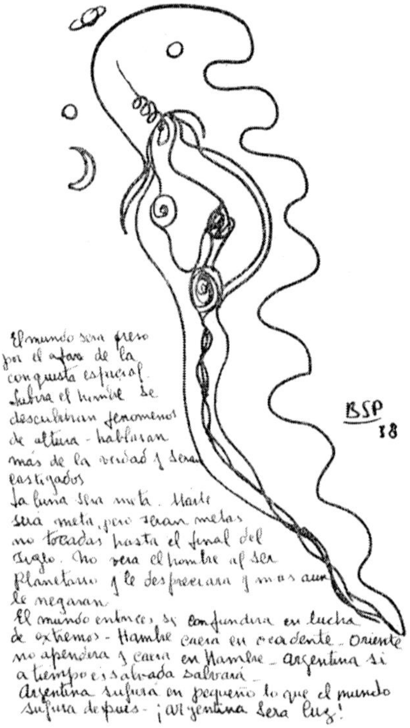

El mundo será preso por el afán de la conquista espacial. Subirá el hombre, descubrirán fenómenos de altura - hablarán mas de la verdad y serán castigados. La Luna será meta - Marte será meta, pero serán metas no tocadas hasta el final el siglo. No verá el hombre al ser planetario y le despreciará y mas aún le negarán. El mundo entonces se confundirá en lucha de extremos - Hambre caerá en occidente - Oriente no aprenderá y caerá en Hambre Argentina si a tiempo es salvada salvará - Argentina sufrirá en pequeño lo que el mundo sufrirá después - ¡ Argentina será luz !

El Naviero terreno será atacado
por los astrales y callará

Los Navieros serán raptados por los
Ganímedes en Rusia

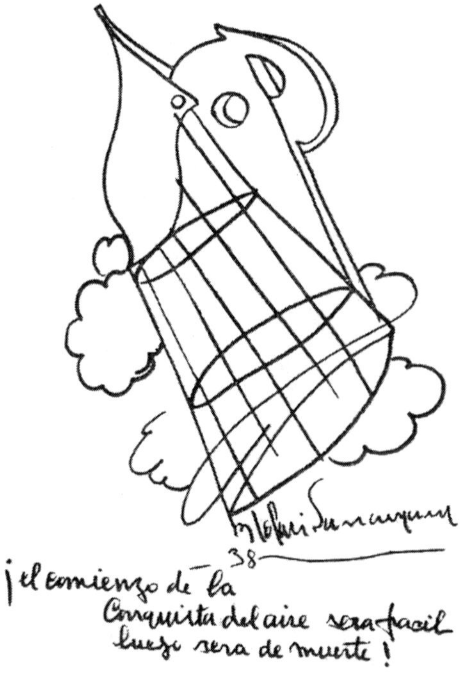

¡ El comienzo de la conquista del aire
será fácil, luego será muerte !

El derrotado astronáutico dirá y espantará

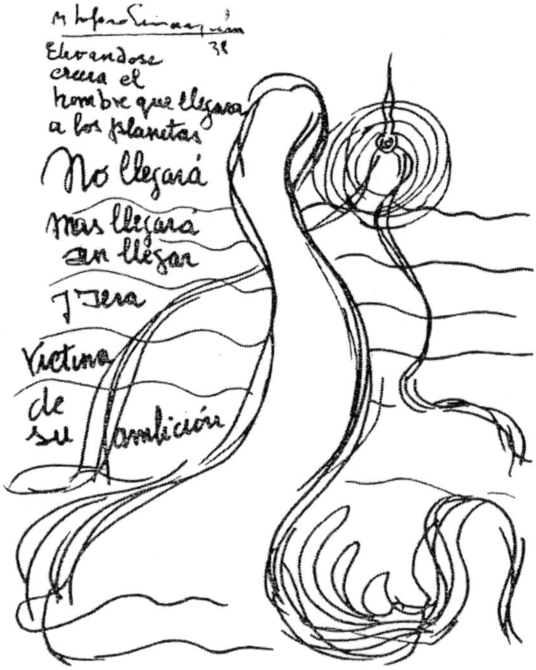

Elevándose creerá el hombre que llegará a los planetas. No llegará, mas llegará sin llegar y será víctima de su ambición.

El hombre llegará a los espacios
buscará la vida en los planetas
y le verán

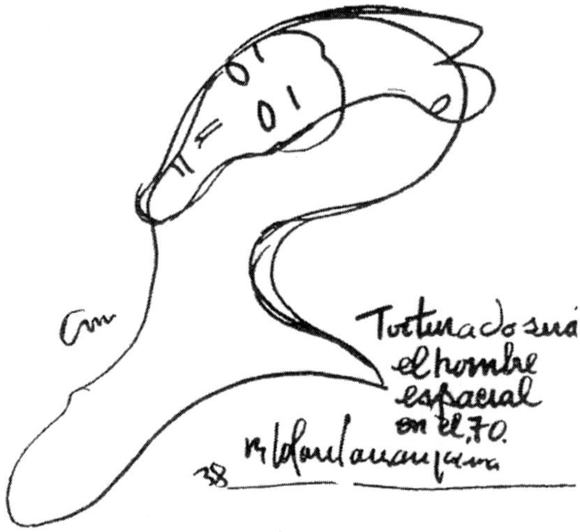

Torturado será el hombre espacial en el 70

¡Seres espaciales llegan!

Naviero de Ganímedes observa
a la Tierra Ya

Seres astrales llegarán
de color verde y azul

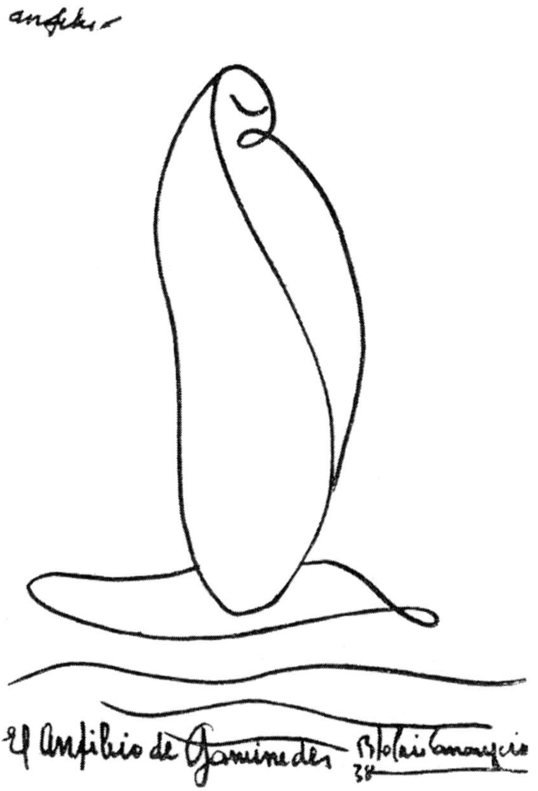

El Anfibio de Ganímedes

¡ Ganímedes hablará !

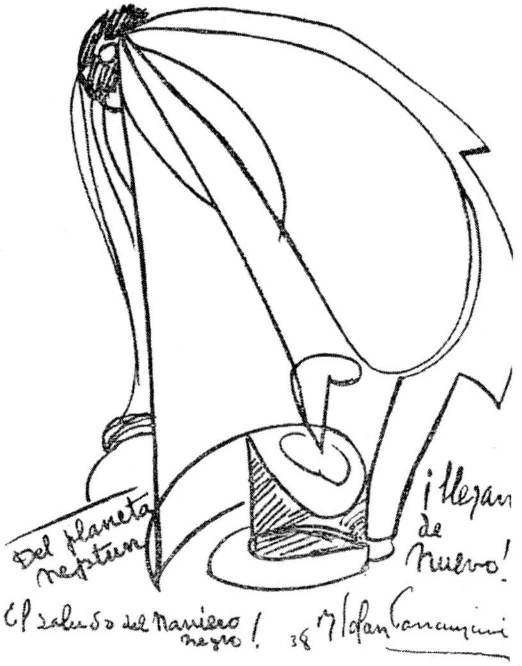

Del planeta Neptuno ¡ Llegan de Nuevo !
El saludo del Naviero negro

Arqueólogos estudiarán las
inscripciones Mayas - Ellas son
de Venus traidas de allá por Venusinos

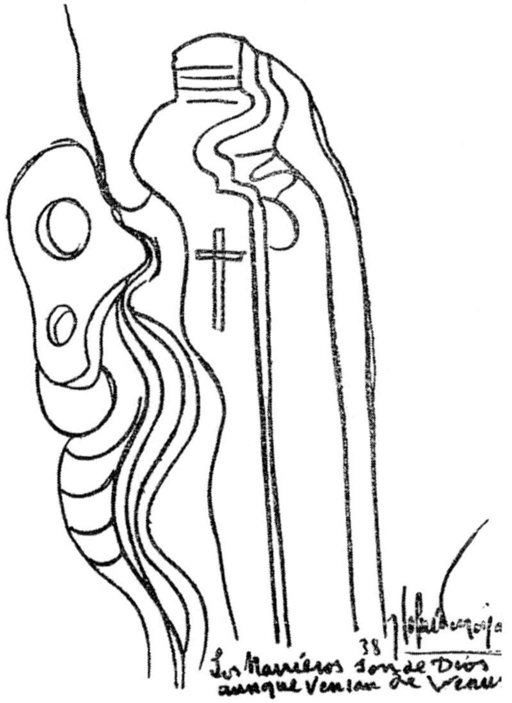

Los Navieros son de Dios
aunque vengan de Venus

Nave andante de Venus sobre
la Tierra y venusino

Dama de la Edad media parecerá
el Naviero Marciano !

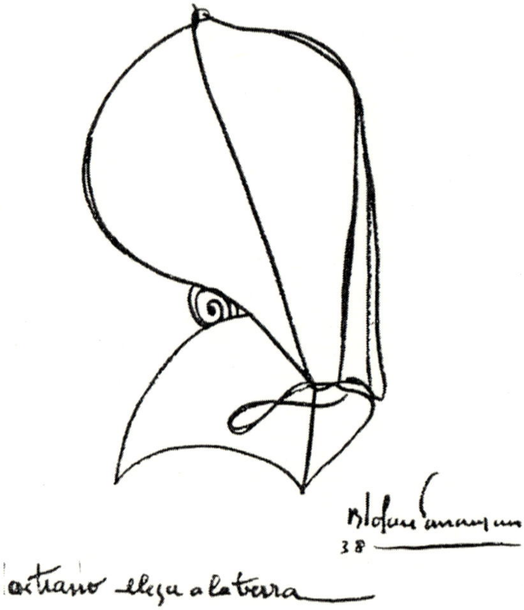

Marciano llega a la tierra

¿Debe el hombre detenerse?
¡Si! leyendo a Teresa de Jesús
SORTERESA

El mundo se dividirá en dos, izquierda y derecha una tercera postura será en abrazo se dirá - pero el abrazo será de castigo - el uno por ambición el otro por traidor - Rusia avanzará - China será tras él - Abrazo de extremos.

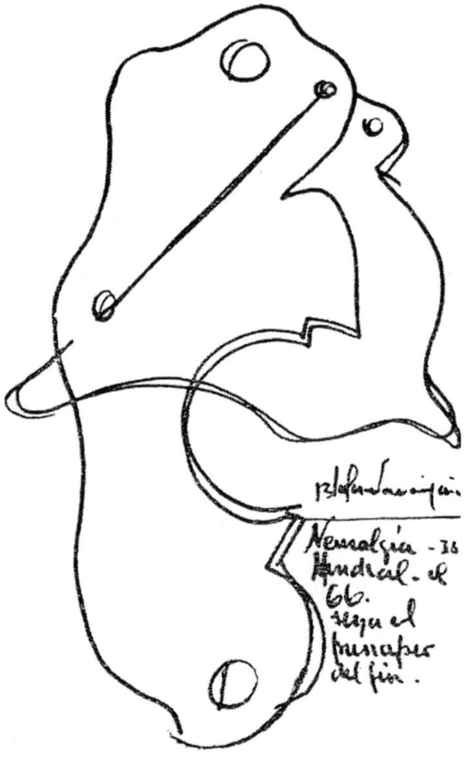

Neuralgia Mundial - el 66 será el principio del fin

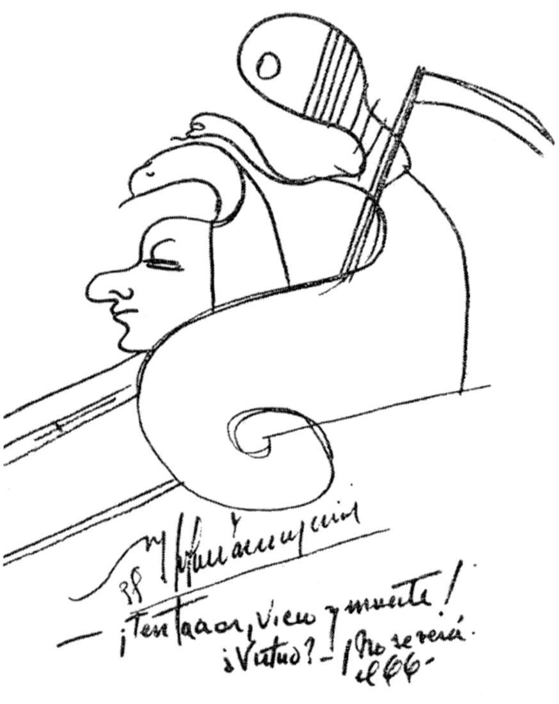

¡Tentación, vicio y muerte!
¿Virtud? - no se verá el 66

videntes sobre el mundo hablarán
del final de finales y de Cristo Rey

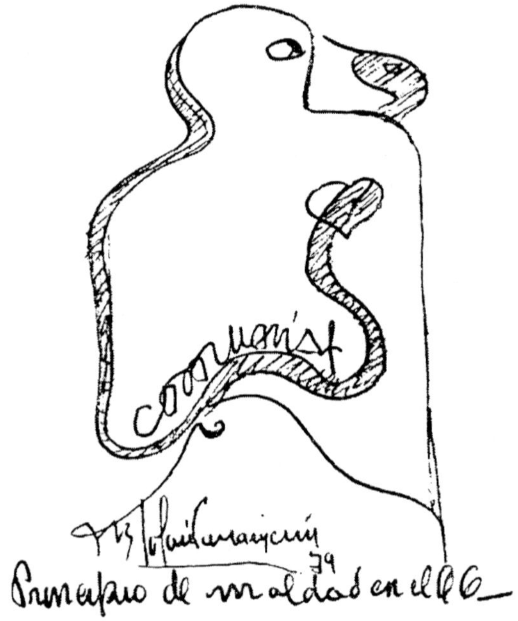

Principio de maldad en el 66

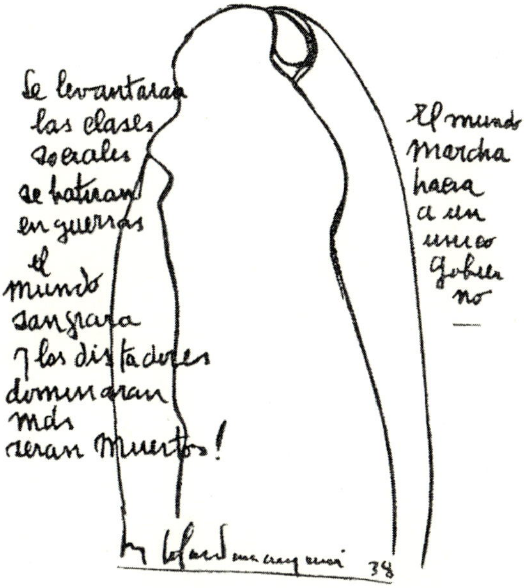

Se levantarán las clase sociales - se batirán
en guerras - el mundo sangrará y los dictadores
dominarán mas serán muertos !
El mundo marcha hacia un único gobierno

El texto a criterio del lector

Un golfer americano gobierna
y le matan jóven!

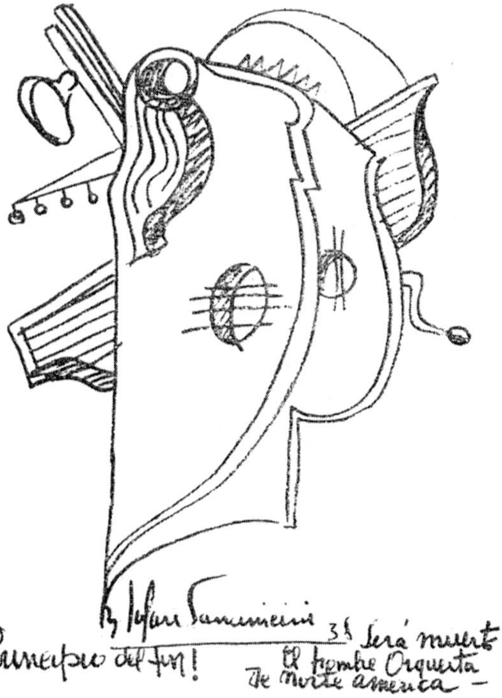

¡Principio del fin! Será muerto el hombre
Orquesta de Norte America

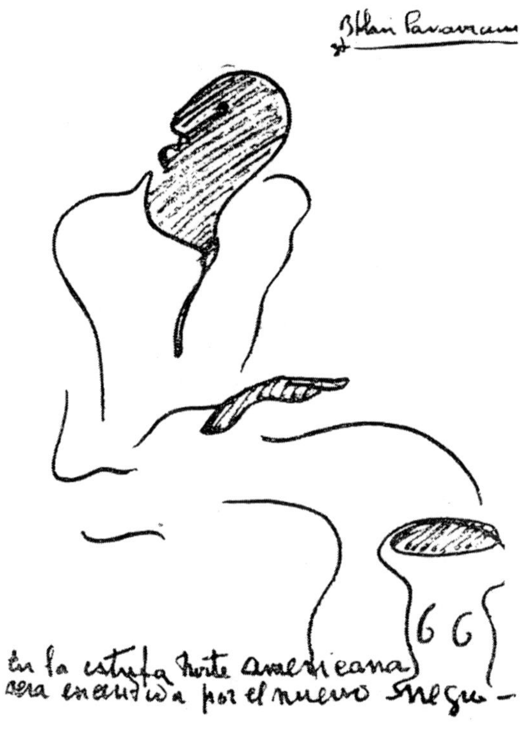

66 - En la estufa Norte Americana será encendida por el nuevo negro

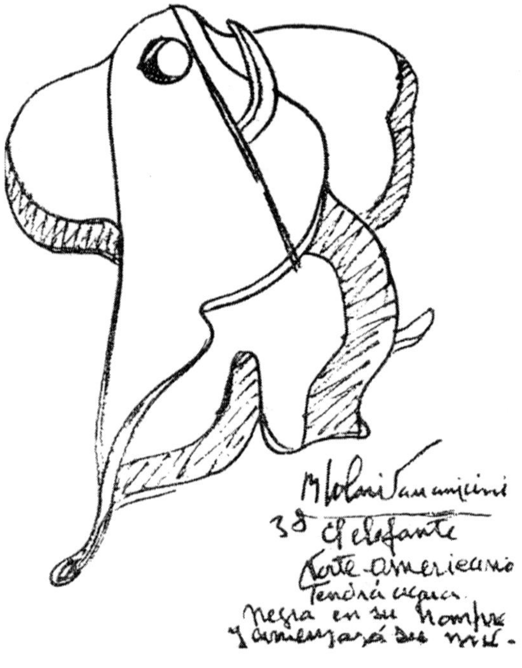

El elefante Norte Americano tendrá
agua negra en su trompa
y comenzará su mal

El gran millonario Yankee dejará de ser

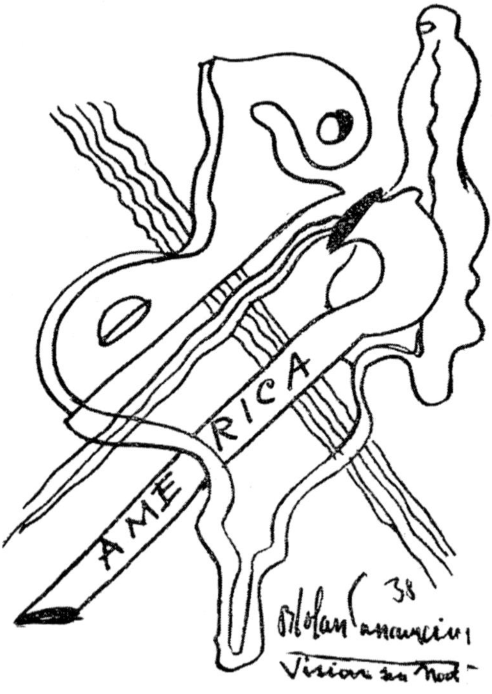

América - Visión sin Norte

La Víctima de los barbados en Cuba

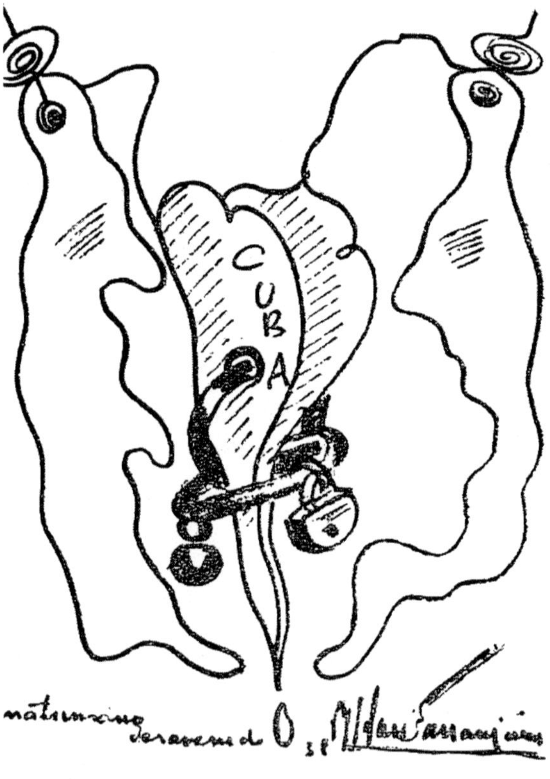

Cuba - matrimonio desavenido

Las Antillas serán cubiertas de guerras
Luego el Caos las hará trizas

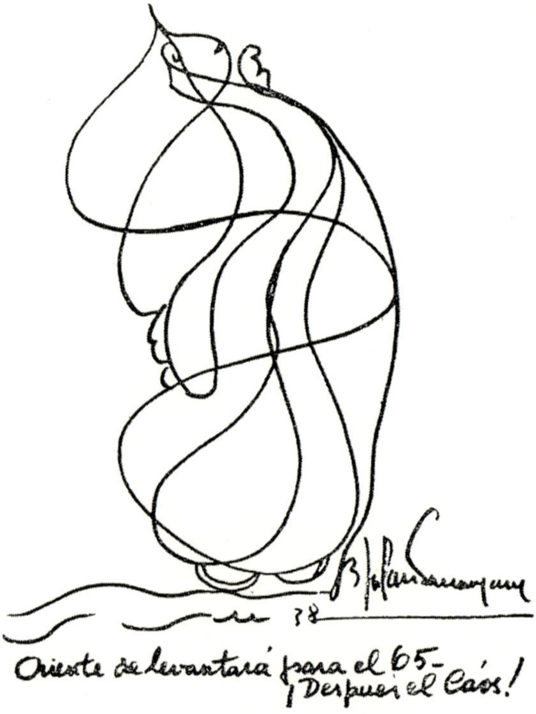

Oriente se levantará para el 65
¡Después el Caos!

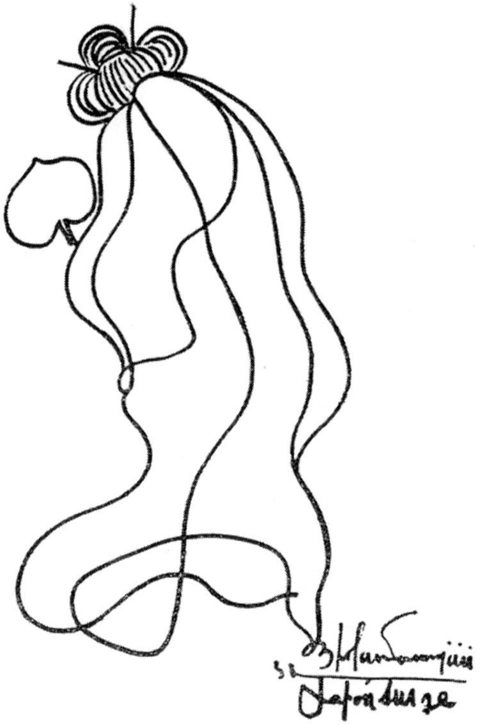

Japón surge

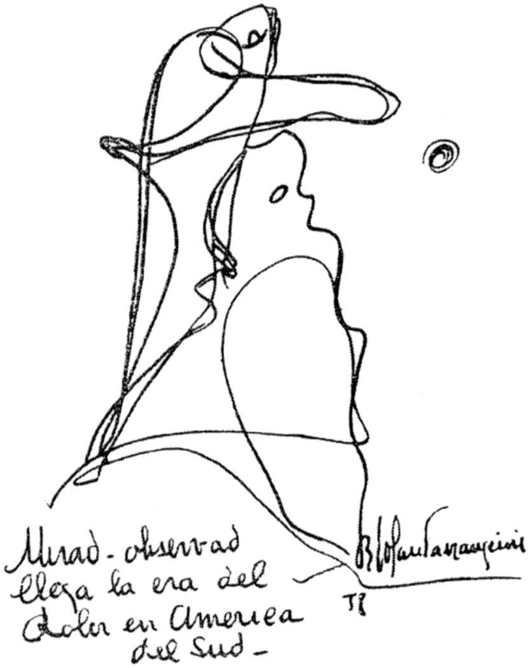

Mirad - observad llega la era del dolor
en América del Sud

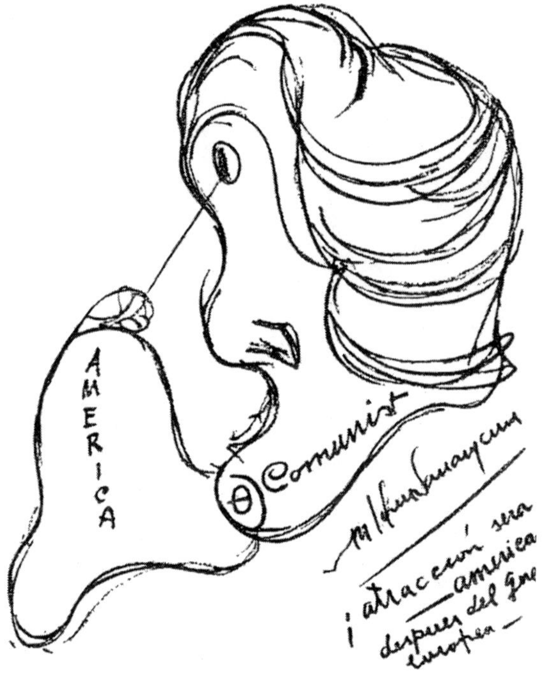

América - Comunist
¡atracción será América! después de la guerra europ
Texto sugerido

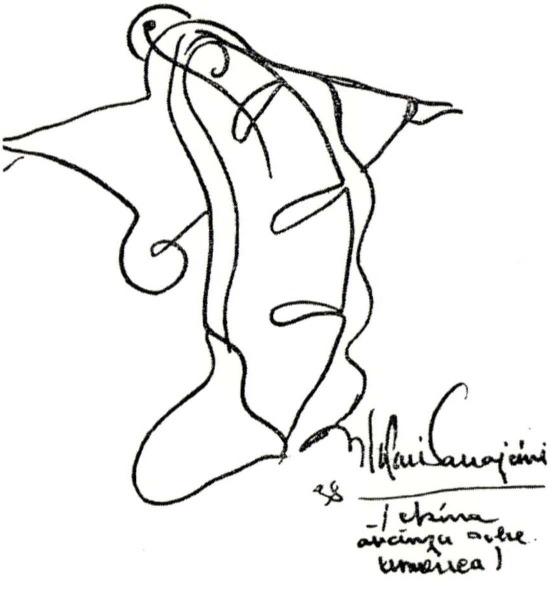

¡China avanza sobre América!

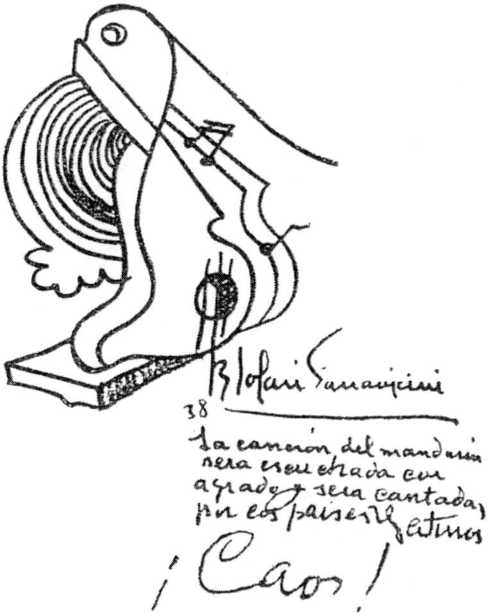

La canción del mandarín será
escuchada con agrado y será
cantada por los paises Latinos
¡Caos!

China será el principio del desborde
invasor a Latino América

Danza japonesa llega a América en el 70

Limosnera será Latinoamérica en el 70

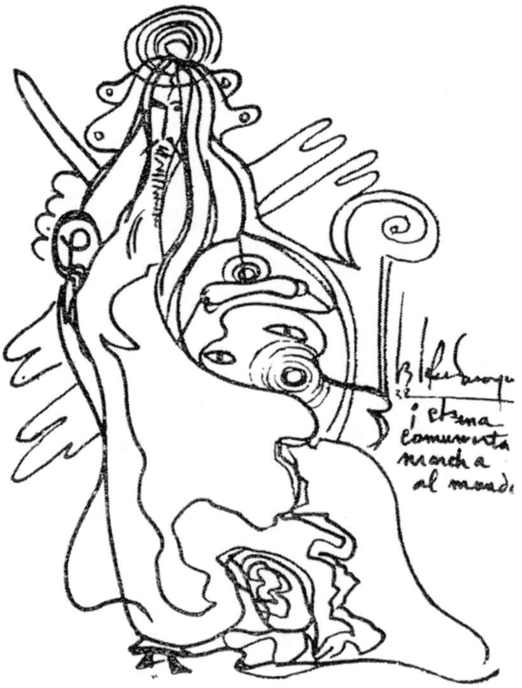

¡China comunista marcha al mundo!

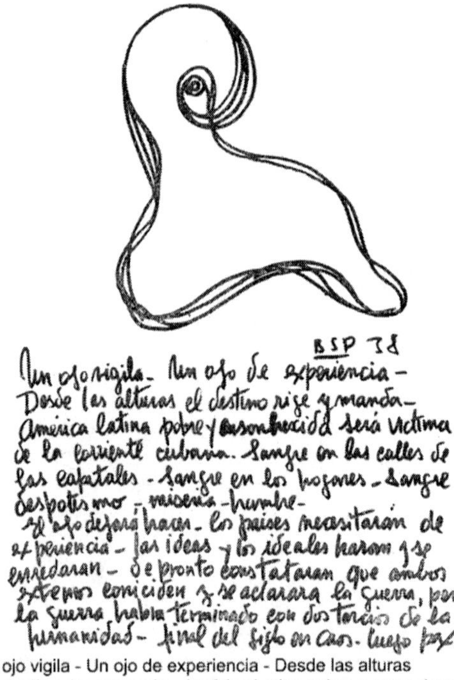

Jn ojo vigila - Un ojo de experiencia - Desde las alturas
iel destino rige y manda - América Latina pobre y ensombrecida
erá víctima de la corriente cubana. Sangre en las calles de las
apitales - Sangre en los hogares - Sangre despotismo - miseria
iambre - El ojo dejará hacer - Los paises necesitarán de experiencia
.as ideas y los ideales se harán y se enredarán - de pronto
onstatarán que ambos extremos coinciden y se aclarará la guerra,
ero la guerra habrá terminado con dos tercios de la humanidad
'inal del siglo en caos - Luego pax

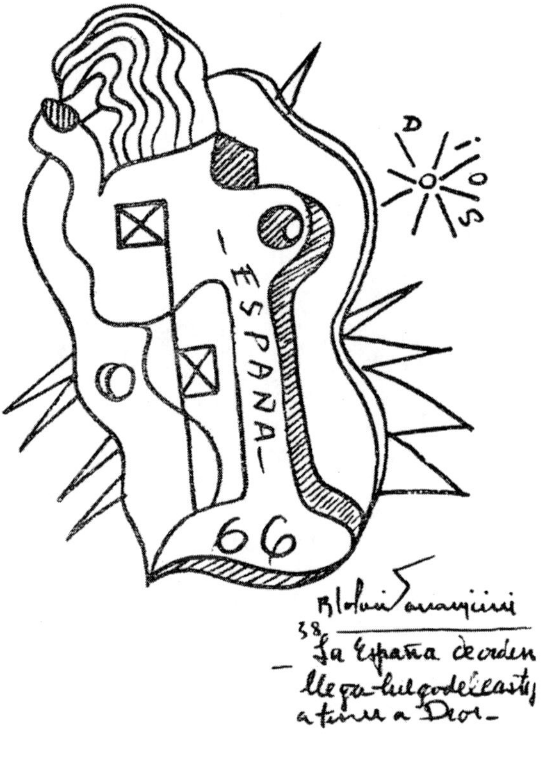

La España de orden llega luego del castigo a temer a Dios

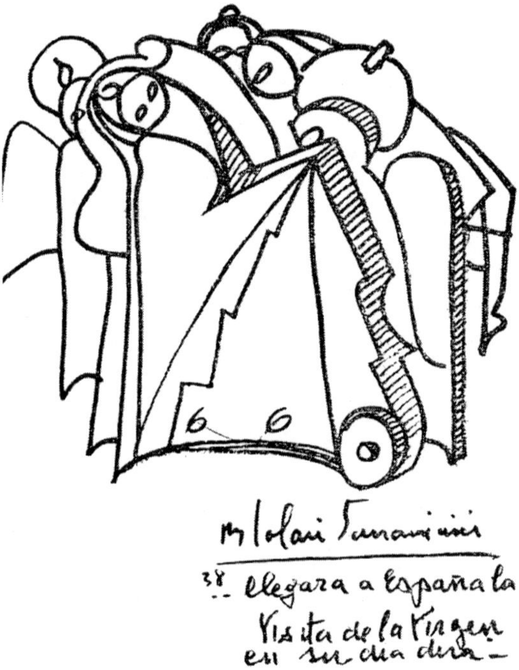

Llegará a España la
visita de la Virgen
en su dia dirá

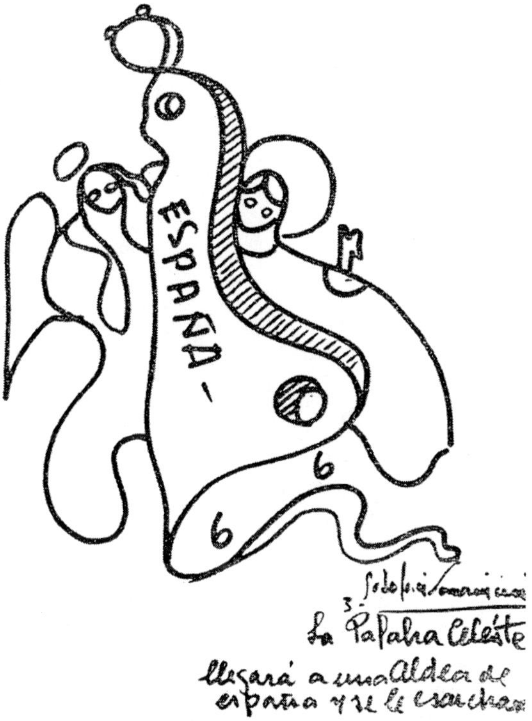

España 66
La Palabra Celeste llegará a una Aldea
de España y se le escuchará

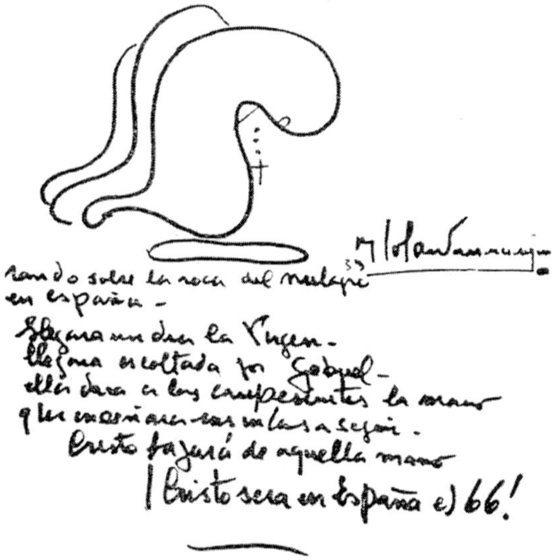

Orando sobre la roca del milagro en España
Llegará un dia la Virgen - Llegará escoltada
por Gabriel - ella dará a las campesinitas la
mano y les enseñará sus huellas a seguir
Cristo bajará de aquella mano
¡Cristo será en España el 66!

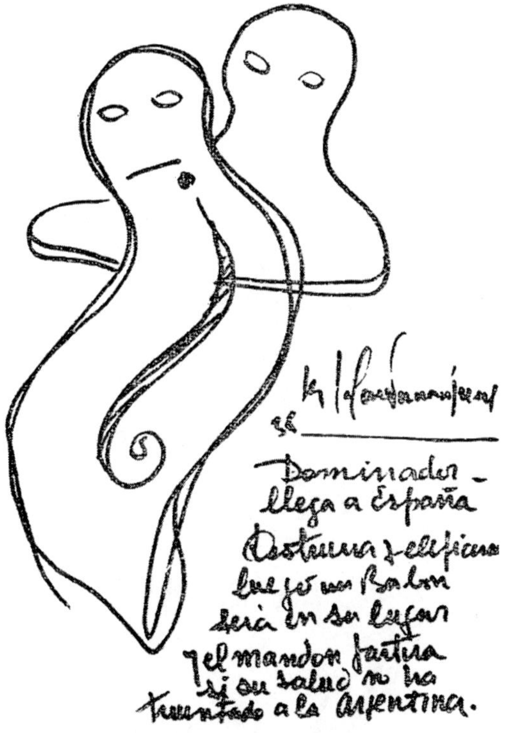

Dominador llega a España. Destruirá y edificará
Luego un Borbón será en su lugar y el mandón
partirá si su salud no ha terminado a la Argentina

Juan Borbón en España
sobre muertes y aberración

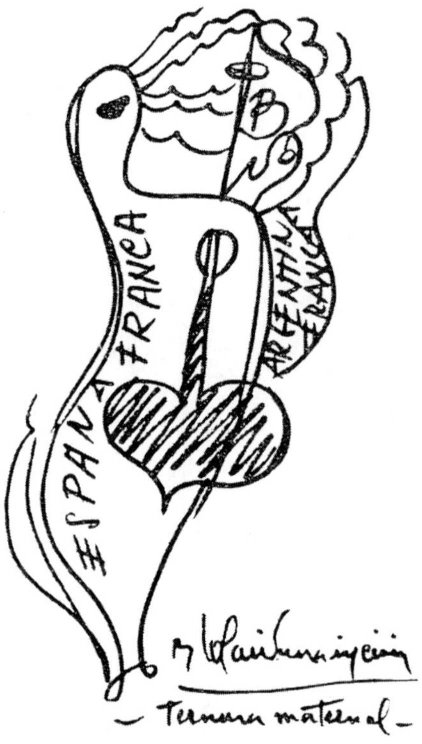

España Franca - Argentina Franca
Ternura maternal

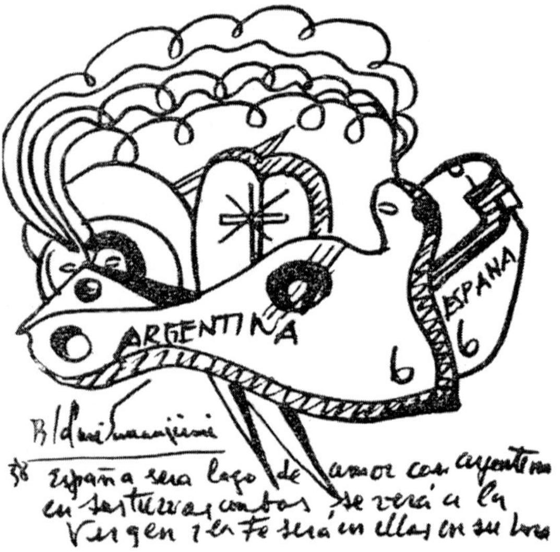

Argentina - España - 66
España será lazo de amor con Argentina
en sus tierras ambas se verá a la Virgen
y la Fe será en ellas en su hora

¡Argentina comenzará en pruebas en el 45!
La flor y la tortuga serán en Argentina en el 66

La oruga, la hoja y el caracol - fábula parecerá en la Argentina
Tres fuerzas llegarán unidas para enfrentar al caimán.
La oruga Tierra
La hoja aire
El caracol mar
Caimán antilla

Pierrot gobernará en la Argentina
antes que el orden llegue

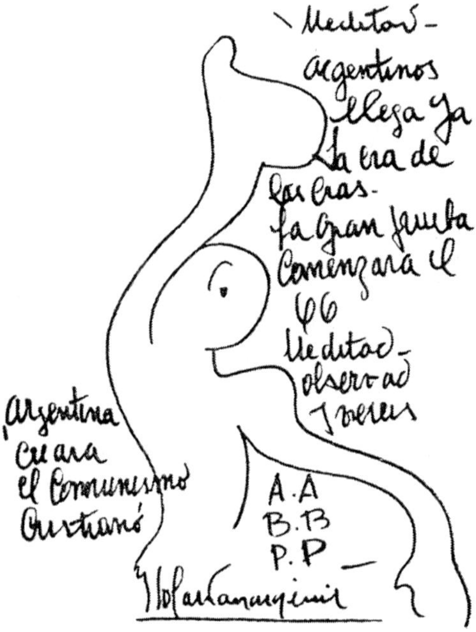

Meditad argentinos llega ya la era de las eras
La gran prueba comenzará el 66
Meditad, observad y vereis
Argentina creará el comunismo cristiano
AA
BB
PP

Clownes en Argentina gobernarán hasta el ¡Basta!

Tríptico de armas suaves en la Argentina
pero no será - hasta que deje de ser
suaves - luego será - es 66

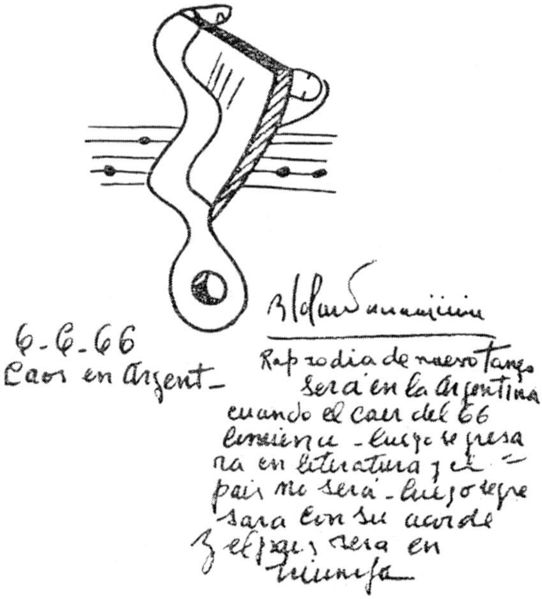

6-6-66 Caos en Argentina
Rapsodia de nuevo Tango será en la Argentina
cuando el caer del 66 comienza
luego regresará en literatura y el país no será
luego regresará con su acorde y
el país será en triunfo.

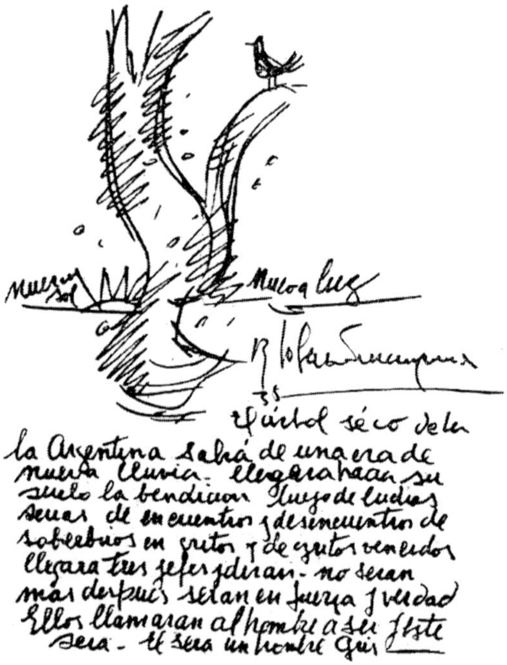

El árbol seco de la Argentina sabrá de una era de nueva lluvia-llegará hacia su suelo la bendición luego de luchas serias de encuentros y desencuentros de soberbios en gritos y de gritos vencidos. Llegarán tres jefes y dirán - no serán - mas después serán en fuerza y verdad. Ellos llamarán al hombre a ser y éste será . Él será un hombre gris.

¡Vencida Tierra Argentina!- Vencida por el hombre ciego - aguas - pestes - terremotc luchas le asolarán. Ambición del hombre - explotación del hombre por el hombre guarniciones armadas gritarán ocultas . mas saldrán al encuentro del caos. Caos total - desconcierto - voces del extranjero - Pekín - Tokio - Habana - Rusia N. América dilemas de extremos - Estrella contra estrella - Música de enfrentamient‹ Cantos de enfrentamientos - sombra - oscuridad - sordera - Un hombre gritará no se le escuchará - una mujer gritará - no se le escuchará, mas de un repente aparecerá un militar y será-

Ángel en Argentina
La Argentina conocerá un Ángel de Paz

Llega a la Argentina empobrecida un nuevo sol. Llegará el dia en que la falsa palabra sea creída. Llegará cuando las aguas lleguen en fuerza de ira. Cuando la salud física del ser ciego y atontado sea precaria, cuando la tierra tiemble bajo sus pies, cuando la intriga levante la masa, cuando el ladrón corra por las calles sin ser aprehendido, cuando la mujer grite por sus derechos y defienda causas políticas que no les conciernen Llegará con el seis en el seis, llegará en Mayo

Elevación espiritual en Argentina del 80

Pampa Argentina - cuna del mañana

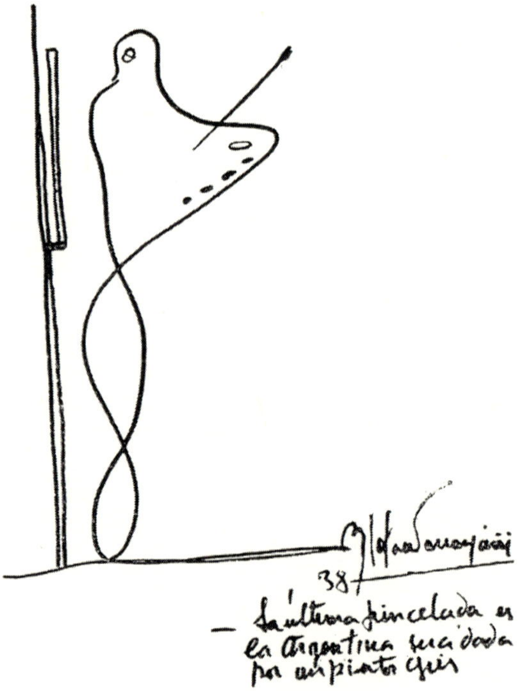

La última pincelada en la Argentina
será dada por un pintor gris

El altiplano hablará y dará fruto

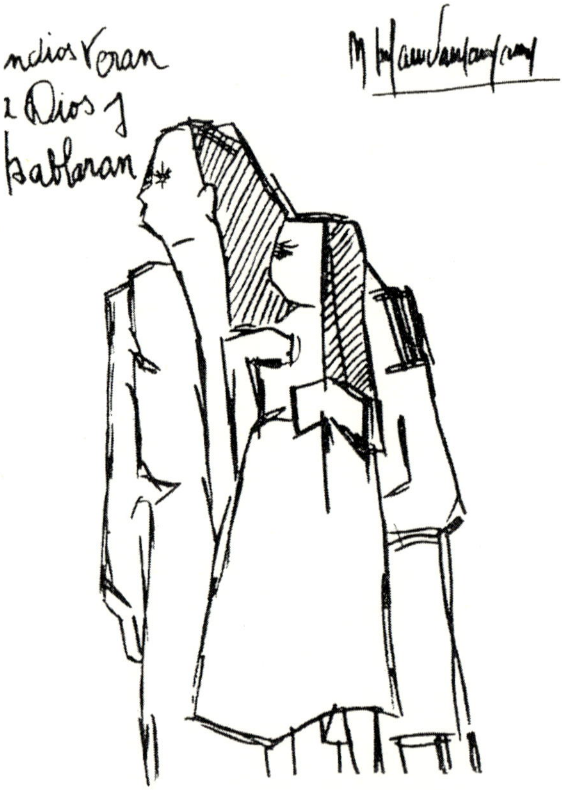

Indios verán a Dios y hablarán

Profecías del alto
La misión del Mohicano
La voz del Altiplano

Mariposas nuevas en el altiplano
serán traidas por venusinos

Los ingleses serán de cabello largo y faldas

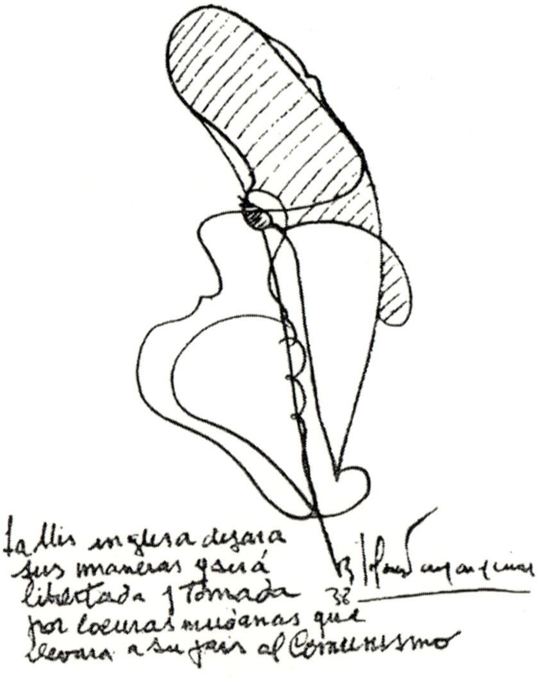

La Miss inglesa dejará sus maneras y será libertada y tomada por locuras mundanas que llevará a su país al Comunismo

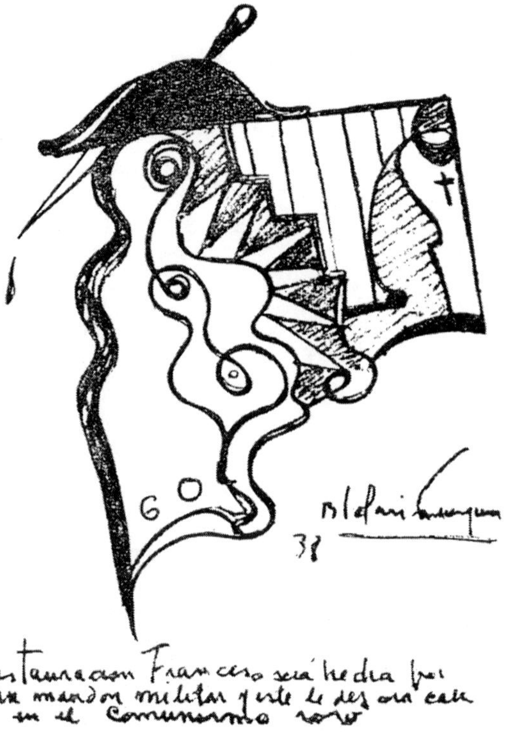

60 - Restauración Francesa será hecha por
un mandón militar y éste le dejará caer
en el comunismo rojo

66 - Degollada
Pendiente total en Francia 66

Francia la liberal será degollada y entregada

La patinadora francia verá rojo

El 14 de julio en Francia un dia será Comunista!

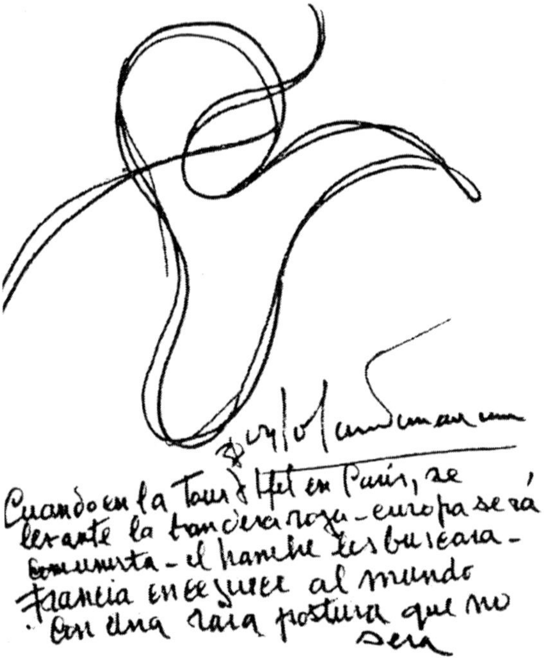

Cuando en la Tour Eiffel en Paris, se levante
la bandera roja - Europa será comunista .
el hambre les buscará - Francia enceguece al
mundo con una rara postura que no será

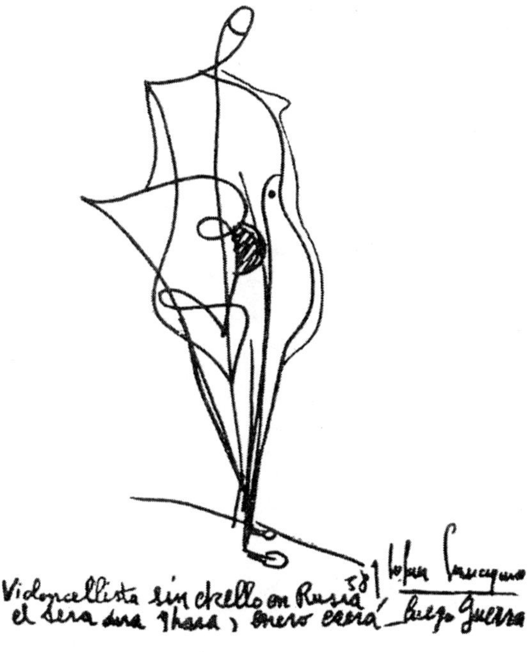

Violoncellista sin chello en Rusia
él será, dirá y hará y enero caerá
Luego guerra

¡Jokanan será en Rusia!

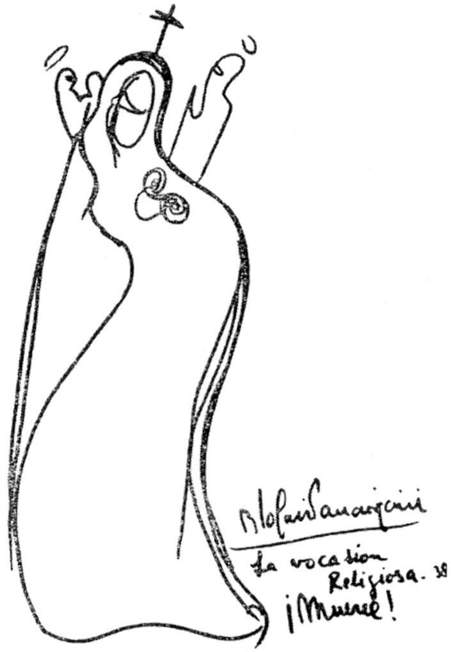

La vocación Religiosa ¡Muere!

El peso de la conciencia caerá sobre Roma

La pastora Iglesia será en prueba grande

Mártires serán los ministros de la Iglesia

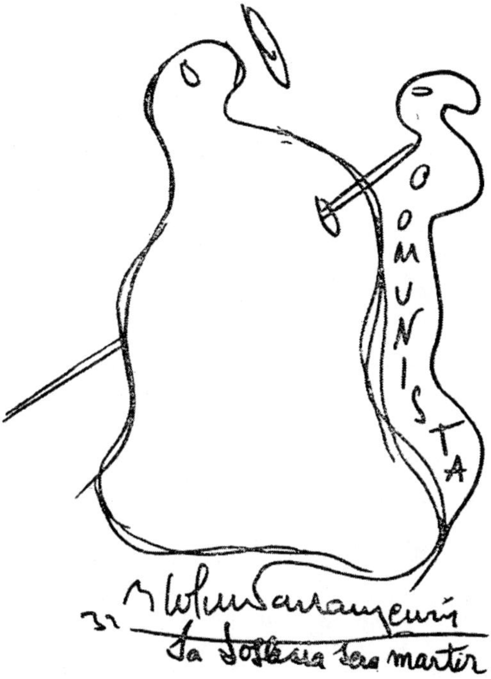

Comunista
La Iglesia será mártir

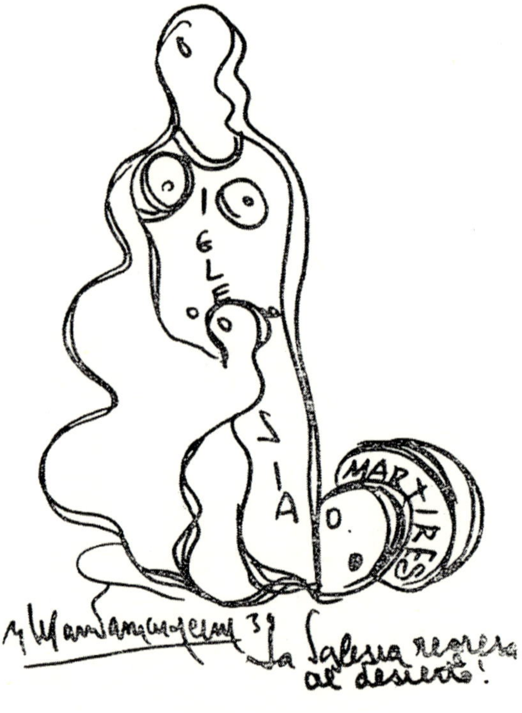

Iglesia - Márires
La Iglesia regresa al desierto!

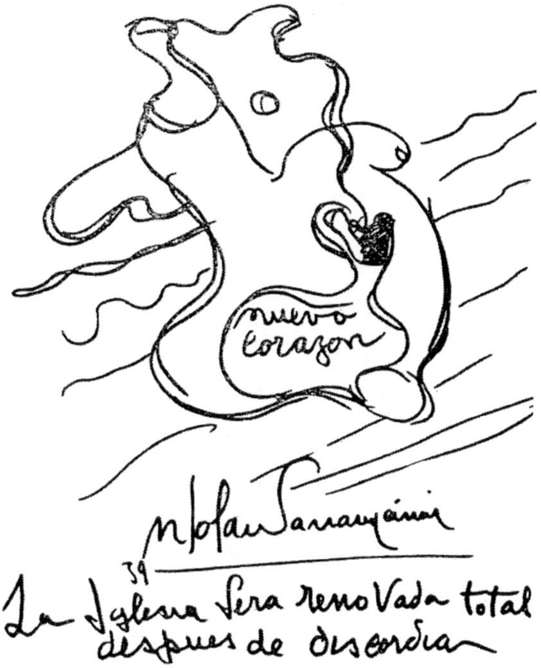

Nuevo Corazón
La Iglesia será renovada total
después de discordias

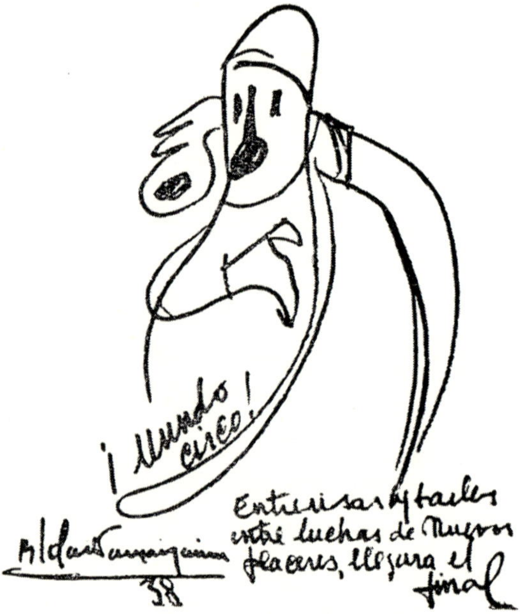

¡Mundo circo!
Entre risas y bailes entre luchas de
nuevos placeres, llegará el final

Alegría falsa y sin alma! 60

La alegría falsa en Europa del 66

(texto a criterio del lector)

La Virtud y los vicios se desencontrarán cuando la luz llegue - en tanto los vicios serán en triunfo y la virtud en muerte -

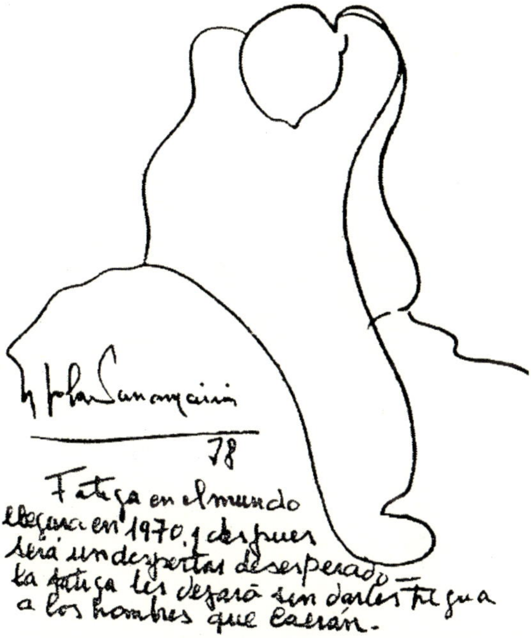

Fatiga en el mundo llegará en 1970 y después será un despertar desesperado - la fatiga les dejará sin darles tregua a los hombres que caerán.

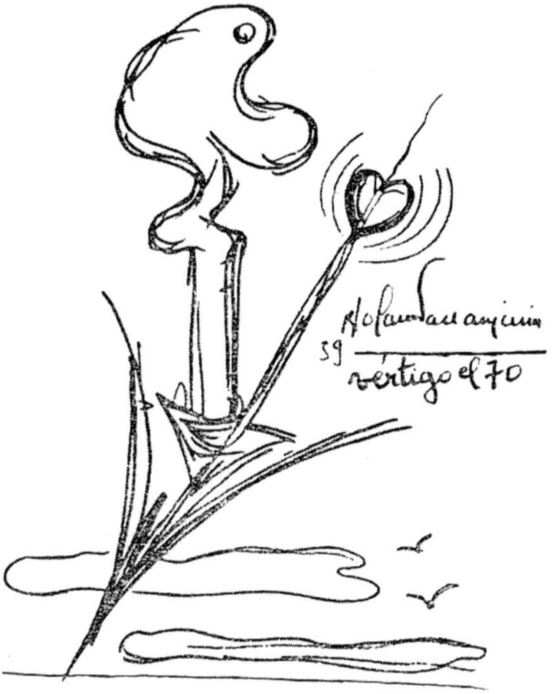

vértigo el 70

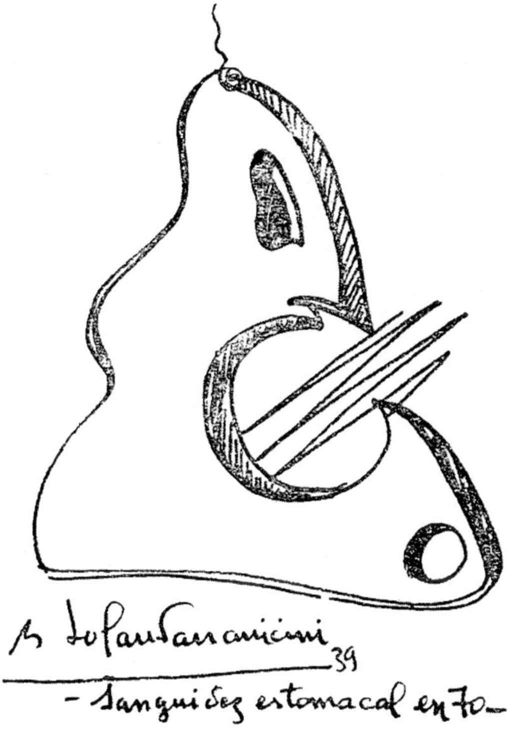

Languidez estomacal en 70

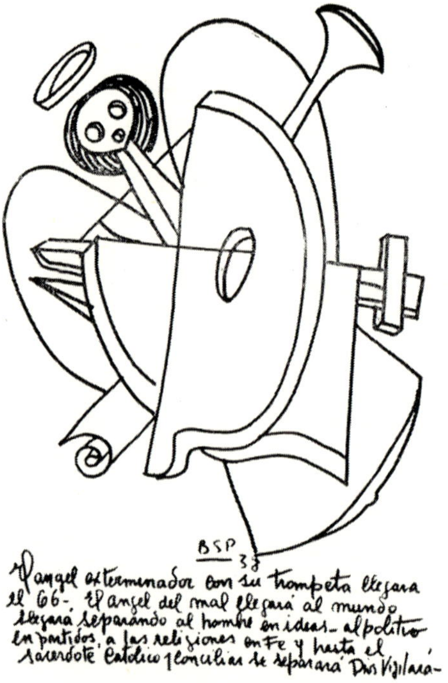

El ángel exterminador con su trompeta llegará
el 66 - El ángel del mal llegará el mundo
Llegará separando al hombre en ideas
al político en partidos, a las religiones en Fe y
hasta el Sacerdote Católico y conciliar se
separará - Dios Vigilará

Llega ya el sol de explosiones
Él entregará guerra - el hombre enloquecerá
y el Caos será para anular el Caos del hombre
¡ Caos de Dios contra Caos del Hombre!

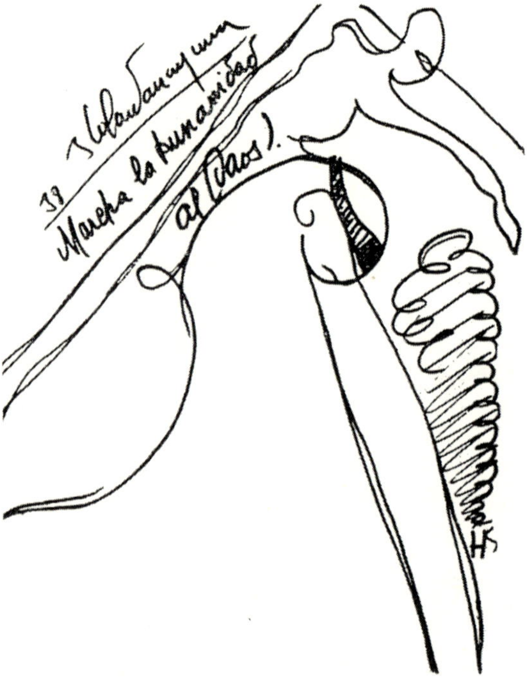

Marcha la humanidad al Caos

Proletariado se levantará en el mundo y
trastocará el Todo - El proletariado triunfante
será luego víctima de él mismo
¡Caos - Muerte!

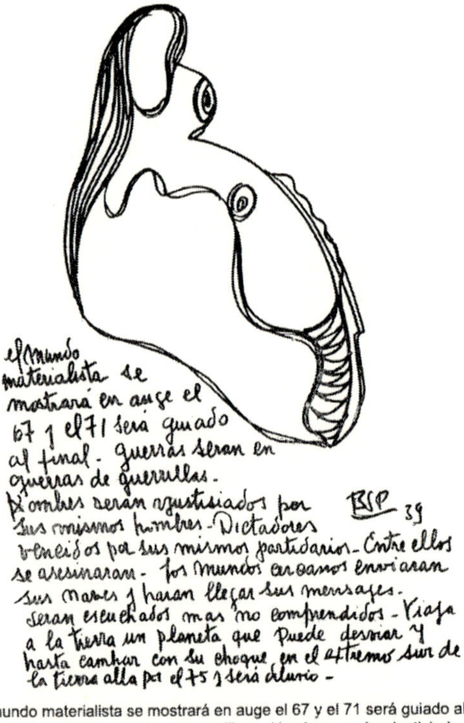

El mundo materialista se mostrará en auge el 67 y el 71 será guiado al final - guerras serán en guerras de guerrillas - Hombres serán ajusticiados por sus mismos hombres - Dictadores vencidos por sus mismos partidarios - Entre ellos se asesinarán - Los mundos cercanos enviarán sus naves y harán llegar sus mensajes - Serán escuchados mas no comprendidos - Viaja a la Tierra un planeta que puede desviar y hasta cambiar con su choque en el extremo sur de la Tierra allá por el 75 y será diluvio -

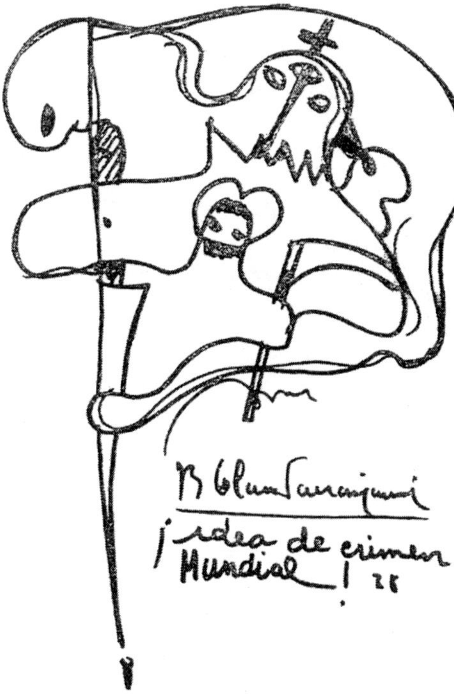

¡Idea de crimen Mundial!

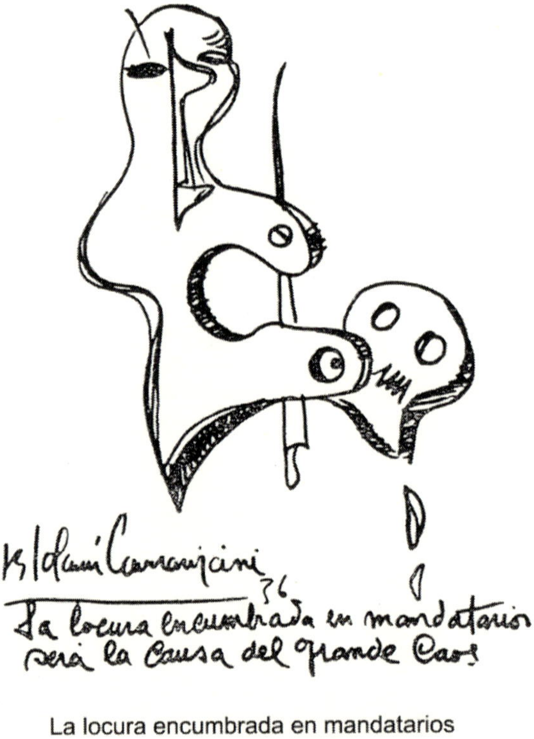

La locura encumbrada en mandatarios
será la causa del grande Caos

La muerte ha pasado por Europa
y volverá y volverá...

Espiritus de la guerra en el 70

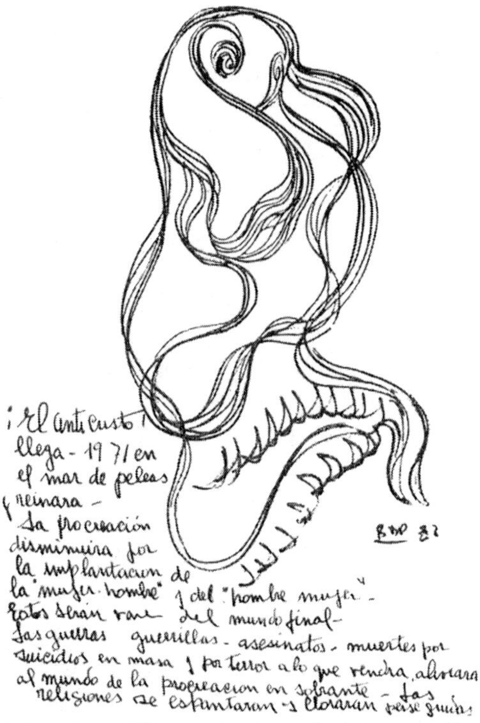

¡El Anticristo! llega - 1971 en mar de peleas y reinará - La procreación disminuirá por la implantación de la "mujer-hombre" y del "hombre-muje
Éstos serán vare del mundo final - Las guerras, guerrillas, asesinatos, muertes por suicidios en masa y por terror a lo que vendrá, aliviará al mundo de la procreación en sobrante - Las religiones se espantarán y llorarán perseguidas.

vare: término en inglés - vara con la que se mide a la autoridad o justicia.

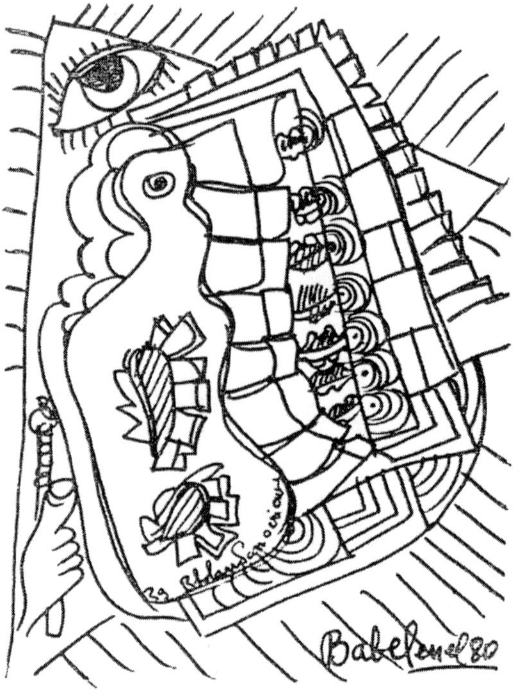

Babel en el 80

RIP - Muere el amor - Sueño que será

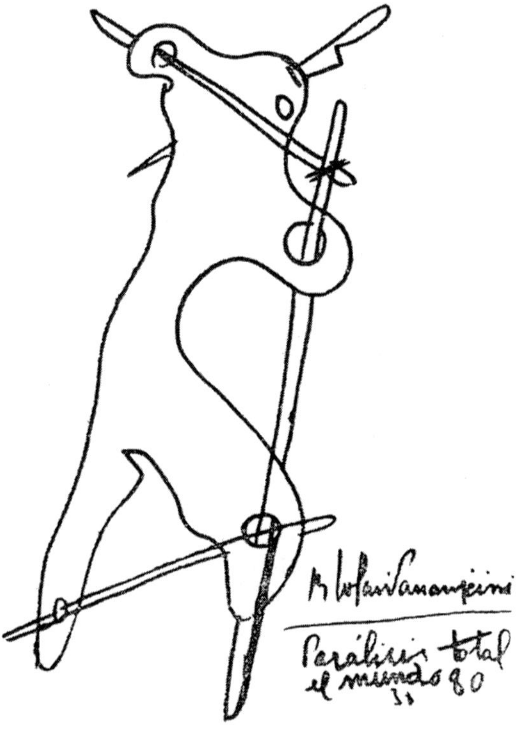

Parálisis total en el mundo 80

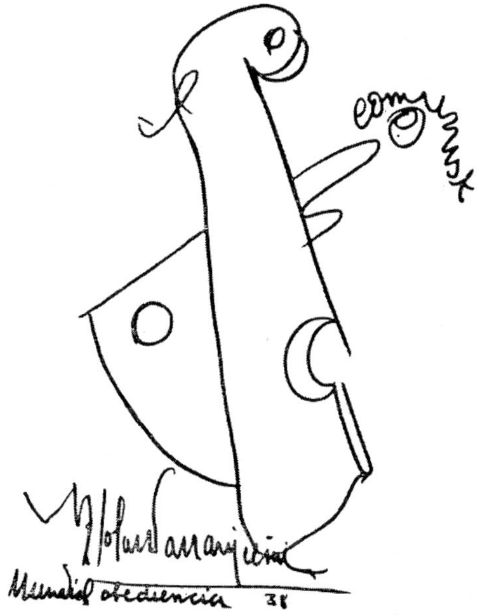

Comunist
Mundial obediencia

Sorpresa del Grande ruido a llegar

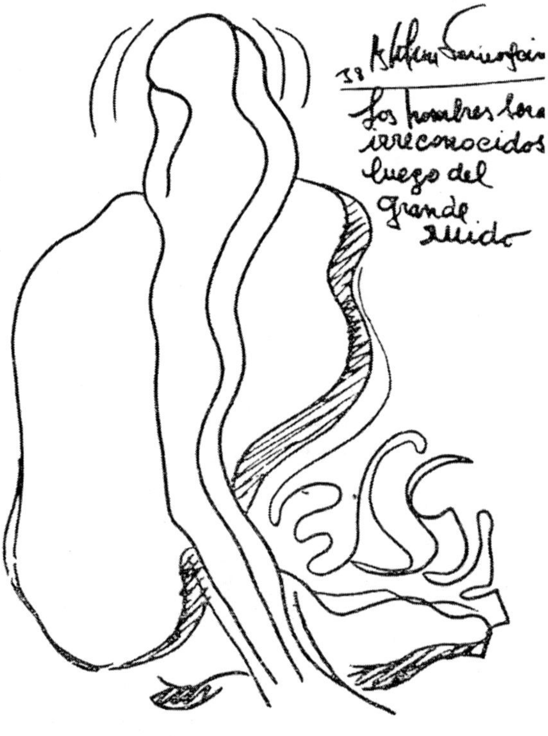

Los hombres serán irreconocidos
luego del grande ruido

Otitis será después del grande trueno

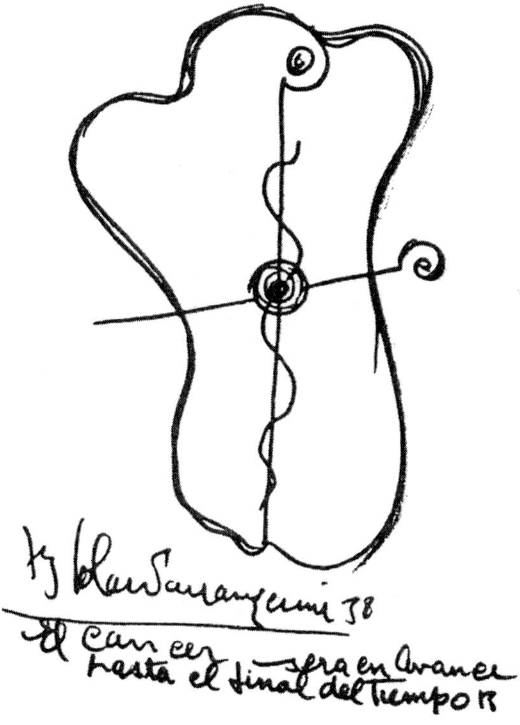

El cáncer será en avance hasta el final del tiempo

¡Llega la locura en masa!
El trastorno cerebral será general
en el final del siglo

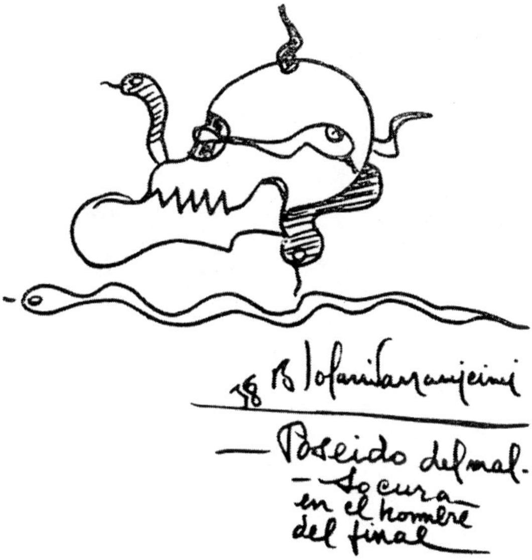

Poseído del mal
Locura en el hombre del final

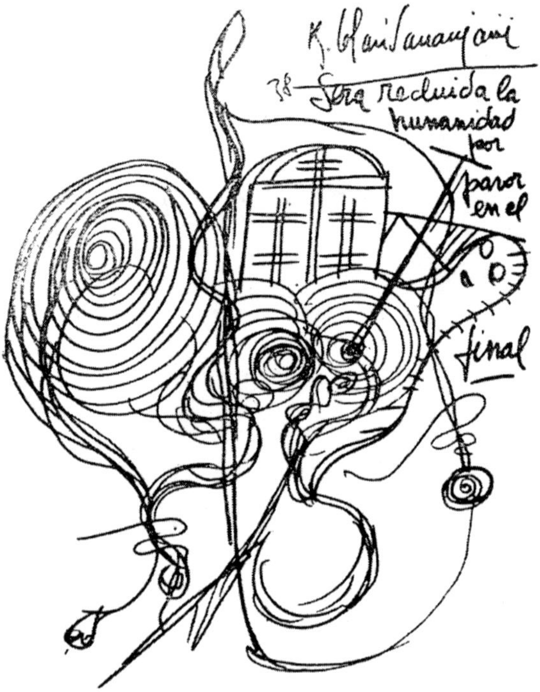

Será recluida la humanidad por pavor en el final

Caronte fatigará sus viajes
al unísono... ¡Tantos llegarán! Millones

Ante el caos - el amor se verá en las puertas que supieron del padecer
Una nueva alquimia aparecerá y se explotará, ella será el amor al prójimo, se hablará de ello pero no cuajará hasta el 2002.
Religiones se llamarán a la tarea - mas no cuajarán - Políticos se llamarán a la tarea mas no cuajarán! Una sola palabra cuajará en ello y será Cristo!

¡Hambre! Pobreza Mundial

mendigos sobre el mundo pulularán
al final de finales

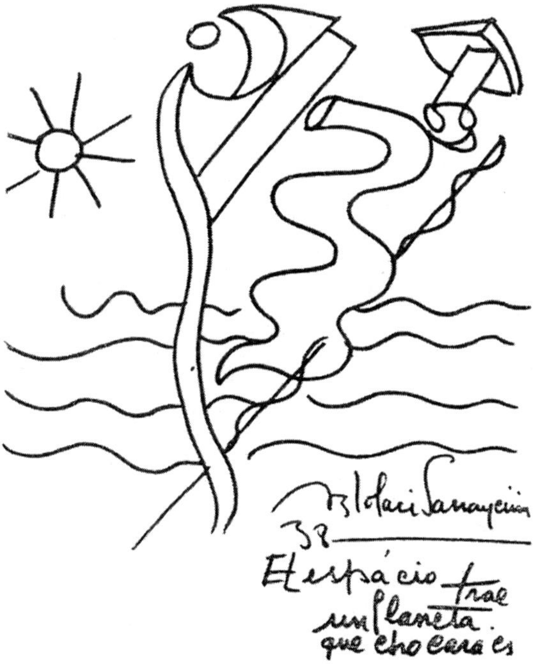

El espacio trae un planeta
que chocará

Polo será en Ecuador
después del Caos

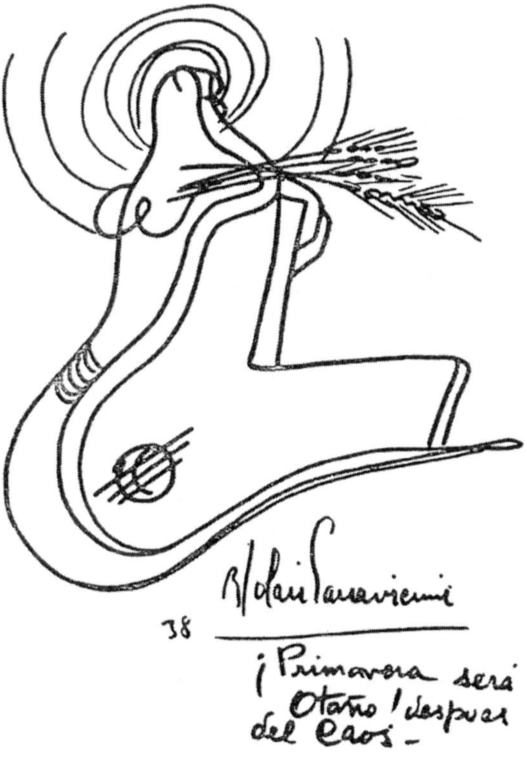

¡Primavera será Otoño!
después del Caos

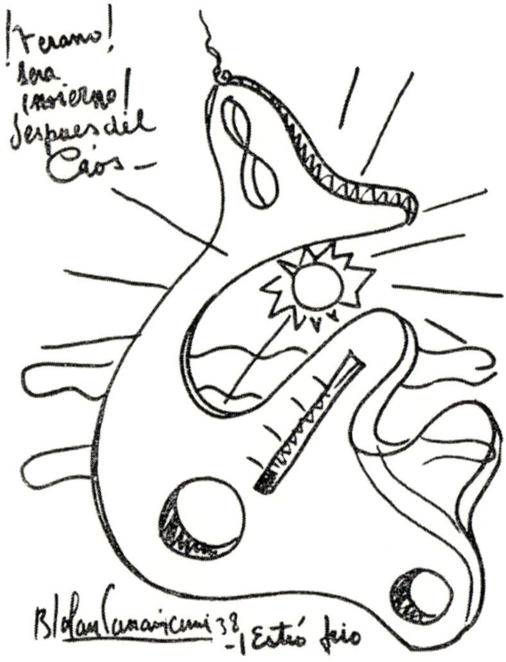

¡Verano será invierno! después del Caos
Estío frio

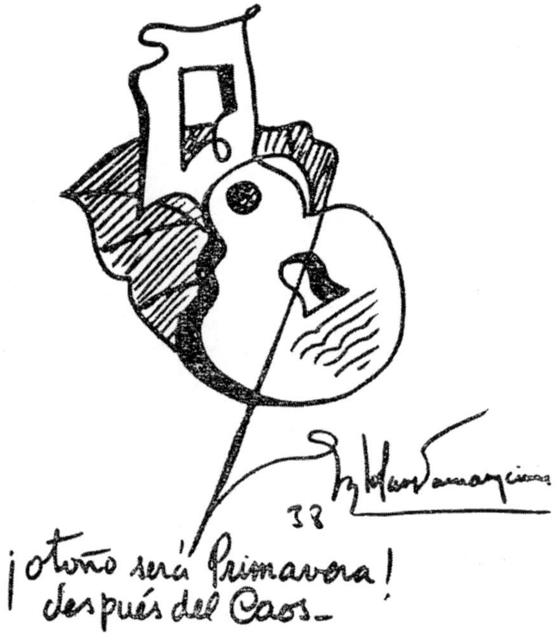

¡Otoño será Primavera!
después del Caos

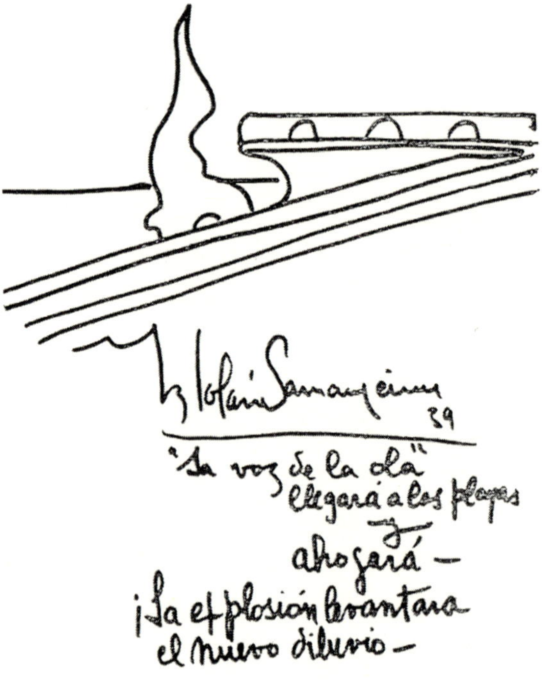

"La voz de la ola" llegará a las playas y ahogará
¡La explosión levantará el nuevo diluvio!

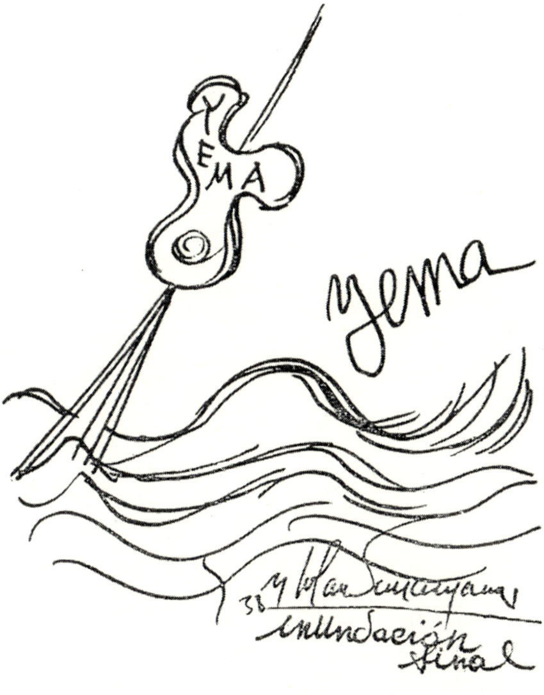

Yema
Inundación final

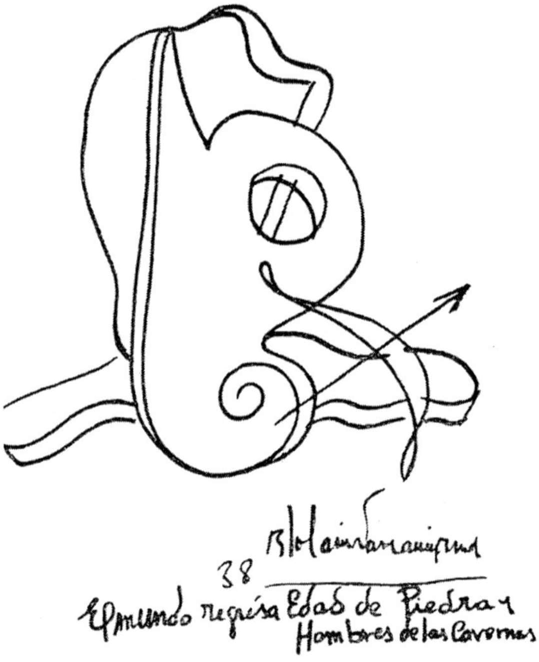

El mundo regresa Edad de Piedra
y Hombre de las Cavernas

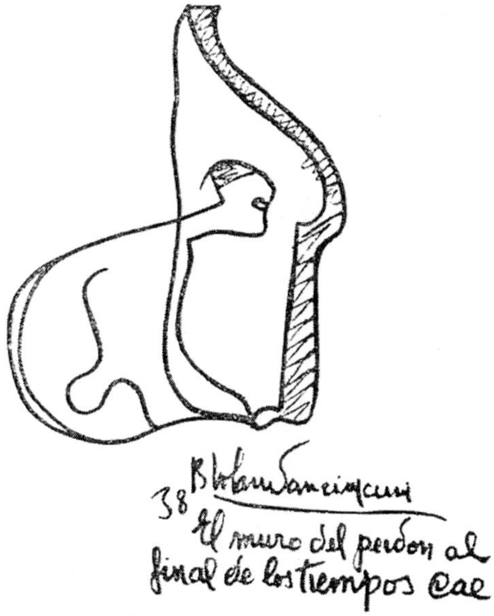

El muro del perdón al final
de los tiempos cae

Las almas Vagarán en el 99

Arrepentimiento final en el final

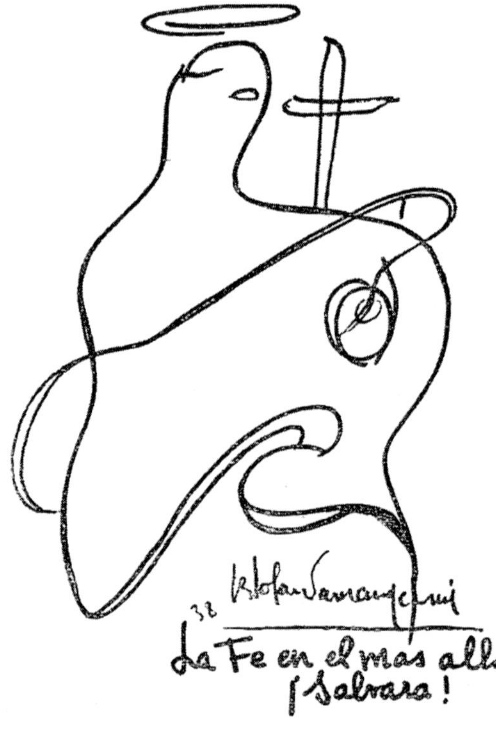

La Fe en el mas allá !Salvará!

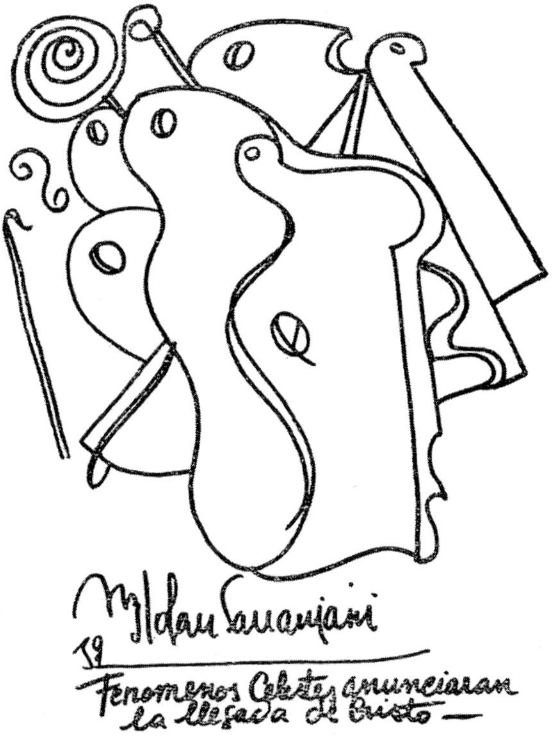

Fenómenos celestes anunciarán la
llegada de Cristo

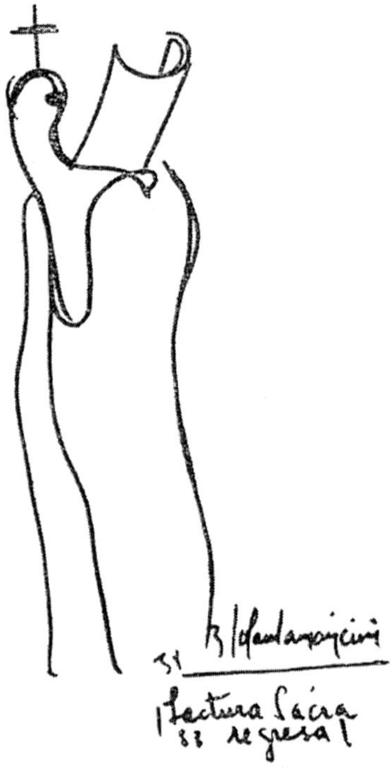

¡Lectura sacra regresa!

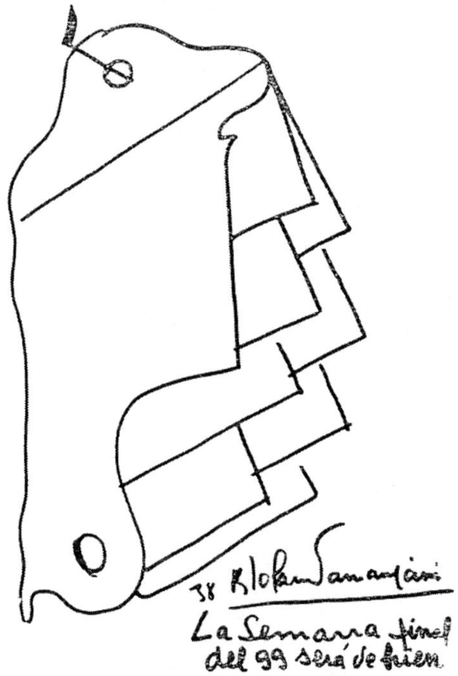

La semana final del 99 será de bien

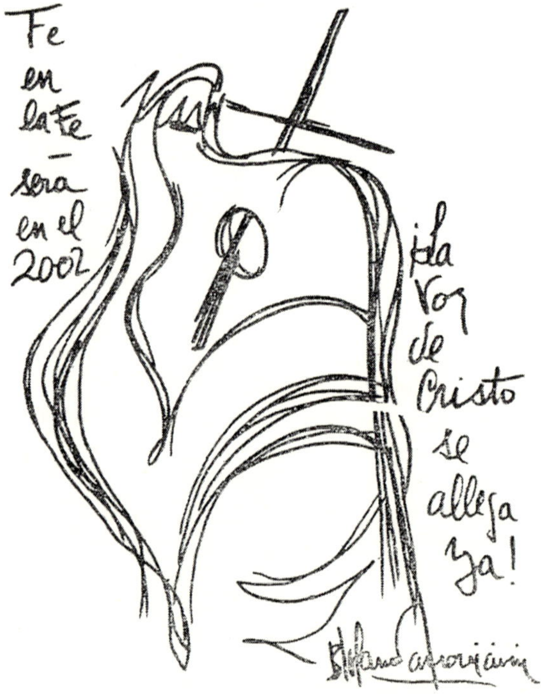

Fe en la Fe será en el 2002
¡La voz de Cristo se allega ya!

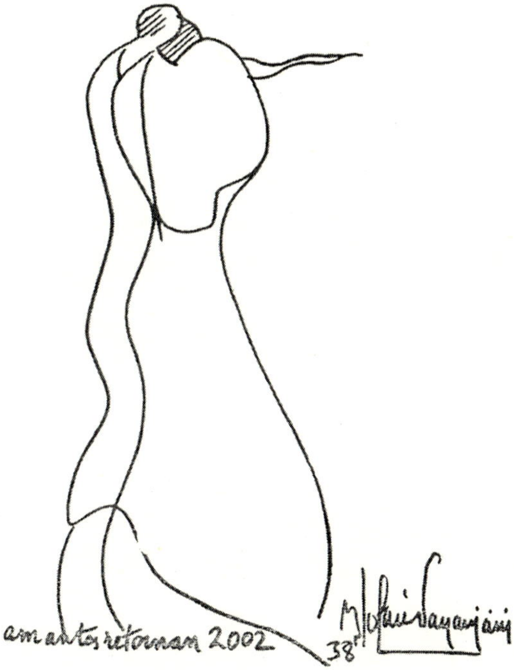

amantes retornan 2002

familia regresa 2002

La era atómica se acerca. Rusia ya juega con ella sin saberla. Después de las guerras llegará y hará guerra y la guerra de guerras será! Fuego de fuegos

Elevación de la Tierra 2002
¡Gloria a Cristo!

Caerá el corazón del mundo - año 40 - caerá
y será alemán hasta el 44

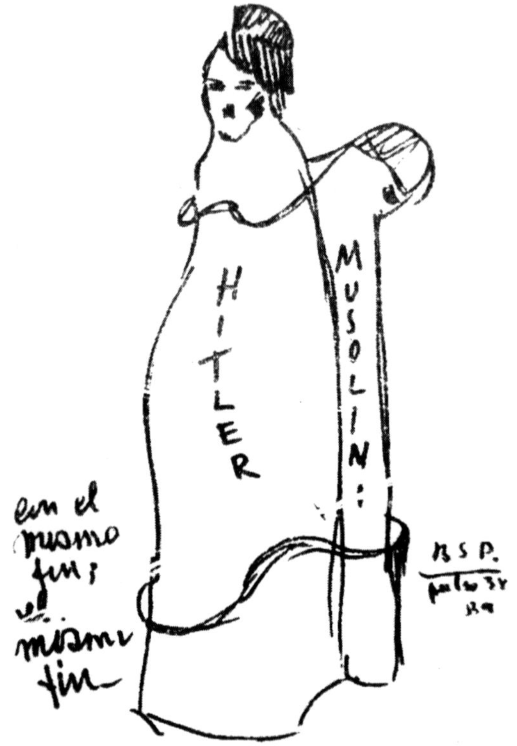

En el mismo fin, el mismo fin

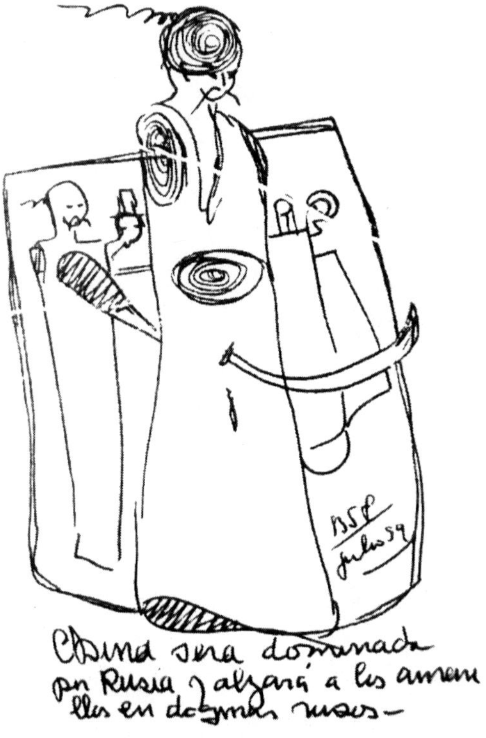

China será dominada por Rusia y alzará a los amarillos en dogmas rusos

Cabeza de barba, que parecerá santa, mas no lo será
y encenderá las Antillas

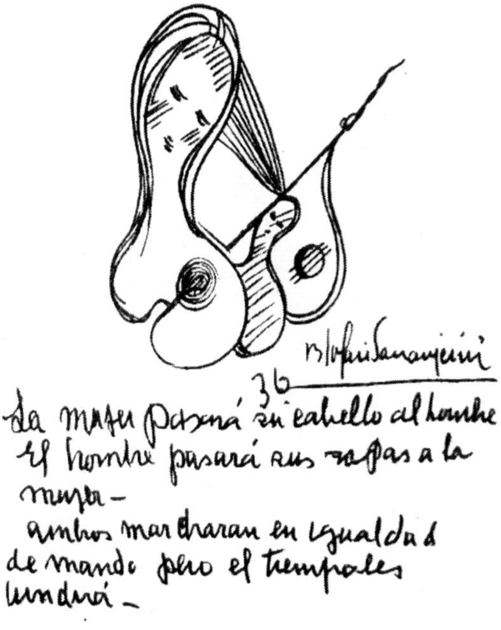

La mujer pasará sus cabellos al hombre. El hombre pasará sus ropas a la mujer- Ambos marcharán en igualdad de mando pero el tiempo les hundirá

El hombre volará los espacios siderales, vencerá el sonido.
conocerá los astros y sabrá que el mundo
es inferior planeta y de castigo

Cataclismo - Humanidad - Mar de mares
El papado tendrá nuevas normas. Lo malo de ayer dejará de serlo. La misa será protestante sin serla y los protestantes serán católicos sin serlo. El Papa se alejará del Vaticano en viajes y llegará a América, en tanto la humanidad caerá.

Cataclismo - Humanidad vencida
El cataclismo será predicado mas
nadie le creerá - pero llegará

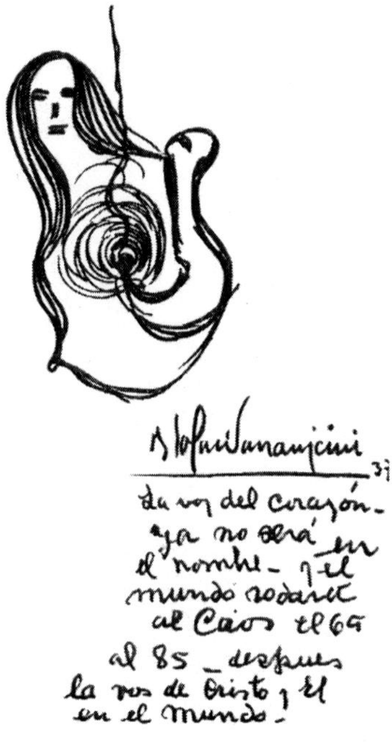

La voz del corazón ya no será en el hombre - y el mundo rodará al Caos del 65 al 85. Después la voz de Cristo y Él en el mundo

Llega el mal a la Tierra
el 66 será clave del principio del final.
Aprestaos que el tiempo es corto
y la humanidad ciega

China y Rusia iniciarán el mal de males en el 70
Cataclismo y final de finales

Caín entierra a su hermano Abel en 75

Cristianos en catacumbas
El cataclismo fin de finales
llegará en 1982

Hombres meditad. El mar avanzará, inundará en diluvio, se derretirán los cascos polares. El eje de la Tierra regresará y el ecuador será polos. El mar será sangre. Final de finales.

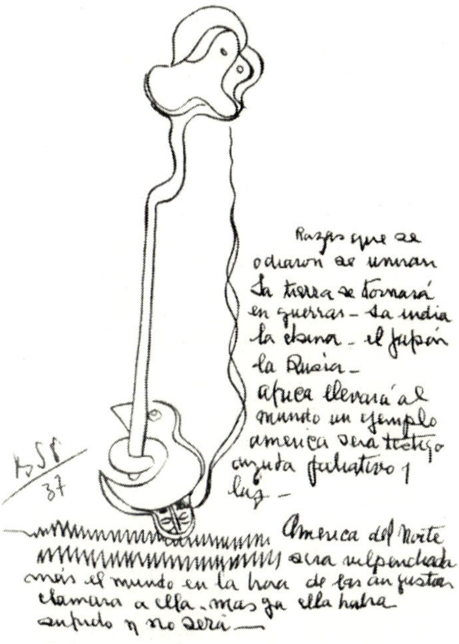

Razas que se odiaron se unirán. La Tierra se tornará en guerra. La India, la China, el Japón, la Rusia, África llevará al mundo un ejemplo. América será testigo, ayuda, paliativo y luz. América del Norte será vilipendiada, mas el mundo en la hora de las angustias clamará a ella, mas ya ella habrá sufrido y no será.

El mundo será integro en manos
de una idea que le destruirá
Ateísmo en triunfo

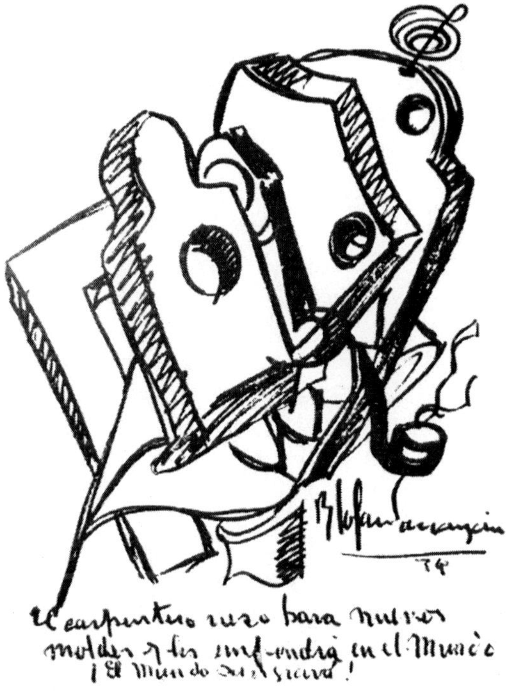

El carpintero ruso hará nuevos
moldes y les impondrá en el mundo
!El mundo sangrará!

En América del Sur, la Argentina luchará su libertad por la libertad de las libertades. La libertad de Dios. Pax.
Caos - Argentina - Rio de la Plata

La nueva Rusia será pobre, pero regresará a su Dios. Allá se despedazarán los nuevos en su época. Sus sabios llegarán a asombrar al mundo, dominarán la desesperación después caerán estruendosamente. La nueva hija de ella será pobre pero será

Año 2002 Siglo XX
El año 2002 será el principio de la era del amor. Todo ser amará sin concupiscencia - el hombre esto lo habrá olvidado y la mujer conocerá su deber - almas nuevas llegarán a poblar la Tierra. Todas serán superiores trayendo la quinta dimensión Se hablará mentalmente y se vivirá en Cristo Dios

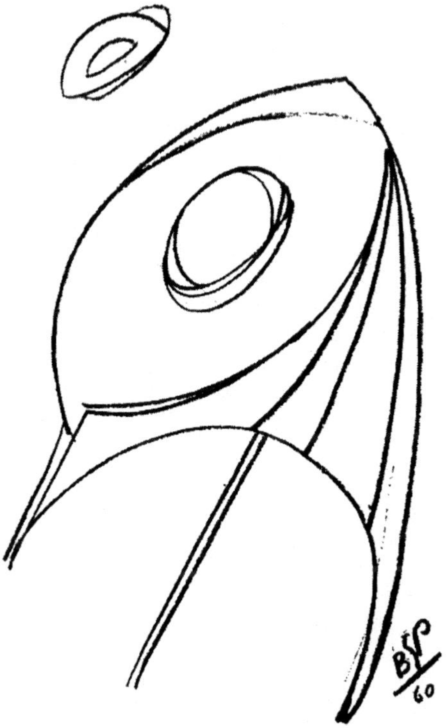

El hombre se apresta a visitar cercanos planetas. Ya él es dueño de naves aún no definidas, mas en preyectos. Llegará, sí. Mas llegará sin llegar. Verá sin ver, dirá sin decir. Y regresará sin regresar. Será y no será, porque aún.... no es la hora.

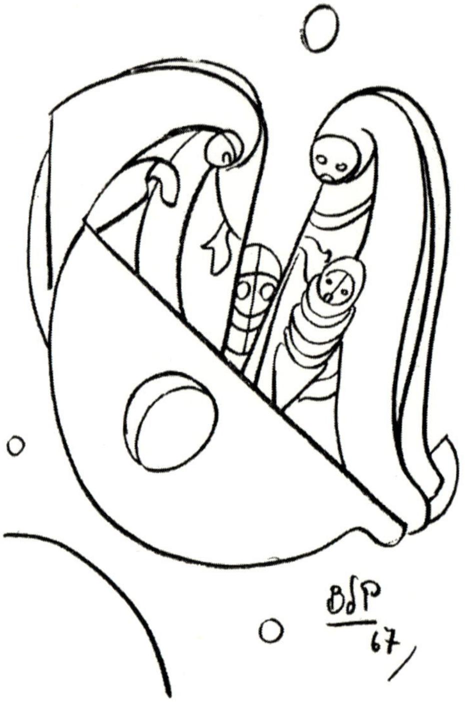

La llamarada se acerca, el astronauta sabrá del castigo y de Dios. El astronauta no halló al Señor en las alturas y las alturas caerán sobre él para revelarle el Alto. La mujer astronauta será realidad y sabrá de realidades que no vió en la Tierra y las halló en los cielos, después de la prueba.

En el final de la prueba la mujer llegará a mostrarse en disfraces ridículos y modales absurdos, imposibles al hombre, el que en hastío escapará de ella. !El dia de San Malaquías es casi en el día!

Hermano: abre los ojos. Ya la bestia trepa los ámbitos de la Tierra. Es ella dueña del hombre atolondrado que corre tras la concupiscencia y el poder del oro. Hermano, presto estallarán nuevas guerras. Será el humo del primer humo. Él acusará en contra de poderes constituidos exigirá feroz, normas desprovistas de bien. Sin trabajo aplastará coronadas testas y gobiernos poderosos. El sacro vaticano bajará su tiara lastimada mas no vencida. Prevalecerá en luchas. Terminado el ruido del acusador, laredención condenará a la bestia, la que rodará los espacios por eras. !Será el 2002!

Era del oro. El hombre camina hacia la animalidad; extraviará el sexo, su decencia, su orgullo, su conciencia y su dignidad. La mujer será la causa.

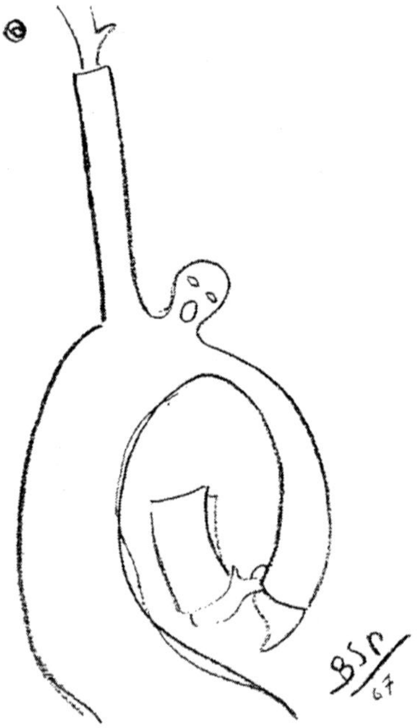

Hombres que vais por el mundo: atended y entended. El tiempo de la confusión es ya en ustedes. Aún resta un tiempo... comprended, observad, entended. Ya la gente cayó en la imitación pueril, en el vulgar inicuo, en la jactancia banal, en la ignorada desverguenza; desubicada corre tras el oro, por él robará, estafará, le ganará bien o mal hasta el ... !Basta!. El oro en castigo: !Caerá!

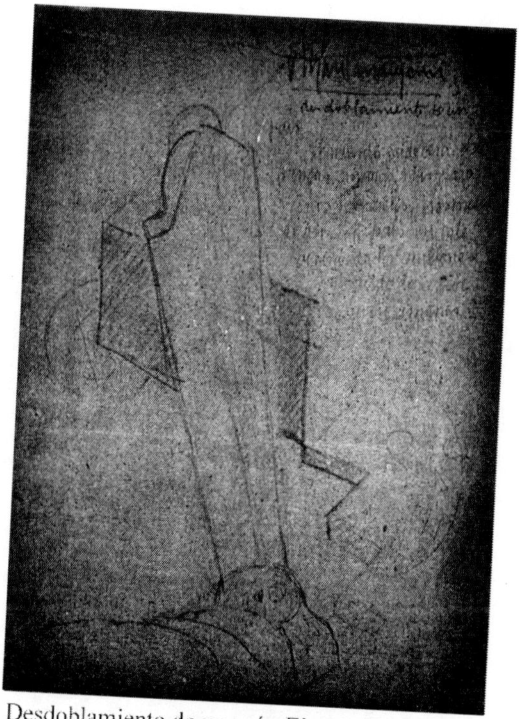

Desdoblamiento de un país. El mundo padecerá
de bandas organizadas para robos y asaltos
provenientes de un solo país y éste vivirá
de los millones recaudados por sus crímenes.

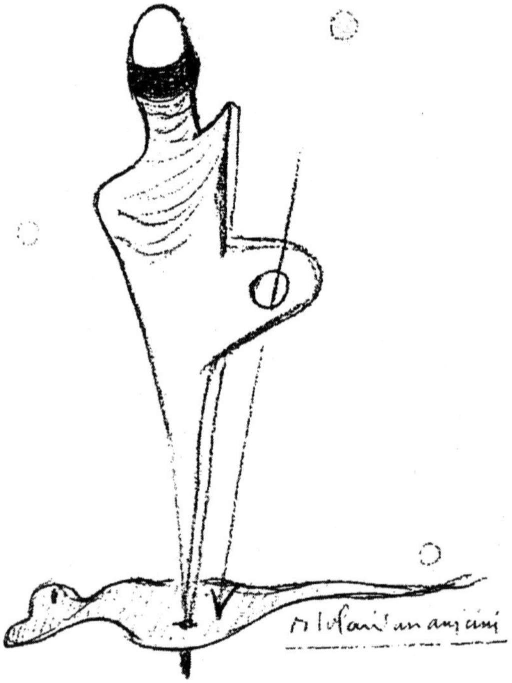

La humanidad será abrasada por la violencia. Dos hermanos no convivirán una habitación. Ni dos amigos. Hombres asesinarán a sus compañeras. Mujeres matarán a sus maridos e hijos y los hijos a sus progenitores.

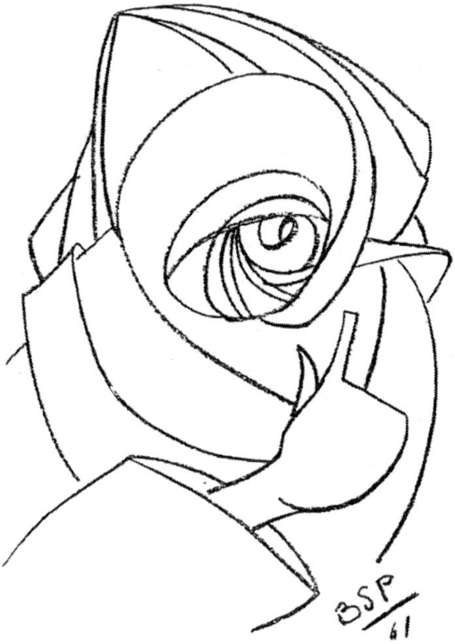

Ciencia, despierta y madura tu conocimiento jóven. Los viejos siglos exigen profundizar, no polemizar; exigen ver y no negar. El profesor viejo es terquedad, el profesor jéven es timoratidad y ceguera por falta de dedicación paciente y fé en sí mismo. El jóven que se acerca es promesa y será.

Hombres y Cristos llegan

Llega a las calles del mundo el hombre cristo. Pregonará el amor al prójimo. Cultivará ese amor y se dará en renunciamiento. Buscará en la castidad la pureza. Surgirá escapado del vicio del crimen. Se le acusará de extravagante, de burlador, de holgazán de ladrón. Aceptará y será en verdad de verdades. El papado será de él y le llamará. El éxtasis será de él sin drogas.

Los amarillos estudian nuevas fuerzas de combate para el 75.
Secretas armas guardarán hasta la hora del grito: !Invasión!

En la Argentina muere el mal, el desamor, la falta de equidad y la holganza. Argentina será en el final de la prueba.

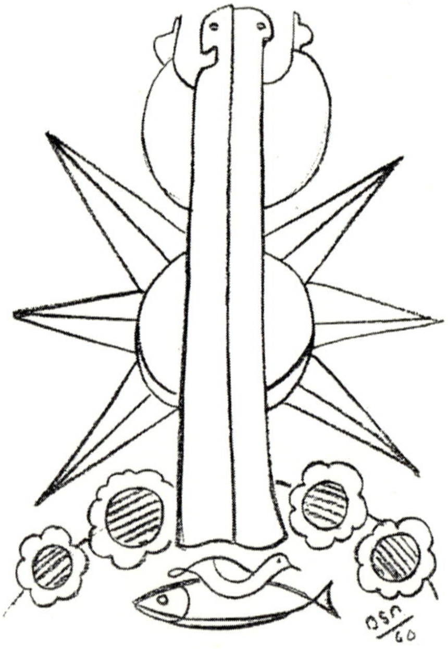

En la argentada paz el hombre hablará de Dios en las calles como al final de los tiempos, porque será en ellas regresado el pez y porque será en ellos la paloma de la palabra santa.
!Serán en la dimensión del divino ser!

El papado será un dia prejuzgado por sus componentes.

Roma hablará al mundo cuando Roma fue desoída en el mandato.
El mundo en parte no escuchó, mas escuchará con América.
El caos llega. !Salvaos!

Naves interplanetarias vienen a la Tierra en pax.

Viajan ya hacia la Tierra naves interplanetarias invisibles al ojo humano. Estos seres invisibles al ojo humano conviven en nuestro planeta desde siempre y moran en templos y conventos porque son místicos y tratan de imponer la fe.

Últimas noticias anuncian el arribo de
los invisibles en masa.

!África verá a los neptunianos! en el 69.

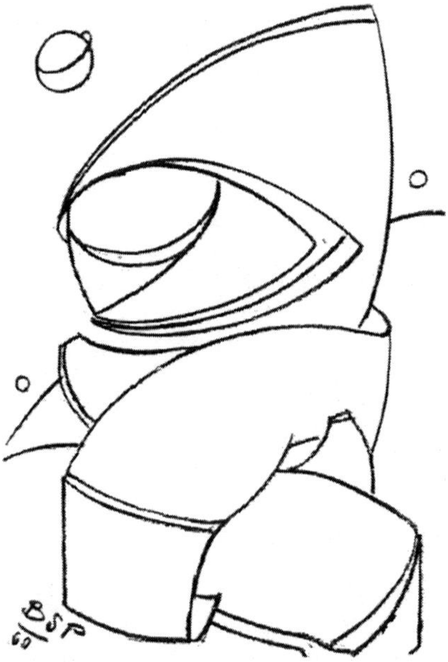

La civilización terrena posee una civilación extraviada. Ella fue superior a las que le siguieron. El hombre de aquél entonces fue "adaptable" al gran calor terráqueo como al gran frío de origen. Él fue electromagnético, supo regirse por las altas matemáticas y ciencias astrales. Aún este hombre magnético mora el helado Plutón, pues como se dijo él es "adaptable".

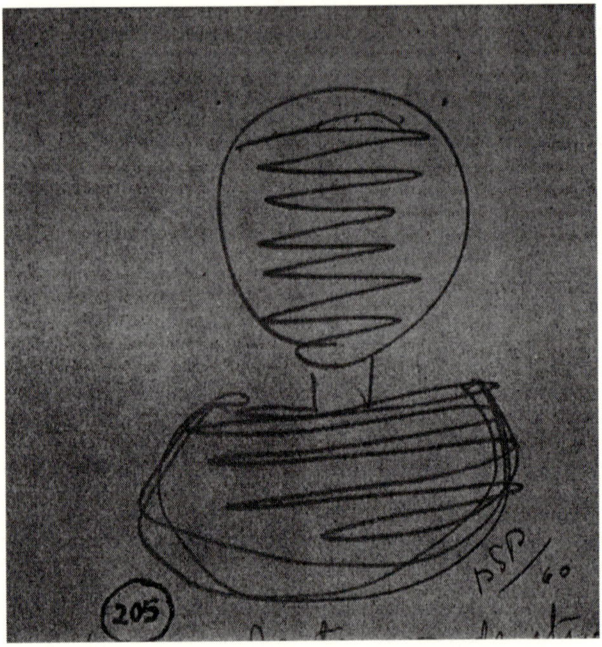

Seres eléctricos de otros mundos llegarán
a la Tierra para unificación de las clases y razas
El futuro de la Tierra es electromatemáticoespíritu

(el nro 205 no pertenece a la psicografía es referencia de publicación)

La nave anfibia interplanetaria eseñará la existencia de canales habitables en el interior de la Tierra. Ella se sumergirá en el polo sur y aparecerá en el polo norte !Solo en instantes!

Un solo ojo vigilará la Tierra antes
del caos y será el 78 al 80.

Satélite laboratorio extraterráqueo donde se trabaja
por la humanidad. Allí se hacen cultivos de gérmenes
nocivos de la Tierra para hallar la manera de
exterminarlos. Allí se busca la forma de acabar con
las enfermedades que asolan. Conseguir la limpieza
de toxinas que pueblan nuestro espacio, y de las aguas.
Se fabrica allí sangre artificial de diferentes tipos y
diferentes maneras de cura para acudir a nosotros
en socorro después del ¡ Caos Final!

Los hombres azules del planeta azul que bajaron a la Tierra para guiar y proteger el éxodo de Israel regresarán en el final de la sexta década para de nuevo proteger a Israel.

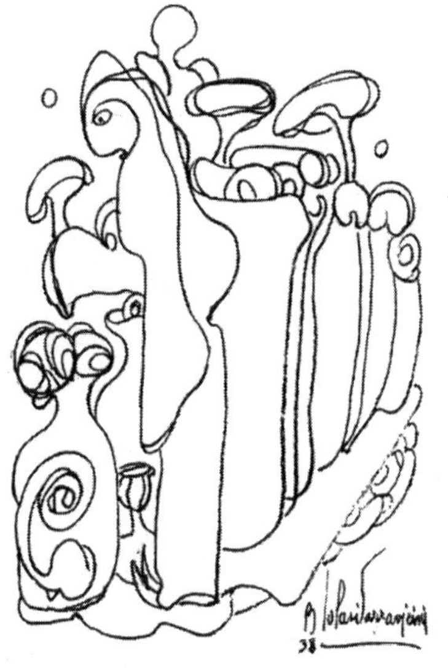

Vegetales y seres gigantes.
Vegetales y seres gigantes en la Argentina.

Vegetales gigantes llegaran a la
Tierra antes de la gran hambre

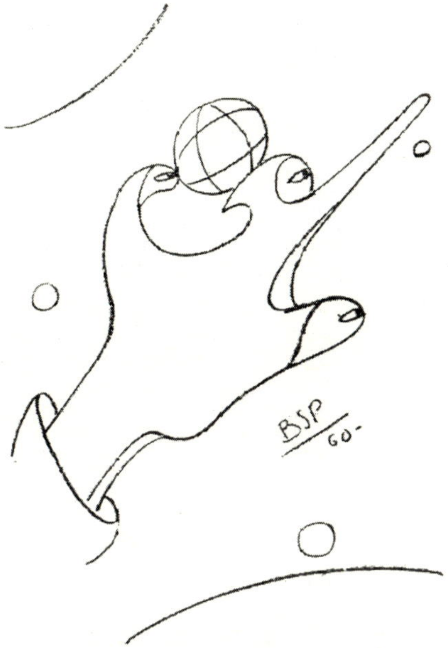

La mano de los tres dedos visionarios portará al mundo a su nuevo punto puerto. Sobre la atmósfera corregida y alejada. El cambio de clima será completo. No habrá ni frios ni calores. Primavera sin fin.

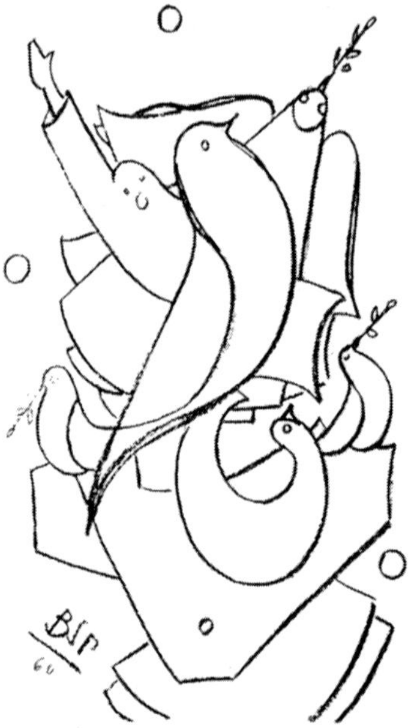

Aves de alejados planetas traerán a la Tierra en el final de finales la enseñanza de una diferente civilidad. Ellas predicarán y entregarán nueva tónica de fe al mundo, proporcionando el desarrollo telepático. El hombre será entonces en la cuarta dimensión.

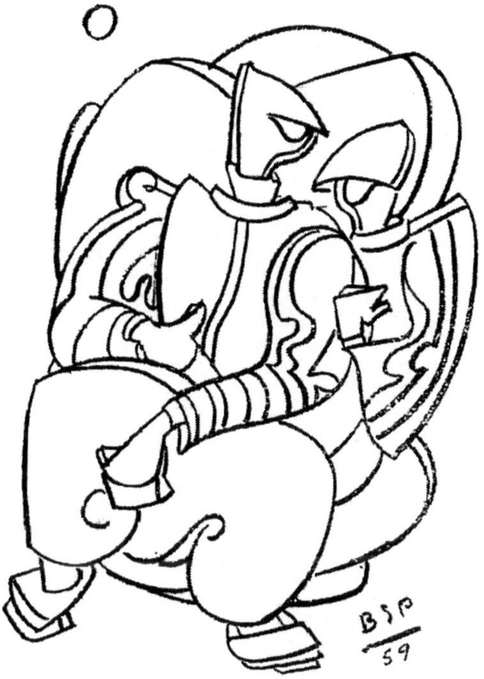

España y la Argentina serán unidas por un puente espiritual, sostenido por naves interplanetarias. En ambos países morarán ¡navieros blancos! (Profecía año 1959)

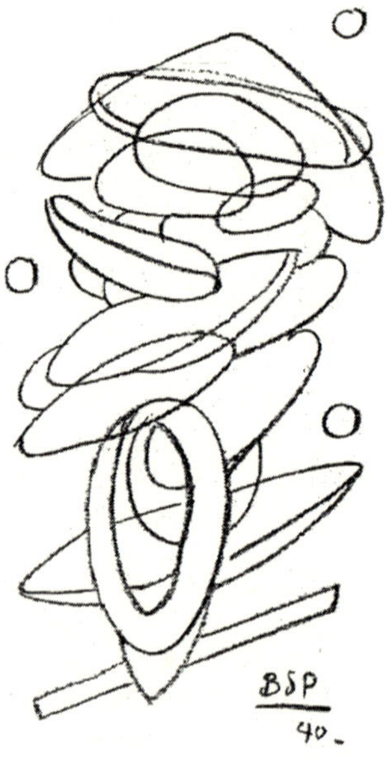

Bajarán naves interplanetarias en conglomerado
y ofrecerán equilibrios.

Los interplanetarios usando cintura de vuelo
y cerebro pensante para descanso del propio.

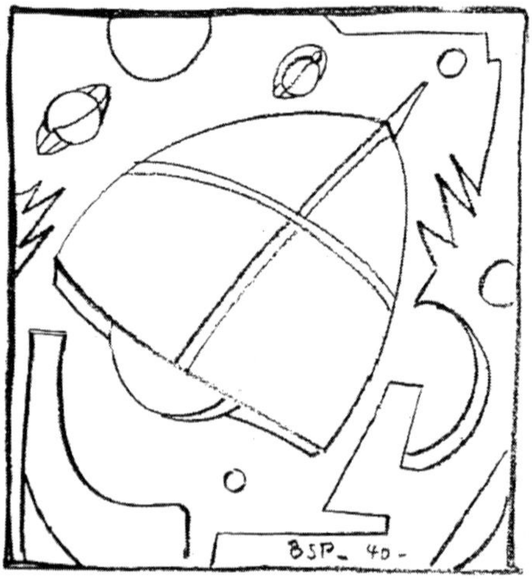

Ante las constantes visitas de navieros extraterrestres
la ciencia negará, luego dudará y por fin dirá.
!Verdad es! Y nuestra sapiensia ha quedado atrás
!Siglos nos vigilan y contemplan!

Girarán la Tierra restos de satélites inutilizados, sateloides laboratorios extraterráqueos y cuerpos humanos víctimas de ensayos secretos. Mas objetos de desperdicios de laboratorios astrales. Las agujas de la Tierra peligran.

Abstracción y distracción.
Catalepsia ocasionada por astrales

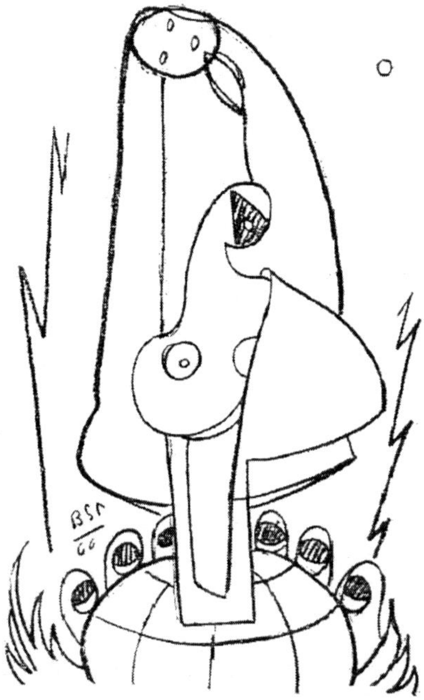

Humanidad ciega que corres tras el cascabel vacío.
Ya el pavor del grande pavor es sobre la inerte Tierra.
Los que no vieron sucumbirán. Los que vieron llorarán.
!Fin de finales!

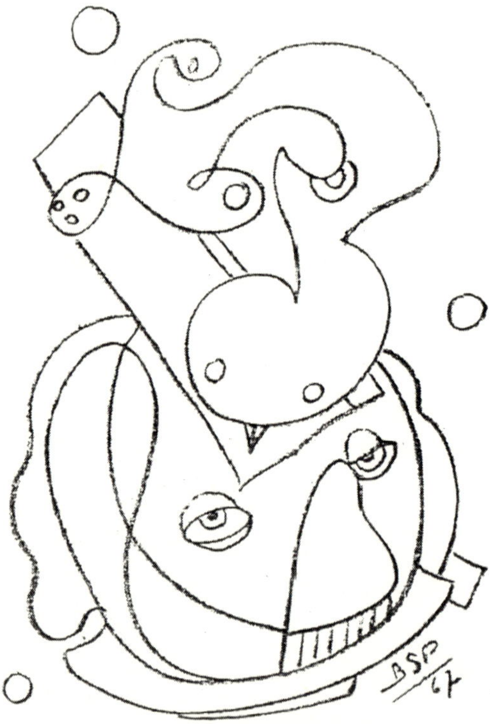

Ideas contradictorias ingresarán al hombre antes
de la quemazón (1967)

!Tres guerras!

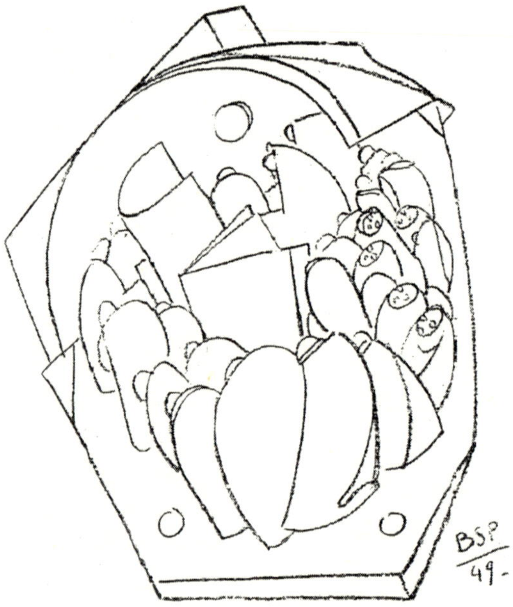

Seres perdidos después de los tres humos.
Seres perdidos después del gran fuego.

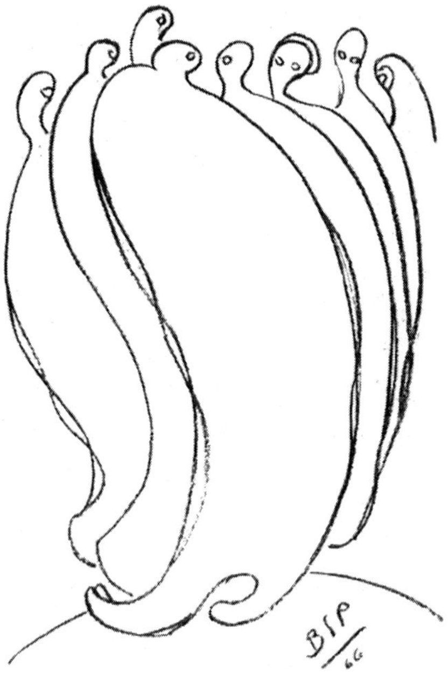

Pasado el grande caos, las almas que fueron
en martirio exclamarán: fuimos en el castigo
de los castigos y somos en el premio del premio.
Llevaremos la Paz sobre la Tierra, porque la Tierra
será en amor. !Será en el 2002!

Después de la grande prueba una nueva música melódica saldrá de Oriente hacia Occidente. El misterio de las pirámides hablará en tal sentido- La música tocará Italia y Francia en el momento que la desesperación general necesite paliativos capaces de elevar el alma. El mundo podrá de nuevo cantar.

La nueva fé será pregonada al final de los
tiempos pero en diferentes fonnas.
No habrá por ello confusión !Dios será!

Un ángel blanco portando la rubia espiga de la eterna paz bajará a la castigada Tierra en el final de finales y dirá: Feliz de aquel que empobreció en dineros. Feliz de aquel que todo lo tuvo y dejó de tenerlo. Feliz de aquel que no conoció el trabajo y lo abrazó luego para subsistir. Feliz del que fue servido y debe servir, porque de él será el mañana del reino, porque de él será el premio de los premios, porque de él será la diestra del Señor y lo será sí en la hora rubia de la eterna paz (1960)

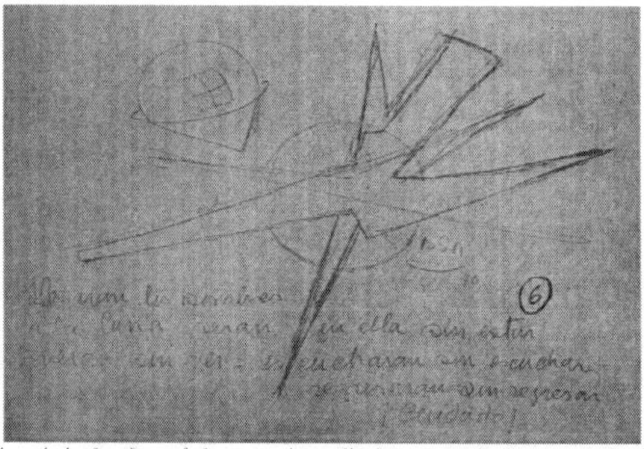

Llegarán los hombres a la Luna - serán en ella sin estar -verán sin ver -escucharán sin escuchar - regresarán sin regresar ¡Cuidado!

(el Nro 6 no pertenece a la psicografía)

La humanidad pensará con el rabo y obrará como lobo

La voz del último Pedro. Pax.

Seres de otro planeta sobre la Tierra

El pez surgirá triunfante en el 2002 (1949)

12- Textos de Psicografías

Lo que sigue a continuación es una recopilación de 375 psicografías de las cuales solo conocemos su texto, no conocemos sus dibujos. Esos dibujos existen, pero no fueron publicados por falta de espacio. Las psicografías en su formato original deben haber sido tal cual las vimos en el apartado anterior. Fueron publicadas en las revistas Conocimiento de la Nueva Era de la década del 60, Pelón tuvo esas revistas en sus manos y, como podrán apreciar, tienen un cierto ordenamiento por temas. Al no contar con la imagen de la psicografía de su puño y letra, tenemos que confiar en que los textos estén correctos y no hayan equivocado alguna palabra, como ha sucedido en otros libros. Aún así, es una excelente fuente de información sobre su legado.

1) Los sabios en Rusia construyen naves astrales (1938).

2) Llamados plutonianos, marcianos, venusinos y ganimedeanos a la Tierra. ¡El hombre les captará un día! (1952).

3) En la vista tendrán la polémica. Mas la callarán los hombres que volaron. Porque sabrán sin saber y no podrán aclarar lo que en la vista tienen (1967).

4) Carece el hombre del material. Astronavegos terráqueos harán puente entre nuestro planeta y la Luna, Marte o Venus, que sería el más fácil. Mas no será en definición por carecer de la fuerza voltaica desconocida aún y que bordeó Volta (1967).

5) El Hombre se apresta a visitar cercanos planetas. Ya él es dueño de naves aún no definidas, mas en proyectos. Llegará sí. Mas llegará sin llegar. Verá sin ver, dirá sin decir. Y regresará sin regresar. Será y no será, porque aún... no es la hora (1960).

6) Llegarán los hombres a la Luna. Serán en ella sin estar. Verán sin ver. Escucharán sin escuchar. Regresarán sin regresar. ¡Cuidado! (1940).

7) El Hombre girará el Sol, la Luna, Marte y hasta Venus; mas como sus poderes no serán en lo suficiente. hasta luego del 2000 no conocerá verdades (1960).

8) Nuevas naves voladoras crearán los hombres y hasta volarán sin naves, solamente con espaldares. ¡Y serán en triunfo! (1961).

9) Gira en el espacio alrededor de la Tierra miles de desperdicios terrenos y siderales y los cuerpos humanos que

allí quedaron luego de fracasados intentos navieros Tierra. Aún llegarán más en finales. Astronautas ¡cuidado! (1960).

10) Dos vistas en una misma faz portará el humano en el viaje lunar. Nada sabrán viendo y nada verán sabiendo. Hablarán de mares, de casquetes, de rollos y de sonidos; palabras. Mas nada. Todo en la nada. Nada en el todo, porque serán en la prueba (1968).

11) El astronauta tierra sufrirá encuentros de ondas nuevas. Será asustado y podrá tener sorpresas inexplicables. Llega al récord de lo que aguardaban mas no llegará a ellos la realidad. Serán sin ser, estarán sin estar. La Luna dirá (1967).

12) A la Luna llega el máximo del país frío y dirá qué trajo. Llega el máximo de América y dirá qué trajo. Una verdad tienen y esa… ambos la callarán (1967).

13) Viaje lunar con poco de lo mucho y con mucho de lo poco. Cambiará la mira del hombre y el hombre pierde la mira. Será el Sol su Sol, mas no será en el final de la prueba (1967).

14) En el final de la prueba dos navieros, dos naves; tres navieros, dos naves. Navegarán mas dejarán la mira y dejarán la razón del viaje. Será el cántico a la inutilidad. La Luna nada dirá porque es Tierra (1967).

15) El cohete lunar verá nuevas vibraciones de peligro en su viaje, pero su arma podrá alejar la atmósfera aprisionante glaciar. Verá surgir el llamado de los lunares, mas nada será en ellos para contestar. El lunar existe, el negarlo será inútil, se sabrá y será en prueba antes del 2002 (1967).

16) En el final de la prueba. Los lunares aguardan sin inquietud los "garfios terráqueos" que ya conocieron. Los lunares darán ejemplo de parquedad. No habrá revelaciones porque el ser lunar descompondrá el artefacto de Tierra y nada será (1967).

17) El astronauta será castigado por su ceguera astral. La astronauta será premiada con la luz astral, pero... llegando está el día de la "llama en quemazón" y ellos debieran de haber sabido, para saber ver el instante y salvar (1967).

18) La llamarada se acerca. El astronauta sabrá del castigo y de Dios. El astronauta no halló al Señor en las alturas y las alturas caerán sobre él para revelarle el alto. La mujer astronauta será realidad y sabrá de realidades que no vio en la Tierra y las halló en los cielos, después de la prueba (1967).

19) El astronauta terráqueo hallará un ser que sin ser será y hasta recibirá de él ayuda. El astronauta terráqueo equivocará senderos y regresará a la Tierra sin misión, mas con misión nueva. ¡Hablará del Cosmos! ¡Después de la gran prueba! (1967).

20) El naviero terráqueo sufrirá luego de vuelos espaciales trastornos nerviosos e intestinales. El genético sufrirá alteraciones de peligro para fecundar. El gigantismo será uno, y obnubilismo, otro (1960).

21) Brujas de ayer, navieras de hoy pululan el sideral junto a la Tierra embraveciendo a la mujer. Será castigo y castigada (1960).

22) Cosmonautas humanos que en lo alto quedaron, darán la pauta de "cierta mano invisible", gobernante del universo astral (1969).

23) En el final de la prueba. El naviero terráqueo viajará a la Luna, portará fáciles argumentos de observación, mas olvidará portar gallos de alba para el despertar lunar. Serán dormidos sin remedio alguno y su sueño los adormirá en tiempos (1967).

24) Astronavegos terminados serán en la atmósfera para el eterno girar (1951).

25) Viajera astral, la mujer verá la luz en su justeza y dirá la verdad lunar que vieron los hombres sin ver y no hablaron. ¡Llega ella! (1967).

26) La mujer astronauta llevará dos miras a las alturas y sabrá de Dios porque le llevará desde la Tierra y sabrá de la Tierra porque en las alturas vio. ¡El hombre será sin ser en la grande prueba! (1967).

27) La retina débil no pondrá al hombre astronauta en su exacta medida y lugar. La mujer sabrá y verá porque habrá intuido. ¡Será con la fotografía roja! (1968).

28) La mujer astronauta alcanzará a recoger en las alturas seres y cosas que por esas alturas quedaron en la prueba. Los hombres sobre ellas hicieron "circo" y dejaron lo que no debieron perder. La mujer naviera ¡reivindicará! (1967).

29) Bendiciendo el alto la mujer volará y dirá: Veo y es. El hombre viajó y viajará y dirá: Veo y no es porque no vi, y el que no vio no verá en el alto porque en el alto es Dios (1967).

30) Viajan hacia los astros hombres humanos. Llegarán a discernir bellezas desconocidas, mas el mar que no esperaron les impedirá el ver lo que debieron. ¡Llegará el 2002 y verán! (1967).

31) "Bala" hablará de Dios al católico. Todas las religiones revisarán sus normas ¡Unificación de creencias! ¡Llega la Fe! (1969).

32) Los cosmonautas "balas humanas" que hicieron proezas sin recordar a Dios ni pensar en la creación de las maravillas descubiertas, de pronto gritarán arrobados: ¡Dios! (1969).

33) Llega al mundo la gran mascarada. (1945).

34) Las familias tradicionales rodarán y se hundirán en causas criminales. Los nuevos ricos caerán en crímenes espectaculares, mas no serán hundidos. El oro salva. Los humildes serán desalojados, despreciados, olvidados. Ellos serán motivo de veja. (1937).

35) En la hora de la hora, el mundo será tomado por el pornográfico poder de la pantalla televisiva y cinematográfica, además por el teatro y la literatura. Causará esta causa relajamiento en la enceguecida masa, la que abandonará principios de bien (1954).

36) Música negra mata la civilización (1938).

37) La cinematografía encumbrará a la pornografía. El acto sexual será escena de éxito. Cae el arte sano (1939).

38) La pintura y la escultura trastocarán toda norma, mas el artista se elevará sublimado, ascenderá a los espacios

alejándose del objetivo Tierra. Vivirá la cuarta dimensión y la enseñará. La mística les absorberá (1939).

39) El teatro será desteatro; será psíquico, material, irreverente, sucio. Se impondrá el desnudo, la aberración sexual, homosexuales, lesbianismo y drogados en crímenes. La masa aplaudirá, corrompida, sin saberlo (1939).

40) El mundo llegará a ser desnaturalizado por el poder de la pantalla doméstica. Toda mala influencia será desparramada groseramente sobre todo hogar y será impuesta por el comercio avisador que busca la masa. La masa embrutecerá dominada por las órdenes disfrazadas de paraísos fáciles y superiores, contemplará la estupidez y la inmoralidad con fruición. Llegará el día en que el grueso popular será manejado como aprisco (1938).

41) Llega la mujer dominadora, desalojará al hombre, le dominará y hará de él su alfombra (1940).

42) La mujer perderá atracción de sexo; usurpará al hombre su quehacer; atrapará la política; llevará su mando al alto estrado; será dominante factor en el mundo, pero el mundo en el día de los días la aplastará. Será en el final de la grande prueba (1949).

43) Llega al mundo la era de la mujer "inconexa" (1947).

44) En el final del medio siglo la inmoral concupiscencia será natural costumbre que no asombrará. La mujer marchará tras el hombre por un tiempo, un día, media tarde, una hora. El hombre cómodo se acostumbrará sin descubrir que ya es

en la hora magna del castigo de tinieblas, ¡Sucumbirán en la oscuridad perenne! (1950).

45) ¡La mujer disfrazará su cabeza con cabellos ajenos en cantidad, mas con ello no disfrazará lo que ella querrá cubrir con cabellos en cantidad! (1939).

46) En el final de la prueba la mujer llegará a mostrarse en disfraces ridículos y modales absurdos, imposibles al hombre, que en hastíos escapará de ella. ¡El día de San Malaquías es casi en el día! (1949).

47) La obscenidad reinará en el mundo desde el 60 (1951).

48) La humanidad pensará con el rabo y obrará como lobo (1951).

49) El 70: Triunfo del materialismo (1949).

50) Hermano: abre los ojos. Ya la bestia trepa los ámbitos de la tierra. Es ella dueña del hombre atolondrado que corre tras la concupiscencia y el poder del oro. Hermano, presto estallarán nuevas guerras. Presto el humo del primer humo. El acusará en contra de poderes constituidos; exigirá, feroz, normas desprovistas de bien. Sin trabajo aplastará coronadas testas y gobiernos poderosos. El sacro Vaticano bajará su tiara lastimada pero no vencida. Prevalecerá en luchas. Terminado el ruido del acusador, la redención condenará a la bestia. La que rodará los espacios por eras ¡Será el 2002! (1960).

51) Libertinaje total el 70 (1951).

52) Era del oro. El hombre camina hacia la animalidad; extraviará el sexo, su decencia, su orgullo, su conciencia y su dignidad. La mujer será la causa (1939).

53) Era del oro. La mujer hombre llegará para el 70. Destronará al hombre y hará guerras políticas, hará negocios de toda índole y buscará el oro a todo precio (1939).

54) Mujeres sirenas serán "aves del mar". Se las verá con sirenos en el Sud de América (1939).

55) Hombres que vais por el mundo atended y entended. El tiempo de la confusión es ya en ustedes. Aún resta un tiempo... Comprended, observad, entended. Ya la gente cayó en la imitación pueril en el vulgar inicuo, en la jactancia banal, en la ignorada desvergüenza; desubicada corre tras el oro, por él robará, estafará, le ganará bien o mal hasta el... ¡Basta! El oro en castigo ¡caerá! (1967).

56) El ateísmo será moda y boga. Mas como en Rusia todo ser será ateo, pero en su lecho ¡orará! Mefisto sobre el mundo en el 70 (1938)

57) En el final del tiempo el ateísmo se impondrá sobre el hombre en su triunfo material. El bien será alejado. La holganza correrá con el hambre. El hambre correrá con el crimen. El crimen correrá con la mentira y la mentira portará la guerra de naciones. El humo ateo entonces será sumido en el humo de la oscura oscuridad y rodará al confín del...!sin final! (1960).

58) Oro. Oro. Oro. Oro. La era del oro ya es en el mundo para destrozarlo. Oro. Oro (1937).

59) El hombre tuvo siempre su precio, y ese precio lo escondió. En la nueva conciencia, al llegar el hombre, proclamará su precio y será comprado como zapatos o camisas (1939).

60) El mundo será sorprendido por santones de religiones nuevas y religiosos de la tierra le creerán y le seguirán. Tiempo llegará luego del fuego de los fuegos y sucumbirán (1940).

61) Enigmáticas religiones y logias imposibles de ser aparecerán con teorías exóticas. Santones-falsarios hablarán de nuevos cielos y de nuevas normas para salvar el alma. Bregarán por la inexistencia del bien y del mal (1940) .

62) Hombre que caminas el mundo: tú que según tú todo lo sabes, que vives satisfaciendo con egoísmo ególatra tus más útiles deseos; tú que inquieres de la vida ajena y condenas suelto sin soslayar la tuya, tu que vituperas y ríes por donde pasas; tú hombre vanidoso y vacío; que eres según tú, dueño y único exponente de la belleza física natural, saber profundo, destreza inigualable, decir galano, con personal exquisitez, infatigable en el amor no igualado. Tú jamás, dios de sucio barro, se te ha ocurrido siquiera por minutos interrogar el por qué tú tienes entre las manos tanto y tanto favor. ¿No se te ha ocurrido preguntar a quién lo debes? (1961).

63) Hombre que vas por el mundo ¿Tú qué eres en la tierra...? "!Yo soy!" Dices y repites. Mas ten en cuenta que alguien te ha dotado de todo lo que granjeas. Alguien que tú desconoces

a pesar de conocer lo no conocible. Al que niegas existencia desde siempre porque tú, gran señor, no antojas. ¡Hombre banal! Vigila tu condición de ser estúpido y bien comprende: ¡Nada tienes! Porque jamás poseíste amor de amor. Caridad en verdad de caridad. Ni fe en verdad de fe. Hombre infeliz: Corre sin alma y serás ¡residuo! (1961).

64) Corre al desequilibrio por pérdida de principios. La ambición será cualidad dominante en toda clase social. Nuevas oligarquías surgirán y se destrozarán viejas oligarquías. A estos le venderán. ¡Imperio del oro! (1938).

65) Medita tú que pasas... Llegará en el mundo el robo a ser natural costumbre y la estafa será costumbre natural. El asalto al prójimo será medio de vida y sostén político y la política asalto y ¡hasta muerte! (1937).

66) Atención, la violencia llega... La violencia será y no habrá mano en la mano ni corazón en el corazón (1938)

67) En el final de finales, el hombre ególatra, el que tuvo su precio y vendido como ropa usada será ajusticiado por su propia mano y castigado con la perenne ausencia de Dios ¡será nada! (1960).

68) Desdoblamiento de un país. El mundo padecerá de bandas organizadas para robos y asaltos provenientes de un solo país y éste vivirá de los millones recaudados por sus crímenes (1938).

69) La humanidad será abrazada por la violencia. Dos hermanos no convivirán una habitación. Ni dos amigos.

Hombres asesinarán a sus compañeras. Mujeres matarán a sus maridos e hijos y los hijos a sus progenitores. (1937).

70) ¡Guerra invisible! Sin estar declarada la guerra mundial, el mundo la vivirá sin verla y se acostumbrará a ella. Laberinto de costumbres cegará hasta el gran trueno. (1949).

71) Tormentas. Ciclones. Inundaciones. Terremotos, pestes, enfermedades desconocidas. Revoluciones. Guerras ¡caos! El 66 comienza (1940).

72) Guerra negra comienza el comienzo del caos final en el 70 (1939).

73) La guerra llega presta a los negros (1951).

74) ¡Llegan hongos! Sin estar declarada la guerra mundial virtualmente será. El hombre se habituará a ella y no le molestará y despreocupado, la vivirá. Día llegará en que será realidad por serles imposible terminar a los altos y entonces, en desesperado afán de atemorizar, amenazarán y al no ser creídos ¡la lanzarán! ¡Triunfo total del hongo! (1940).

75) Llega el confusionismo político y religioso. Aparecerán predicadores de religiones falsas, hablarán de Dios, mas no de Dios. Serán en la autodivinidad y explotarán el ingenuo desviado que no ve lo que de niño vio. Los ministros de Cristo y sus soldados serán los únicos que predicarán la verdad. ¡Y ellos serán! (1967).

76) Rostros de diferentes ideologías y religiones se superpondrán en busca de algo que palpan y no ven. Dirán, harán, lucharán en vano hasta la hora de la hora y será ¡amor! (1968).

77) La fe se verá debilitada por el ateísmo materialista, mas no caerá, la sostiene el Divino Poder y en Él descansará a pesar del caos. (1960).

78) Virajes del mundo hacia un 2002. Llega la atómica sin solución y estallará al fin. No es verdad la actual actitud de las naciones al decir y hablar de paz. Ellos comercian con la guerra organizada. Ellas atemorizan con el hongo azul, creyendo que jamás se llegará a las manos pero el recio amarillos dirá: ¡Va! Y en ofuscación ¡Irá! Después final de finales. Principio de principios. Luz. (1960).

79) Tras el oro, en el final de finales, surgirán oligarquías nuevas, frenéticas en lucir mundanas costumbres no comprendidas. Un ángel blanco les dirá desde la alta luz: "Desdichado aquel que enriqueció en dineros. Desdichado aquel que nada tuvo y se cubrió de insultantes lujos, tal vez mal habidos. Desdichado aquel que jamás fue servido y servido es. Porque vivirán luego en el eterno desprecio del Señor" (1969).

80) Llega la Bioingemedical. El trasplante cerebral será un hecho sin precedentes cuando la cirugía termine con sus alegatos rivales el trasplante será mas no será porque llega la bioingemedical. (1967).

81) En la prueba. Injertos de órganos sin discriminar edades jamás les darán resultados en exacto éxito. Aún una década necesita la manera que no será luego manera porque será el "plástico artificial", que ya lo tienen. (1967).

82) La hidrocortisona será en el tapete para el 70. Con ella se llegará a la búsqueda de la paz en el hombre. Mas no será (1967).

83) La ciencia incapaz de descifrar los problemas astrales tan repetidos, no confiesa esta realidad y niega y negará lo que el científico sensato y estudioso sabe y calla por saberse pequeño (1969).

84) La ciencia ha quedado "niña" ante el surgir constante de problemas OVNIS. La caja de sorpresa día a día depara un nuevo conejo y ¡qué conejo! La ciencia incapacitada en conocerlo lo niega. La ciencia crece más... ¡no es! (1969).

85) El cerebro humano y la nueva medida sobre el mundo será luego de la prueba caos. Mas antes de la hecatombe el hombre ya tendrá la nueva medida sobre él sin tomarla (1968).

86) En la prueba. La alta temperatura contribuirá a fortificar los aparatos de vuelo interespacial. La baja temperatura contribuirá para conseguir el letargo perenne en el hombre. Detienen su existencia, curan males, prolongan sus años. Mas el desvelo aún no ha sido resuelto ¡Morirá! (1963).

87) En la grande prueba. El hombre congelado por el científico morirá. Su vuelo y desprendimiento espiritual será desde un principio hasta quedar fuera de su materia, la que muerta no será en putrefacción hasta el día del deshielo. En ese momento la descomposición será en el acto (1967).

88) La aristocrática humanidad ensoberbecida por los dineros cuantiosos adquiridos en diferentes malas maneras, será

rechazada por la nueva teoría fecunda y cristiana. Será Dios en su nueva casa... Luego de la prueba (1968).

89) Llega el átomo nuevo, es decir, una nueva y extraña fuerza aún desconocida sobre la tierra. El mundo le verá; el científico concretará, mas no le verá. Sus teorías le cegarán hasta el día del castigo mayor. ¡Luego será! (1967).

90) En la prueba. Los astronautas mostrarán gran parte del nuevo átomo en sus ropas. Elevarán sus conocimientos dentro de esa verdad que es esferoide ¡Le verá! (1967).

91) Científicos: Ahondad en esta importante hora de transformación y reencuentro el estudio del poder cerebral adormecido y aún no investigado. Por lo tanto, id hacia la clarividencia, la hipnosis, en sus diferentes planteos, la criptestesia, la psicoquinesia, la telestesia, la mediumnidad, la ectoplastía, el mectanomo. Id a la acción telérgica del volpot, a la hiperfísica del electrocervical. Del neurón en un total poder aún desconocido. Buscad a través de estos tópicos y algunos otros en derivación, la cuarta dimensión. Llegad a la parapsicología ¡es el instante! (1961).

92) Ciencia, despierta y madura tu conocimiento joven. Los viejos siglos exigen profundizar, no polemizar; exigen ver y no negar. El profesor viejo es terquedad, el profesor joven es timoratidad y ceguera por falta de dedicación paciente y fe en sí mismo. El joven que se acerca es promesa y será (1967).

93) Después de la grande prueba. La ciencia negará, el mundo verá. El pequeño motivo dará motivo de discordias. Será

luego el humo de los tres humos y ese humo en tres dará la luz. Y la ciencia nueva sabrá (1967).

94) La ciencia ante siglos de experiencias superiores se hallará pequeña. Querrá develar hechos astrales, querrá saber de existencias planetarias, mas no podrá. Negará entonces evidencias tangibles por reconocerse ineficaz frente a ellas ¡El hombre se atrasó milenios! (1960).

95) Científico que buscas lo que no debes y no estudias lo que debieras. Sabe: la maternidad que buscas conseguir por medio del "ribosoma" artificial no será a pesar de su probabilidad aparente de ser. El hombre jamás podrá surgir de una probeta, ni de un tubo de cultivo, ni de una observada heladera. No podrá el "gene" laborado y conservado producir lo que esperas. Hombres superiores no saldrán de vuestras manos, puesto que el ser, en el supuesto caso que naciera, sería un desdichado "vivo-muerto" porque carecerá de alma. Recuerda y no lo olvides: ¡el alma solo llega a la madre! (1961).

96) Ciencia pequeña: con empeño buscas implantar la inmortalidad del hombre. En verdad ya tienes la bioingemedical con el plástico artificial ¡Tiempo pierdes! No será ello jamás posible. Bien está que elabores prótesis, que alivies padeceres, bien está que prepares piezas artificiales para sobrellevar el paciente temporariamente un mal. Bien está que apliques agregados para cubrir defectos que ofenden y estimular el sanguíneo andar. Caridades. Mas pésimo mal haces en pensar que tú aún puedas un día llegar a colocar al hombre dentro de otro hombre fabricando así el hombre de inmortal existir. No, científico corto. El eterno ser no es más

que de Dios. El que intentare sucumbirá. La muerte no se mata. ¡El hombre por siempre morirá! (1961).

97) Gerontólogo: Profundiza el estudio del hombre en sus razas. Recuerda, aquellas fueron llegadas de diferentes planetas. Ellas bajaron a la tierra en exploración y quedaron por mandato de colonizar lugares propicios a sus consistencias. Sin embargo, el hombre es a toda vista un ser inadaptado al ambiente tomado. A él le daña y enferma el cambio de atmósfera y de temperatura. No resiste el microbio, no tolera la alimentación natural, envejece por ello. Gerontólogo: estudia y ayuda a las razas en su lucha. Un día será y será en el triunfo de la total raza ¡Llega el 2000! (1961)

98) Ciencia: ¿Portas la bacteria en detrimento humano? ¿Qué hace tu saber? Comprende y entiende: la bacteria será por ti lanzada en terrible guerra. Mas recuerda: ella en anticipo terminará contigo. Llegan pestes para tu conocer... ¡Desconocidas! (1961).

99) Será renovada la tierra por abono desconocido luego de los tres humos. Habrá nueva flora y nueva fauna y el hombre será aún sin ser y sin saber (1967).

100) Hombres y Cristos llegan (1938).

101) Llega a las calles del mundo el Hombre Cristo. Pregonará el amor al prójimo. Cultivará ese amor y se dará en renunciamientos. Buscará en la castidad la pureza. Surgirá escapado del vicio del crimen. Se le acusará de extravagante, de burlador, de holgazán, de ladrón. Aceptará y será en

verdad de verdades. El papado será de él y le llamará. El éxtasis será de él sin drogas (1940).

102) Hombres humanos imitarán a Cristo. Dejarán crecer sus barbas y cabellos. Usarán larga túnica, collares con la cruz del Divino Maestro y descalzarán sus pies. Predicarán, ayunarán, meditarán en soledad en barrios de las grandes urbes. Hablarán del amor al hermano. Hablarán de la unificación de razas y de religiones. ¡Hablarán de paz! (1940).

103) Rascando el fondo del meridiano se sabrá que el mundo recibe su mandato final el 24 de marzo de 1969 con el principio de la era eléctrica, matemática, luz (sin fecha).

104) Derrumbe de Europa. Comienza el 66 (1951).

105) La decadencia de Europa arrecia en el 75 (1948).

106) Llueve. El mar se encrespa. Será sobre el Báltico el granizo siguiendo la hora. La campana amarilla dirá Ya y Egipto caerá (1968).

107) Egipto será en dictaduras y luego caerá en guerra interna con el externo encima (1948).

108) Egipto, llega la hora en tu tierra del ayer sapiente ¡Apréstate y castiga el mal que viene!

109) Egipto tiene a la vista el mal. La voz del astral le dirá agua sobre tus arenas. No lo escuchará... Y será en aguas, luego la paz. ¡La hora de la hora es en él! ¡Truenos! (1968).

110) Agua sobre Egipto antes del amor (1968).

111) Las pirámides peligrarán. Egipto será envuelto en un tornado sin precedentes. El hombre amarillo sabe algo que hará saber en el instante del grande caos y perecerá ¡Caos! (1968).

112) La Gran Pirámide dejará escuchar la voz de la hora. Egipto será en prueba y castigo. Vendidas y postadas fueron sus tumbas. Sus muertos reclaman paz y castigo darán al culpable que fue portador del agua y el agua será (1968).

113) Escucha Egipto: Ya el trueno es en el trueno. El odio es en el odio. La miseria es en la miseria y el hambre es en el hambre. Abre los ojos y en algo evitarás el fin del fuego sobre las aguas ¡Ahogarás! (1951).

114) Las pirámides hablarán de nuevo (1951).

115) La pirámide hablará en su momento y Egipto será en llamas y agua. Castigo a quien tocó el monumento creyendo en poder mayor. Castigo y muerte (1968).

116) Egipto sordo: No escucha al trueno jactando; jactando andará sin observar que el mal ronda su carne. Muerte del jefe se dirá y el jefe sucumbirá en peleas. Luego el sol amor (1968).

117) Arabia-Israel- Egipto. Serán entre manos el 70 (1951).

118) La voz del faraón mayor llega a Egipto y quemará a quien lo destruyó. Castigará a quien tocó sus tumbas y sus templos. Matará al culpable y Egipto limpio será ¡Amor! (1968).

119) Las momias que fueron movidas de sus tumbas milenarias regresarán a sus lugares el día de la paz ¡Regresa el sol! (1968).

120) Sobre las pirámides se escuchará la voz del nuevo pez. Las pirámides hablarán al fin. Egipto será ya purgado y la voz de Israel en su nueva tierra dirá amén (1968).

121) Sobre Egipto y su faraona llega el despertar del pez nuevo que enseñará al mundo la nueva palabra de amor. Israel regresará entonces y por los siglos (1968).

122) Nueva Israel subirá y será (1951).

123) El ángel de Israel dice: Marchad judíos a la redención; es hora (1951).

124) El ángel de Israel dice: Aún no es la tierra mas será (1951).

125) El ángel de Israel dice: judíos, edificad. No os aflijáis si ello cae porque de nuevo seréis y en triunfo (1951).

126) El ángel de Israel dijo: Hijos, es ya la hora de abrazar al verdadero Dios (1951).

127) Israel sube. Israel baja. Israel sube 2002 (1951).

128) Israel tendrá seis días y descansa el séptimo (1951).

129) Israel principio del fin y comienzo 2000 (1951).

130) Israel conocerá seria conducción femenina y masculina y ellos serán en triunfo (1951).

131) Cristo regresará a salvar a la raza prometida...!A los judíos en perdón! (1951).

132) Norte América equivocará rumbos cambiando la cara. Será en terrible prueba. Ve sin ver (1948).

133) Norte América girará su visión y sus maneras hacia el peligro ¡Será dura su prueba! (1948).

134) El Gran Pez sobre las Antillas (1950).

135) Norte América hablará fuerte. Latinoamérica escuchará. América del Sur obrará consecuente y en silencio hacia una renovación de prueba que poco a poco en luchas conseguirá imponer, componer, descomponer y por fin recomponer en triunfo; de Argentina será el mañana de la Humanidad (1940).

136) La voz de las selvas americanas hablarán verdades de caridad y dirán: Somos para ser no para caer; somos para ver no para padecer; y la voz dará luz (1968).

137) La sorpresa encerrada en los amarillos anonadará ¡aprestaos! (1969).

138) El Dragón Chino tendrá sorpresas internas. Una paz nueva sorprenderá. Con voz potente en vigorosa base (1969).

139) Rusia ante China. La campana amarilla hará sonar su aldabón. Rusia el suyo. La fuerza de la Fe se detendrá (1969).

140) Los amarillos estudian nuevas teorías de combate para el 75. Secretas armas guardarán hasta la hora del grito: ¡invasión! (1937).

141) Llega ya el momento del nuevo gas. Llega el gas neurológico (1951).

142) El gas letal sobre la tierra (1951).

143) La locura del gas neurológico (1951).

144) Gases nerviosos terminarán parte del mundo (1951).

145) La Nueva América del Sur verá lo que el mundo no verá y será en amor luego de los tres humos (1968).

146) La Argentina comienza en el 70 su verdad. Conmociones pasarán, mas su pueblo mostrará cordura y enseñará. Llegarán a sus playas extranjeros y quedarán en ellas. El sabio en la Argentina será (1968).

147) En la prueba. Las ideas del mundo gritarán en la Argentina. La infiltración anárquica será, mas en luchas no podrán entrar, por el amor de pecho a pecho (1968).

148) La prueba en su fin. Argentina es ya en el principio de la reivindicación social y astral. Nada sucederá en Argentina que no sea por mandato del Alto (1968).

149) En la Argentina muere el mal, el desamor, la falta de equidad y la holganza. Argentina será en el final de la prueba (1968).

150) El mal y su velatorio será al final de su grande prueba. No habrá en la Argentina la maldad. No habrá en la Argentina el desamor ¡La Argentina asombrará! (1968).

151) En el final de la prueba. El Sur de la Argentina hablará en triunfo. Allí será el nacer del mañana. Neuquén brújula de brújulas. La costa rionegrina hablará de la gran pesca y del

cultivo de algas en sus aguas y del cultivo de frutales en sus alturas ¡Santa Cruz será! (1968).

152) En la argentada paz el hombre hablará de Dios en las calles como al final de los tiempos, porque será en ellas regresado el pez y porque será en ellos la paloma de la palabra santa ¡Serán en la dimensión del Divino Ser! (1960).

153) Los hombres de la argentada tierra, la que casi no padeció en el retumbe, cantará extendiendo alegremente sus brazos en amor al hermano que deberá llegar de las calcinadas regiones. La argentada tierra será en el mandato mayor en el 2002. (1960).

154) Dilemas terribles en el papado 65. (1951).

155) El hombre olvidará a Dios y adorará ídolos de barro y oro. Luego del caos una religión de regreso. (1948).

156) Teorías antipapales. Caos religiosos. Los católicos sacerdotales darán teorías nuevas. (1948).

157) El papado será un día prejuzgado por sus componentes. (1948).

158) La iglesia Católica pasará por la prueba de la rebeldía sacerdotal. (1948).

159) El Anti-Cristo. (1951).

160) Mujeres hablarán de teorías nuevas católicas y pedirán el casamiento sacerdotal. (1948).

161) El papado perderá el respeto de sus súbditos y prelados. Las altas dignidades eclesiásticas de altos gobiernos de militares serán tratados por el hombre presa y el de la calle, con la forma vulgar que reciben futbolistas, artistas y curanderos. (1940).

162) La Iglesia Católica no verá sus problemas; el mundo los verá y se arrodillará en oración para salvar su cabeza que será en equilibrios graves. El enfermo papado salvará. El mundo católico será mas centralizado que los ministros y canónigos ¡Cisma! (1967).

163) El sacerdote joven católico querrá liberarse de la cautividad sin ver ni saber que ella es parte de la cruz a soportar. Querrá casarse sin ver ni saber que en ello hallará si lo hace el castigo sin perdón. ¡Con lo que juró debe morir! (1967).

164) El hombre sensible será amilanado ante la aristocracia sacerdotal. El hombre comunista exigirá a la iglesia sus boatos y dineros. El prelado sencillo será atemorizado por la autocracia clerical y se retirará. El autócrata eclesiástico renunciará al boato, mas no renunciará. ¡El comunista se levantará y no será engañado! (1967).

165) Católicos, vuestra iglesia sufrirá grande conmoción. El papado se verá preso en desagradables temas jamás esperados. Se dividirán en opiniones opuestas sus ministros de diferentes edades. El comunismo golpeará el portalón magno de Roma exigiendo humildad. Llegará una tarde la santa sandalia de Pedro el Pescador. Sucederá en el pisar del año 2000 ¡Cristo Será! (1960).

166) El mundo será envuelto en luchas religiosas. El ateísmo se encumbrará blandiendo los dos extremos conocidos. La Iglesia Católica hablará de normas nuevas. ¡No será escuchada! (1969).

167) El ateo será y como será por no ver la verdad, saldrán a su camino santones llenos de sabiduría fácil y con ello embaucarán a más de uno. El ateo en su ignorancia será salvado, el santón en su sabia sabiduría, será castigado ¡Y por los siglos! (1967).

168) Roma hablará al mundo cuando Roma fue desoída en el mandato. El mundo en parte no escuchó, mas escuchará con América. El caos llega ¡Salvaos! (1940).

169) El 2001 sabrá. El 2002 será. (1940).

170) La Iglesia Católica lucha con la Iglesia Católica… Y será. (1960).

171) Pez y Papa en el jugar del final del siglo XX. Sobre tu piedra edificaré mi iglesia – dijo Jesús a Pedro- El último Papa será Pedro y Jesús repetirá y será una nueva Iglesia. (1960).

172) La voz del último Pedro. Pax 1999. (1951).

173) Las sandalias del Pescador Pedro regresarán al Vaticano. (1951).

174) La Iglesia recibirá del mundo católico el pedido de pobreza. Cristo dijo: ¡humildad! (1968).

175) Nace la nueva Iglesia Católica. Cristo será en la tierra. Cristo dijo: ¡humildad! (1968).

176) Naves interplanetarias vienen a la Tierra en Pax. (1960).

177) ¡Llegan los astronautas extraterráqueos! ¡No tema el hombre porque ellos aman en caridad y paz! Aguardad. (1960).

178) Los navieros interplanetarios, mensajeros de Dios, ayer ángeles, llegarán al mundo en número cada vez mayor. Ellos se manifestarán en diferentes maneras queriendo advertir al hombre inconsciente el peligro del átomo. Civilizaciones anteriores, superiores a la actual, desaparecieron víctimas del mismo poder ¡Se sabrá! (1959).

179) Hombres de la Tierra, aprestaos. Llegan los seres interplanetarios para ayuda y unión. Abraza al que se acerca. Será bien para bien. Ve con él. (1960).

180) Llegan seres invisibles. Son puros y guiarán al hombre por el camino del bien. Triunfan en 2002. (1952).

181) Razas extraterrestres regresarán a la Tierra. Ellas ocuparán ciudades subterráneas que de ellas fueron y aún habitadas por sus naturales aclimatados. Bajarán para restablecer costumbres que fueron superiores a las nuestras, hoy desaparecidas. Se manifestarán en forma telepática. ¡Serán en el 2000! (1959).

182) Viajan ya hacia la Tierra naves interplanetarias invisibles al ojo humano. Estos seres invisibles al ojo humano conviven en nuestro planeta desde siempre y moran en templos y conventos porque son místicos y tratan de imponer la fe. (1939).

183) Llegarán a la Tierra nuevamente seres extraterrestres. Llegarán en naves espaciales diferentes de diferentes planetas y habitarán los cráteres montañosos de los Andes y del Sur patagónico. Ellos convivirán la vida humana, se les verá y se les hablará. (1939).

184) Últimas noticias anuncian el arribo de los invisibles en masa. (1939) .

185) En el final del tiempo, en la hora primera de la hora, de nuevo bajarán a la Tierra los astronavegos del ayer portando palabras de advertencias. Convivirán estos seres azules la vida con el hombre ciego, sus naves serán guardadas en altas cumbres de montañosas regiones dentro de sus ya conocidos cráteres. El astronavego astral hará el bien al terráqueo sin ser éste advertido. (1960).

186) Seres no visibles a nuestra retina que viajan sobre bolas de fuego pequeñas, que penetran casas y habitan en ellas, ya son en tierra. (1952).

187) Navieros en tierra azteca. (1951).

188) ¡África verá los neptunianos! En el 69. (1938).

189) Naves espaciales sobrevolarán las ciudades y llevarán hombres y elementos de la Tierra para estudios. ¡Todo lo regresarán! (1940).

190) Naves extraterráqueas llagando a un laboratorio satélite para albergar y dejar lo que llevan de la Tierra y de otros planetas. Atracción eléctrica de G. (1940).

191) La civilización terrena posee una civilización extraviada. Ella fue superior a las que le siguieron. El hombre de aquel entonces fue "adaptable" al gran calor terráqueo, como al gran frio de origen. El fue electromagnético, supo regirse por las altas matemáticas y ciencias astrales. Aún este hombre magnético mora el helado Plutón, pues como se dijo él es adaptable. (1960).

192) Seres succionadores "gelatínicos", que podrán ser vistos en determinados momentos de luz, comenzarán a observarse en las regiones frías de la Tierra. Se alimentan de sangre y savia. Son espectrales en castigo sin fin. (1956).

193) Cosmocósmico lunar viaja explorando un laboratorio experimental. (1960).

194) Satélites laboratorios astrales giran sobre la Tierra. Estudiando costumbres, observando trabajos, escuchando idiomas y música. Ellos, altos médicos y sabios tecnológicos, aplicarán sus resultados en el cerebro del hombre de estudio que capta telepáticamente sus adelantos. (1940).

195) Los bicéfalos extraterráqueos observarán a la Tierra de extremo a extremo y corregirán en lo más posible las costumbres que hallarán corrompidas. Cae el bien, trepa el mal. Será el caos. Será la luz y amor en amor. (1960).

196) El mundo astral percibirá los males de la Tierra y le hará ver su presencia en el 70. (1960).

197) Krossenkos del planeta Kross llegarán a seguir y vigilar a las naves agujas que enviará la Tierra en viajes siderales. Ellos les vigilarán y hasta les raptarán de la órbita simple. (1960).

198) El astronavego procedente del planeta "Ki-En-Ki" que llegó a la Tierra en la hora de la creación, que contribuyó en la construcción egipcia, griega y romana, que socorrió en las guerras de Europa y guió las reconstrucciones últimas, trata de nuevo fortificar al hombre en su mente y evitar el desastre atómico. ¡Es en misión! (1960).

199) Seres extraterráqueos vigilarán las agujas habitadas que los humanos enviarán en viajes siderales y les raptarán o asustarán. Ellos en regreso ¡callarán! (1960).

200) Mujeres extraterráqueas llegarán al mundo para ser fecundadas y regresarán. Hombres serán raptados para fecundar y no regresarán. (1960).

201) El aeronavego astral que habitó la Tierra en la civilización Caldea trajo entonces naves con formas de gigantescos peces rojos y las usó para portar humanos seres al planeta Ki-En-Ki. Hoy de nuevo traerá sus gigantes naves rojas para igual salvar de los tres humos a los seres terrenos y portarles al Ki-En-KI. ¡Les regresará en el 2000! (1960).

202) Las astronaves del Ki-EN-Ki con formas de enormes peces de fuego viajarán a la Tierra en alta misión de auxilio. Bajarán sobre su ya familiar Polo Sud. Morarán en los hielos hasta la hora de la hora. Luego serán. (1960).

203) El pequeño humano será observado por el universo Cinco y le protegerá. El Cinco llega en el Cinco luego del cinco sin cinco, mas en cinco final el triunfo será del 5. (1960).

204) Naves voladoras del cosmos llegarán a la Tierra trayendo música y voz astral. Acercarán sus conciertos y consejos a satélites artificiales y vagos, será la década séptima. (1960).

205) Seres galácticos de otros mundos llegarán a la Tierra para la unificación de las clases y razas. El futuro de la Tierra es electromatemáticoespíritu. (1960).

206) La mujer astral llegará a la tierra europea y hará el bien. Llegará con ella la luz de fuego y mostrará para otorgar la presencia de Dios ¡No la verán y los hombres chanzarán de ella! ¡Mas ella quedará! (1960).

207) El ser del astral dirá al hombre terreno: nada temas, soy de ti y para ti, porque la hora de la verdad y la redención es ya dada. Observad, sabréis y seréis… ¡La hora diez! (1968).

208) Bicéfalos sobre el Ecuador en el 70 para evitar el estallido de guerras que sacudirán al mundo y cambiarían el centro del caos. (1960).

209) El hombre marino eléctrico, morador del profundo mar, será visitado por naves espaciales que vendrán a llevarle al planeta que fuera su origen ¡Les salvarán de la lucha nuclear! (1960)

210) El hombre sabrá del ser marino inteligente, le comprenderá y de él aprenderá. Este ser que fue hasta ayer para el hombre un simple pez, pasará a ser un pez de reconocido razonar y de admirable amor. (1960).

211) La nave anfibia interplanetaria enseñará la existencia de canales habitables en el interior de la Tierra. Ella se sumergirá en el Polo Sur y aparecerá en el Polo Norte ¡solo en instantes! (1960).

212) Los cultivadores extraterráqueos bajarán en pos de mujeres de tez cobriza. Llegarán en el 70 los primeros sobre América. (1960).

213) El Altiplano hablará y dirá en un idioma desconocido. El lago mostrará seres nuevos en el lugar. Crecerán allí vegetales gigantes y mariposas, además aves-hombres y se sabrá de navieros rubios. (1939).

214) Los cosmonautas habitan en el Gondiva Argentino. (1951).

215) Llegan a los cráteres del alto andino seres interplanetarios para al llegar y portar elementos que serán precisos en el 2000. (1960).

216) Cerebros pensantes inmortales se allegan al humano en consejo e inspiración. (1960).

217) Limpian los ámbitos atmosféricos los rumus. Ellos trabajan por el mejoramiento terráqueo. Bajarán y le habitarán. (1960).

218) Las naves interplanetarias anfibias bajarán a los mares. El hombre les limitará y explorará. Nuevas razas marinas inteligentes hallarán y se comunicarán ¡telepáticamente! (1940).

219) Viajan a la Tierra desde el filo de los cabritos seres con disposición de desinfección de aire, de parásitos, de

insectos, de larvas y de todo aquello que pueda contaminar en la hora ¡Peste! (1968).

220) Aparecerá un enrojecido patillón de fuego guiado por arrogantes seres rubios, los que vestirán ropajes volanderos de escamados cristales y ocultarán parte de sus rostros bronces con labradas máscaras de lustroso ébano. Ellos bajarán a la Tierra y dirán: Hermanos ¡observad y sabréis! (1968).

221) La sabiduría milenaria de los extraterrenos llegará cada vez más notoria y el hombre será en la cuarta medida. Él igualmente aprenderá de los niños. (1968).

222) Viajeros del cosmos serán en la Tierra con una nueva presencia y una nueva prueba y probarán que las pruebas a pesar de haber sido no fueron; y buscarán ¡El 2002 dirá! (1968).

223) Naves marcianas dirán en la Tierra, mas no serán de Marte. Ellos traerán el mensaje del alto; hablarán del caos y dirán: Acudid a Dios y al amor porque Dios es amor. (1960).

224) Seres puros no visibles al hombre guían a éstos, les llevan a la oración y a la caridad. (1952).

225) Seres no visibles al hombre conviven en la Tierra y son poseedores de varias cabezas y de fuerte vista. (1952).

226) Naves interplanetarias no visibles a la retina humana llegarán a la Tierra, habitarán América en el extremo Sur, allí recogerán materiales para socorrer al mundo en el hambre y en el cataclismo de fuegos. Portarán sangre humana a sus laboratorios satélites para elaborarla artificialmente ¡Proveerán hemoglobina! (1959).

227) En el final de finales. Las aguas guardarán naves anfibias que llegarán del astral en trabajos marinos. Cultivarán extensas esponjas bacteriológicas y algas fosfóricas ferruginosas que portarán a sus laboratorios satélites, no visibles al humano ser para elaborar el sustento al mundo en el hambre a llegar. ¡Salvarán! (1959).

228) Vuela el mal sobre el hombre ciego, llegará el final de los tiempos y será el caos. Mas los buenos serán en protección de seres astrales. (1960).

229) Un solo ojo vigilará la Tierra antes del caos y será del 78 al 80. (1960).

230) El universo poderoso y grande en el infinito observará a la Tierra en su ceguera y le guiará. La Tierra poderosa y grande en el infinito como el hombre proclama, sabrá de su pequeñez y caerá. (1960).

231) Poderes superiores acudirán a la Tierra en ayuda y órdenes. Serán desoídas y sucumbirá el mundo humano en miserias y castigos. Su ambición soberbia le mató. (1960).

232) Satélite laboratorio extraterráqueo donde se trabaja por la humanidad. Allí se hacen cultivos de gérmenes nocivos de la Tierra para hallar la manera de exterminarlos. Allí se busca la forma de acabar con las enfermedades que asolan. Conseguir la limpieza de las toxinas que pueblan nuestro espacio, y de las aguas. Se fabrica allí sangre artificial de diferentes tipos y diferentes maneras de cura para acudir a nosotros en socorro después del ¡caos final! (1940).

233) Los nautas interplanetarios negros llegarán al final de los tiempos para rescatar a su raza y salvarle. (1940).

234) La mujer ciclópea del ayer bajará a la Tierra en su nave de Neptunia. Traerá ayuda a la raza negra. (1960).

235) Los hombres azules del planeta azul que bajaron a la Tierra para guiar y proteger el éxodo de Israel regresarán en el final de la sexta década para de nuevo proteger a Israel. (1960).

236) El sacerdote egipcio que conoció la alta matemática de los asteroides, que contribuyó a la construcción de las pirámides, fue él cuidadosamente dirigido por los astronavegos azules, los que con devota dedicación enseñaron al sacerdote el secreto de las aristas. Ellos alzaron y pulieron las enormes piedras de las pirámides. Ellos iniciaron la medida y la relatividad en ¡la quinta dimensión! (1960).

237) "Cerebros pensantes" que fueron humanos, llegarán en retorno a la Tierra por amor a sus familiares y amistades. Les aconsejarán, enseñarán y guiarán en el instante del gran caos. (1960).

238) Los interplanetarios invisibles al ojo humano, mensajeros son de Dios y llegarán en mas y en mas, para evitar el estallido de la atómica, ellos tratarán de imponer la hermandad y el amor al prójimo y hasta infiltrarán en la juventud desubicada la meditación mística y el retiro de todo mal. (1939).

239) De nuevo las naves interplanetarias anfibias descenderán en los mares y ríos. Sembrarán en sus fondos algas, elementos acuáticos, peces de especies necesarias

para experimentaciones y alimentos. Morarán en ciudades subterráneas milenarias con los de aquel entonces. Los polos tendrán puertos para estas naves ya para estos seres. (1940).

240) Vegetales gigantes llegarán a la Tierra antes de la gran hambre. (1940).

241) Nuevas vegetaciones gigantes aparecerán por el norte Argentino en los principios del hambre mundial. (1940).

242) Vegetales y seres gigantes en la Argentina. (1938).

243) Viene a la Tierra un nuevo polen fecundador de vegetales. El crecimiento será exagerado en muchos, mas será en bien. Llega el gigantismo en todo ser animal que pueda servir de alimento, porque llega ¡el hambre! (1968).

244) Llegarán seres interplanetarios trayendo gérmenes a cultivar en la Tierra. El mañana de hambre precisará de ellos. (1940).

245) Del astral bajará a la Tierra el nuevo alimento al igual de los tiempos bíblicos. (1960).

246) Vegetales y animales de gigantesco desarrollo aparecerán sobre la Tierra en el final de la prueba. Ellos serán para el hombre en hambre. (1959).

247) Laboratorios extraterráqueos sembrarán arideces en la Tierra y alzarán productos que utilizarán para alimentos, no de los del alto mas sí para el terráqueo después del 2000 ¡llegará el hambre! (1960).

248) Cultivadores de Kross transportarán vegetales y aves nuevas a la Tierra para el día del hambre. (1960).

249) Llegará al mundo nuestro una nave kroskara gigante. Cubrirá kilómetros de nuestro planeta para purificar ambientes del aire. Un pueblo vendrá en él, mas nada más que bien harán. (1940).

250) La mano de los tres dedos visionarios portará al mundo a su nuevo punto puerto. Sobre la atmósfera corregida y alejada. El cambio de clima será completo. No habrá ni frio ni calores. Primavera sin fin. (1960).

251) Aves de alejados planetas traerán a la Tierra en el final de finales la enseñanza de una diferente civilidad. Ellas predicarán y entregarán una nueva tónica de fe al mundo, proporcionando el desarrollo telepático. El hombre será entonces en la cuarta dimensión. (1960).

252) España y la Argentina serán unidas por un puente espiritual, sostenido por naves interplanetarias. En ambos países morarán ¡navieros blancos! (1959).

253) El astronaviero de Ganímedes traerá el hombre cuarzo. Él se confundirá en la Tierra y dará fuerzas para encaminar al mundo hacia la cuarta dimensión. (1960).

254) El naviero astral azul demostrará la existencia de Dios con arduo empeño, pues el hombre la habrá olvidado por el oro. Con presencia real el naviero hablará en telepática forma del grande universo, de planetas y hombres superiores, de civilizaciones asombrosas y dirá: ¡Todo es obra de Dios! El

naviero con empeño recalcará: "Todo es de Dios como tú eres hombre terreno. Abandona ya el fetichismo, el afán de nuevos dioses, de nuevos conductores y de religiones nuevas. ¡Aprende a ser de Dios... ¡Y serás! (1960).

255) Astronavegos astrales. (1949).

256) Seres de otros planetas sobre la Tierra. (1951).

257) Naves interplanetarias cruzando caminos astrales sobre la Tierra. (1949).

258) Bajarán naves interplanetarias en conglomerados y ofrecerán equilibrios. (1940).

259) Naves astrales entrando al refugio terreno. (1949).

260) Naves astrales llegando a un cráter terreno. (1949).

261) El mar enseñará seres con inteligencia particular y telepática. (1948).

262) Regresan a la Tierra las naves interplanetarias con formas de peces de los mares, que vieron y usaron los caldeos y los asirios. (1940).

263) Seres del interior de la Tierra, venidos de la galaxia azul habitan ciudades subterráneas en el Polo Sur y se alimentan de algas. (1952).

264) Las naves interespaciales de planetas fuera del sistema solar bajan en los cráteres desde años y siglos. (1940).

265) Las naves de las diferentes galaxias que llegan a la Tierra seguirán por el cuadriculado hecho por antecesores de épocas milenarias. Los caminos a seguir son exactos; por ello es factible su misión en ciertas regiones y no en otras. (1940).

266) El hombre anfibio del Polo Norte será comunicación con los hombres anfibios del mar polar. (1940).

267) Seres glaciares de las profundas ciudades del Polo Norte. (1940).

268) El hombre de la civilización anterior a la creación del actual – la que fue superior a todas las conocidas anteriormente- era eléctrico y se regía por las matemáticas. (1940).

269) Toda nave astral es construida en materias no conocidas aún sobre la Tierra. Las naves son livianas, moldeadas en íntegra pieza sin unión alguna. El naviero es encerrado igualmente en entera vestimenta escafándrica sin costuras y algunas transparentes y azules. Nuestro fuego al grado máximo no calentará ni perforará la consistencia de ambos. (1960).

270) Ser espacial extraterreno volando sin nave, solamente por propulsión propia. Otros hay que son robots, son manejados desde las naves por los cerebros tres. (1940).

271) Los interplanetarios usando cintura de vuelo y cerebro pensante para descanso del propio. (1940).

272) Vuelo sin nave de un ser extraterreno. Cintura K. (1940).

273) Seres interplanetarios en desembarque transformando sus formas para aliviar a la Tierra. (1940).

274) Los astronautas bajarán de sus naves interplanetarias por medio del rayo K. Por el mismo rayo regresarán. (1940).

275) El hombre extraterráqueo perteneciente a otro mundo se allega invisible a nosotros, mora entre nosotros y cuando haya ambiente propicio toma forma material nuestra. El es inmune a nuestros males físicos, goza con el bien y se disgrega o retorna al invisible. (1940).

276) El hombre anfibio eléctrico saldrá en las costas del sur argentino. Las naves espaciales le recogerán y portarán a Venus, su planeta de origen. (1940).

277) El rayo K de los seres interplanetarios, que despiden de sus manos y de sus naves espaciales ¡paralizarán! (1940).

278) Pájaros de fuego parecerán los nuevos navieros del gran planeta Plutón por su refulgencia naranja. (1940).

279) Navieros interplanetarios limpiarán nuestra atmósfera cada vez más contaminada por el hombre en sus tareas sin control. Igualmente limpiarán los mares. El residuo atómico en ellos podría terminar con la humanidad ¡El hombre un día comprenderá! (1960).

280) Ser extraterráqueo, investigador astral, volando sobre silla con impulso del generador cintura K. (1940).

281) Vienen cerebros pensantes que fueron en la primera civilización del mundo, pertenecieron a la grande civilización anterior a la creación del orangután hombre y dirán de Cagliostro. (1968).

282) Cerebro pensante lunar en la Tierra demostrará ciertos imposibles de cohabitar en el Selen. No será escuchado mas quedará en el Rio de la Plata. (1960).

283) Las mentes humanas serán en la telepatía maya, egipcia, asiria, asiática, troglodita, que es la hoy lunar.(1960).

284) Llegarán a Marte seres increíbles a la retina humana. El mundo sabrá de ellos, pero ellos no serán. Serán sin serlo. Serán "espejoides" o seres figurados alcanzados en reflejos y con palabras electromagnéticas deformes y conformadas. (1960).

285) Viajero espacial del Kross porta cerebro adimental-escafandra, cuerpo de desembarco y provisión de alígenos. (1960).

286) Ser espacial cerebro cinco contemplando en pantalla cinco la marcha de los mundo (1940).

287) La Tierra recibe el llamado de planetas no observados, que no comprende mas ¡comprenderá! (1952).

288) Bajarán a la Tierra seres de otros mundos. El hombre los verá y no creerá. (1951).

289) La ciencia descubrirá la verdad del OVNI y no la callará porque el terreno tiene corazón y el corazón le revelará lo que aún ignora ¡Ciegos! (1968).

290) Fuerza científica en el mundo "minidesarrollada" ante el cúmulo de siglos que posee el planeta y… los planetas. ¡Saber en pañales sobre un universo viejo! (1969).

291) La ciencia percibe la voz del súper ser. Telepáticamente el sabio ruso y americano reciben la enseñanza y de ella nació el cohete. La nave voladora casi se encuentra con las naves marinas. ¡Llega al sabio la hora del saber! (1968).

292) Sobre el tapete se colocará el problema Ovni, y presto será puesto que la verdad debe dilucidarse antes del fin de finales. El científico debe alejarse del encasillamiento infatuado que le ciega. El joven lo hará y… ¡verá! (1968).

293) Escuchará el mundo palabras llegadas de altos astros. Palabras y sonidos que serán frases. ¡Y se comprenderán al fin! (1968).

294) La pequeña ciencia percibe la verdad. La ciencia astral transmite, mas la pequeña no capta aún… mas captará. (1969).

295) Ante las constantes visitas de navieros extraterrestres la ciencia negará, luego dudará y por fin dirá ¡Verdad es! Y nuestra sapiencia ha quedado atrás, ¡Siglos nos vigilan y contemplan! (1940).

296) "El hombre bala" que vio y habló de Dios, enseñará su presencia, la que el hombre hallará pequeña (1969)

297) La voz del cerebro será en el hombre del mañana y el cerebro les dirá lo que no pudieron concebir con el yo visual ¡Viene el telepatismo en la verdad! (1967).

298) Sucumbe una nave astral sobre el Pacífico. Los náuticos del fondo les recogieron y resolvieron el fin. (1960).

299) La gran ave del cosmos se posará sobre la aguja terráquea y volará con ella las alturas siderales guiándola sin guiarles ¡Serán guiados! (1960).

300) El naviero humano luchará con el adverso naviero astral. Caerán y rodarán agujas voladoras de América y Rusia. Caerán sin aclarar el por qué, nada será a destiempo y aún no es el tiempo. (1960).

301) Girarán la Tierra restos de satélites inutilizados, sateloides laboratorios extraterráqueos y cuerpos humanos, víctimas de ensayos secretos. Más objetos de desperdicios de laboratorios astrales. Las agujas de la Tierra peligran. (1960).

302) Astronautas terráqueos serán apresados por los Kross. Serán investigados. No todos serán devueltos. (1960).

303) Abstracción y distracción. Catalepsia ocasionada por astrales. (1939).

304) Reaparecerán sobre la Tierra seres de otros mundos. Hablarán de sus planetas y se harán comprender telepáticamente. Enseñarán sus naves, invitarán a los terráqueos a visitarlas. Habitaron civilizaciones de ayer. (1940).

305) Videntes hablarán con seres de otros planetas y revelarán sus vidas y sus deseos. (1938).

306) España recibirá una raza de seres hermosos venidos de un planeta alejado de nuestro sistema solar. La Argentina igual lo recibirá y establecerán un puente de comunicación entre ambos países y el planeta de origen. (1940).

307) Humanidad ciega, que corres detrás del cascabel vacío. Ya el pavor del grande pavor es sobre la inerte Tierra. Los que no vieron sucumbirán. Los que vieron llorarán. ¡Fin de finales! (1966).

308) Hermano ser. Aprestaos, el tiempo es ya corto y el hombre es viejo aún. Escuchad: "Todo aquel que atendiera y entendiera, verá la Divina Luz y gozoso repetirá: Cristo llega, es ya el instante de la redención final" ¡Atended y entended! ¡Se acerca el 2000! (1967).

309) Señores: el mundo cae. Ruedan ya los valores intelectuales. Caerán el oro, el amor; la civilización entera entrará en el caos final. Mas llega la nueva civilización que ya es entre vosotros su dimensión. Aprendedla, sabedla, que la hora es al llegar y se debe conocer para salvarse y… salvar. (1968).

310) Ideas contradictorias ingresarán al hombre antes de la quemazón. (1967).

311) Hombre de la hora. Terreno ser. Es ya la hora de la hora en la hora. Medita: ¡Llega la desconsolación! Llegará la consolación. No olvides, es la hora del mandato. Es ya el 2000 y el 2002 será con el comenzar la luz en la perenne paz del amor en amor. ¡Es la hora diez! (1961).

312) Hombre ciego. El confusionismo llega al hogar, a la sociedad, a las instituciones, ¡al papado! Apresuraos, el Ángel del Castigo baja. Es ya la hora y aún un tiempo resta. Da de beber al que sed tiene. Restaña la herida del que sufre. Alivia necesidades y penas. Comprende y consuela al angustiado. Apoya al anciano, protege al niño desamparado. Guía al

arrepentido y no olvide tu ligero andar que aún un tiempo queda. Ten presente, hombre ciego: la infinita bondad del Padre permitirá ver al que llora. ¡El Ángel del Castigo baja! (1966).

313) Llega la voz de Oriente. Llega el Occidente en habla, llega la hecatombe con la muerte del oro y el encumbramiento del hambre ¡Llega el final! (1968).

314) En el acabar del medio tiempo, el Ángel de la Grande Trompeta dirá: "Hijos, desconocidos males y nuevas enfermedades asolarán presto la Tierra, junto con el correr de inconcebibles vicios, crímenes, accidentes y suicidios. Se desatará la locura en masa, gobernará la muerte. Por lo tanto alza, hijo, la vista y ora, porque eres en el principio del fin. ¡Final de finales!" (1967).

315) Ante el caos, la iglesia y el hombre tratarán de hallarse en amor. El amor al prójimo será orden y ruego, mas… no será. Será en el 2002. (1950).

316) La civilización será confundida desde el 66. Luego ¡el espanto! (1948).

317) Fenómenos inexplicables acaecerán en la atmósfera y la tierra, en el final de finales. La ciencia se encontrará corta y pequeña; ante ellos callará en reservas. El hombre más dúctil comprenderá que es allegado el grande instante de la advertencia pero aguardará en confianza. Voces de orantes gritarán: es ya el cataclismo, llega ya el fuego de los cien fuegos. Orad. (1950).

318) El martillo martillará al mundo en modificación mas destruirá totalmente. Caos. (1948).

319) Caminante tú que vas, escucha: Llegando es a la Tierra el desborde del cataclismo. Los mares, ya iracundos, treparán países, los ríos inundarán regiones. Cráteres sonarán soberbios. Caerán lluvias de gigantes aguas. Nieves cubrirán lo no esperado. Calores de fuegos encenderán ámbitos. Resquebrajarán los suelos en terribles roncares. Ascenderán los humos en columnas quemantes. La carne de los fatigados hombres se desprenderá. Sus huesos vivientes buscarán la muerte que no será. Porque la hora del espanto así lo habrá ordenado y será: ¡la hora diez! (1960).

320) ¡Tres guerras! (1948).

321) Hermanos: La hora del retumbo universal es en el gran ruido. El "humo de los tres humos" comienza a elevar su cabellera. El hombre será de irreconocible faz luego del primer humo. Aprestaos, es ya el principio del fin de finales Observad. Veréis y comprenderéis ¡Es el instante! (1959).

322) En la grande prueba llegará la violencia al mundo. La humanidad será envuelta por la ira, la intolerancia, el crimen. La maldad matará con la lengua. El humano ser se destrozará. Dios así lo permitirá hasta el castigo de los castigos. ¡Luego será! (1959).

323) Seres perdidos después de los tres humos. Seres perdidos después del gran fuego. (1949).

324) Oriente contra Occidente en guerra presto. (1951).

325) El Sol después de los tres humos. (1948).

326) Comenzará ya la Tierra en destemplar en tormentas eléctricas, ciclones bravos, aluviones, maremotos, terremotos, hundimientos de regiones, florecimientos de desconocidas tierras, trombas trasladoras, océanos desbordados y aguas volantes en block. Será el caos en su hora y su hora se cumplirá. (1968).

327) Los truenos del grande trueno retumbarán en el Ecuador y las tierras e islas sucumbirán en cambios inimaginables porque el caos allí será. (1968).

328) La caída del 999 ¡El espanto! (1951).

329) La cabalgadura del espanto del 999. (1951).

330) Llega el final de la grande prueba y el hombre comenzará a comprender errores reales que fueron y se avergonzará. Llega el afán de la reconstrucción, mas las miras discordantes no desaparecidas aún harán engorros en países diferentes. Llegará el gran trueno del caos terráqueo agua en aludes, volcanes en fuegos ¡Hambre! (1968).

331) En la grande prueba. Humanos seres, el oro cae, se derrumba, nada será en el mañana. Más valor tendrá un vegetal comestible que un dólar. Abrid bien los ojos y aprended a mirar. El oro rueda, se desfigura y se anulará. Será el caos mas será bien. (1968).

332) Mensajes en la prueba: Tierras que serán promesas del mañana: Argentina, granero del mundo; Brasil, brazo de caridad y amor al prójimo; Chile, cultura en elevación; Uruguay, política nueva ¡América del Sur, crisol de paz! (1968).

333) Tiempo en el tiempo. Se acerca el caos terráqueo antes de la quemazón. Termina ya la grande prueba y el nuevo hombre se verá. (1968).

334) Llega el final de la gran prueba. Pasada la prueba llega el principio de los tres humos. Luego será el caos de las aguas tonantes y el final de finales en la paz. Será el 2002. (1968).

335) El nuevo niño aparecerá en el final de la prueba y conocerá el caos mas no sucumbirá ¡América del Sur les guardará! (1968).

336) Después de los tres humos. Buenas partes de la Tierra serán terminadas por la explosión. Tres partes serán en el caos, mas la cuarta parte será salva y conocerá la cuarta dimensión en el cuarto momento de la cuarta estación a comenzar en el cuarto mes el cuarto día en la cuarta hora. El 2000 será en 4. (1968).

337) 2002- "Hombre ciego: la hora de la hora ya fue dada y su retumbe ensordecerá en el día del día día. Llega presta la marejada lunar. Llega el encrespado de la grande ola. Llega el desborde del aluvión de aluviones. Llega el fuego fuego, de los fuegos en el fin. Las naves astrales se acercan y bajan. El pastor de pastores hablará desde el alto diciendo-, "Van a vosotros ángeles de consuelo, portando el consuelo de los consuelos, la palabra de la grande palabra. El sentido del grande sentido. El amor en el amor, en el amor de amores" ¡Oh! De nuevo el Sol ya regresa, exclamará con temores la lombriz de la tierra tierra. ¡Ya es el Sol sin la nube de la nube nube! Sin el humo del humo humo. Es ya el Sol en el brillar del brillo. Ya es el Sol en Dios. Dios es el Cristo en retorno. ¡Él es la paz! ¡Llega el 2002!

338) Nueva Era 2002. (1951).

339) 2002. Después del espanto. (1949).

340) El Nuevo Sol después del grande humo. (1948).

341) Bendecido será el hombre que aprendió a soportar con íntimo gozo la cruz que recibiera al nacer. Bendecido será porque llegará el Padre. (1950).

342) Hombre, tú que estás en la tierra, ora; pide que el día del júbilo se acerque a ti antes del tiempo, porque el hombre del júbilo gozará de luz de luces del bien en el bien mismo y del amor en el sano y puro amor. Conócelo, tú que aún vas... Gánalo. El hombre del júbilo vivirá la paz. (1966).

343) Pasado el grande caos, las almas que fueron en martirio exclamarán: Fuimos en el castigo de los castigos y somos en el premio del premio. Llevaremos la paz sobre la tierra, porque la tierra será en amor ¡Será en el 2002! (1966).

344) La mujer nueva será la nueva mujer, será de nuevo temerosa a la falta y pródiga al nuevo querer. Llenará su yo con amor y el amor será círculo que unirá a pesar del caos y la quemazón. Triunfa el 2002. (1968).

345) Rosarios y rosarios banales serán rezados en la época del arrepentimiento, el humano ser luego del castigo, se postrará ¡Será inútil! La hora será de los justos y los justos orarán por el perdón. ¡Dios enviará el amor que ÉL será! (1960).

346) El hombre redimido y de propia luz superior en el final de los tiempos, verá al ser del invisible astral, el ser que rodeó

y cohabitó su casa, protegiendo su destino. Al ángel que con él habló telepáticamente, revelándole los misterios al llegar ¡Será así el comenzar del amor! (1960).

347) El tiempo roncará en altiplano. Allí la revelación de una civilización que se hundió. Regresan y afloran en las aguas del lago muerto profundo y habitado. Hay allí ánimas y dicen: ¡No hay ánimas, hay seres en Dios! (1960).

348) Regresará el mundo luego de la grande prueba, el joven en purificación. Mas antes de la grande llama, la juventud hallará la cordura, puerta suprema por la cual debe pasar para el gran encuentro del fin de finales. El 2002 hablará. (1968).

349) El mundo luego de los tres humos ya en minoridad de humanos seres, recibirá el nuevo humano que tendrá otro aspecto. Conservando el actual con mas desarrollo potencial e inteligencia en súper medida. Será el 2002. (1968).

350) Llegará el sol al ensombrecido mundo, cuando el sol haya regresado del humo de los tres días. Llegará entonces la virtud limpia en la juventud evolucionada y conocedora. Regresan las siete virtudes en triunfo; regresa la belleza de la fe y la intimidad sentida de la esperanza. La caridad lo habrá a todo esto traído (1968)

351) La nueva mujer humana será en la cuarta dimensión sin el hombre y será madre. (1960).

352) Llega el nuevo hombre al mundo tierra, será cerebralmente computado, de físico titánico y de belleza ancestral. ¡Geón será electrónico! Termina ya la gran prueba. (1968).

353) El nuevo ser terráqueo que hará desconcertar a la ciencia, hablará de mundos nuevos, de civilizaciones superiores y de Dios. (1968).

354) Después de la grande prueba una nueva música melódica saldrá de Oriente hacia Occidente. El misterio de las pirámides hablará en tal sentido, la música tocará Italia y Francia en el momento de la desesperación general necesite de paliativos capaces de elevar el alma. El mundo podrá de nuevo cantar. (1968).

355) En el final de la prueba llegará el súper hombre hijo del nuevo gene. Llegará el hombre astral y será sin ser. Hablará sin hablar. Se trasladará sin traslado y sabrá sin aprender. ¿Será el hombre de Plutón? ¿Será el hombre de Ganímedes? ¡No! Será el hombre tierra, Geón. (1967).

356) Cambios rotarios de atmósfera traerán la infiltración en el sistema genético humano de gérmenes llegados a la tierra sobre las vestimentas de sus astronautas. Ello será causa del nacer del nuevo ser, el que presentará un tamaño mayor al normal y será denominado: Geón. (1960).

357) El altiplano encierra verdades que saldrán a la luz en el final de los tiempos, cuando los meridianos regresen. Allí es oculta la raza gigante. (1968).

358) América del Sur será cuna de amor, luego de la gran llamarada. (1968).

359) Después de la llama. La caída civilización terminada será elevada y socorrida por el bloque americano, el que se

hallará solidificado y enseñado para el bien. ¡Amor de hermano será! (1968).

360) América del Sur y la unión Latino América será futuro faro del mundo. ¡Nueva civilización en el final de la llama! (1968).

361) Llega la doble vista. Llega el doble oído. Llega el doble ser. Llega la verdad en su cuarta dimensión y el hombre del 2000 será en el 2002. (1967).

362) El enigma de la muerte en su verdad será motivo de preocupación, pues se constatará que han sido sepultados millones de vivos certificados como seres ya muertos. Nacerá el estudio tanatológico en nueva faz. (1967).

363) Los cartujos civiles serán un hecho al final de los tiempos. Hablarán de Cristo, le imitarán, correrán las calles hablando las palabras del Maestro. Y la palabra será verdad y la verdad será de Cristo y Cristo así llegará al mundo (1968)

364) La cruz del Sinaí será en triunfo cuando el último Pedro diga amén. (1968).

365) Con el andar del 2000, la nueva tierra sabrá del prolongado existir del hombre nuevo. Este hablará sin gutural expresión. Verá sin vista. Pensará sin mente. Sustentará sin boca. Será de superior aspecto y hermosa faz. Conocerá el traslado sin cuerpo y será dueño del único mirar ¡Tercer ojo, cuarta dimensión! (1961).

366) La nueva fe será pregonada al final de los tiempos pero en diferentes formas. No habrá por ello confusión. ¡Dios será! (1969).

367) ¡Llega ya el reino! Clarinadas estrepitosas correrán el ámbito sideral. El ángel del perenne bien bajará del cenit sobre la tierra de la nueva florescencia y ordenará: "Desciendan los mares. Cesen los vientos. Terminen los fuegos. Acabe la muerte" Y con el brillar del sol en soles el mar descenderá, el viento cesará, el fuego apagará y la muerte callará. Brotarán entonces los campos. El pájaro regresará a la rama. El hombre feliz tornará al canto y la muerte será en su santo deber. Es el reino en vosotros, agregará el ángel... Y en la breña de Tierra Santa, un labio puro exclamará: "¡Amor!" (1960).

368) El hombre nuevo, el del único mirar, mostrará contextura sin males. El microbio enfermante desaparecerá por ineficaz. El hombre nuevo será de cobriza tez, resultante del fundido de razas. Será dueño de fuerza física de tres hombres de ayer. Enseñará: Vehemencia en vehemencia, ponderación en ponderación, belleza en belleza, oración en oración. Será en el libre albedrío y la libre acción. El hombre del único mirar desconocerá el apetito carne porque él será en el nuevo amor. ¡El nuevo amor será paz! (1961).

369) El nuevo pez peregrino y humilde llegará luego que la maldad haya dejado el campo en derrota. ¡Cristo y el pez! Dirán los justos. Cristo y su humilde casa dirá al hombre que al fin habrá visto y escuchado, y será paz. 2002. (1968).

370) Cristo en el amor de paz. Rey triunfante será en el 2002. Entonces todo habrá regresado al mundo en reconocido bien. La mujer será mujer. El hombre hombre. El planeta Tierra será en verdores y la fatigada humanidad del pasado siglo

reaccionará y observará feliz, porque la confirmación de Israel en Canaán habrá sido. ¡El Sol será en el Sol! (1960).

371) El pez surgirá triunfante en el 2002. (1949).

372) Un ángel blanco portando la rubia espiga de la eterna paz bajará a la castigada tierra en el final de finales y dirá: Feliz de aquél que empobreció en dineros. Feliz de aquél que todo lo tuvo y dejó de tenerlo. Feliz de aquél que no conoció el trabajo y lo abrazó luego para subsistir. Feliz del que fue servido y debe servir, porque de él será el mañana del reino; porque de él será el premio de los premios; porque de él será la diestra del Señor y lo será sí en la hora rubia de la eterna paz. (1960).

373) ¡Regresa en el 2002 el amor! (1960).

374) En el 2002. Cuatro ángeles azules con aspecto de aceros vivientes, bajarán a la tierra anunciando el júbilo en el amor verdad. Traerán: el nuevo decir, el nuevo construir, el nuevo conocimiento y el nuevo querer. Será el comenzar de la nueva era y la nueva era será ¡Paz y Amor! El 2000 será en el 2002. (1960).

375) ¡Paz es amor! ¡Amor es paz! ¡2002!

13- La Hora Diez

A la par de las piscografías con dibujos premonitorios, Pelón recibía enseñanzas espirituales. Son textos, con advertencias o consejos para la vida. También son proféticos, aunque en estos casos no van acompañados de dibujos.

LA HORA 10

Mensaje recibido el 1° de enero de 1969 por B. Solari Parravicini.

Pasajero que llegas, hombre viajero que corres en el mundo en pos de hospedaje, que corres tras realidades que esperas guardar, conservar y ampliar sin término alguno, olvidando que tú, como todo viajero, tienes tu estada en el lugar por contado y determinado tiempo, y que, terminado éste, luego de abonar el albergue vivido, debes regresar hacia el puerto de partida. Abandonándolo todo. Solamente portarás el pequeño bagaje que trajiste, el que regresarás tal vez cuidado, tal vez deteriorado… mas con él volverás…

Tú que viajas, observas encandilado y no descubres la belleza de las cosas bellas, el paisaje de los cien paisajes, la música de las mil músicas. Nada de ello soslayas. Tú, en cambio, empeñoso, tratas de descubrir el humano placer, la banal costumbre, el juego erótico y la relajante concupiscencia oculta en los seres que, como tú, viajan sumidos en deseos liberales.

¡Dime! Tú que viajas, ¿has detenido tu paso andariego ante el Templo de Dios?

Por supuesto que así lo has hecho. ¿Acaso, hablaste con Él? ¡Sí y no! Me dirás.

¿Hablaste con el retirado servidor del Alto que allí ora?

¡Sí, hablé con Él! Agregarás.

Y en esa mansión de paz, ¿no hablaste contigo mismo?

¡No! ¡No!, Contestarás esquivo y callarás en reflexión sin distancia.

¡Hermano viajero! El correr la Tierra encierra sorpresas que nublan el tiempo.

¿Sabes acaso, andarín del planeta en evolución, que llegó el hombre a él para servir al semejante, mas no para ser servido?

¿Sabes… que la mano que con orgullo luces, no te fue dada para jugar con oros, mas sí para mitigar padeceres, para acariciar en caridad y ternura, y para enjugar afligidas lágrimas?

¿Sabes acaso, que si ojos llevas sobre tu dorado rostro, no te fueron otorgados para descubrir ficticias situaciones, ni oropeles inútiles, mas te fueron entregados para encontrar al

Señor y portar su luz al ciego, enseñándole a conocer aquella real presencia y Su divina palabra?

Tú no eres, hombre andarín, un ser que corre solo por correr los senderos que llaman. De sobra sabes que el correr por correr, dejando de lado todo aquello que pudiera enturbiar tu excursión recreativa, no es valedero al viaje, no es agradable al Señor.

14- Reportaje a Benjamin Solari Parravicini

No dejo de agradecer que hayan publicado este hermoso reportaje a Pelón. Es una de las mejores fuentes que tenemos para acercarnos a él en primera persona, comprender su manera de ser, de sentir y pensar. Se lo nota un hombre ameno, alegre, que disfrutaba su don y el contacto con su ángel. Queda en sus manos este documento único.

Por C. Marcela Casals y Alberto D. Casals
Conocimiento de la Nueva Era 1967

- ¿Podría darnos algunos datos biográficos con referencia a las tan singulares facultades que posee, como así su origen y desarrollo?

- Fue en el año 1933 o 1934 que empecé a recibir mensajes. Pero si queremos remontarnos al principio, en realidad la primera manifestación de estas facultades fue mediante un sueño. En este sueño me anunciaron una situación familiar que iba a producirse. Fue la aparición de una tía abuela mía que se me presentó con dos monjas, una de cada lado. Entonces la viejecita me presentó a ambas diciendo: "Esta es Santa Rita de Cassia y esta la Virgen de Guadalupe. Cualquier cosa que vos quieras, no tienes más que pedirles a ellas, que te será dado."

Al día siguiente había en mi casa un asunto pecuniario bastante grave, un vencimiento que mi padre no podía levantar, y existía peligro de que vendiesen nuestra casa situada en el centro, viviendo nosotros en aquel entonces en una vieja quinta nuestra, en Vicente López. Entonces, al levantarme, pregunté a mi madre si existía una Santa Rita de Cassia. "sí, hijo, era una santa de la que tu tía abuela Anita Parravicini era especialmente devota. Al punto que su quinta de San Isidro se llamaba Santa Rita". Entonces relaté a mi madre el sueño de la noche anterior. Me contestó que lo mejor que podía hacer en este caso era pedirle que nos salvara la casa. Faltaban tres días para colocar el cartel de remate.

En esa tarde tomé el colectivo para venir al centro. Al llegar a la calle Salguero, donde está la Iglesia de Guadalupe, el vehículo chocó. Deduje, al no poder seguir, que debía ir a la iglesia. Fui allí. Al entrar, encima del cepillo de las ánimas, vi la Santa Rita que había soñado. ¡La misma monjita puesta allí! Imagínese mi sorpresa "me han traído acá". Me di vuelta y vi la Virgen de Guadalupe, la misma que me había mostrado en el sueño. Junto a ella, unos angelitos repartiendo espigas. Mi tía me había manifestado; "cuando quieras de alguna de ellas, se lo pedís". Me quedé anonadado. Allí estaba Santa Rita, la Virgen de Guadalupe y los angelitos con las espigas. Entonces les pedí que me diesen una espiga y salvaran a mi padre de que le vendiesen la casa. Pues, además, era la casa paterna de mi padre.

Salgo algo mareado, tomo otra calle transversal y me encontré con una librería, que era la librería Guadalupe. Su vidriera estaba llena de estampas. Me detuve a mirar y en medio vi las estampas de Santa Rita y de la Virgen de Guadalupe. Entonces pensé: debo comprar estas estampas. Las compré y en casa tenía unos marquitos. Las enmarqué y prometí iluminarlas toda la vida si me hacían el milagro. Pasaron tres días, no había noticias y yo ya tenía mis imágenes allí. Esa mañana me levanté y vi a mis padres con la cara caída. Entonces tomé mi malla y me fui a bañar a las barrancas de Vicente López. Al mediodía subí las barrancas hacia la quinta y vi a mi madre llamándome: "Pelón, Pelón". Subí. "Me han hablado por teléfono de la Shell Mex, queriendo comprar el terreno que teníamos sobre el rio. Lo pagarán en dólares y tu padre tiene que ir a escriturar esta misma tarde, va, cobra y levanta la deuda" ¡Justo a los tres días!

De allí siempre quedé pensando. Era realmente cosa de mi tía abuela. Esta me había querido mucho y siempre sentía la presencia de ella.

Pasó un tiempo. Me gustaba la vida divertida, el arte, la pintura, el ambiente artístico, y mi padre se oponía a ello. Quería que fuera médico y me trataba de "atorrante", de bohemio, cosa que en realidad todavía sigo siendo. Llegué a hacer, con gran esfuerzo, un año de derecho. No me gustó e hice un año de medicina. Fue peor. Al punto que un día mi padre me dijo: "Yo no quiero vagos en mi casa. Si no estudias, te vas". Entonces mi madre me decía: "No te preocupes que ya iremos a la quinta y te vas a quedar tranquilo, pues cuando vuelva tu padre, ya le habrá pasado". Así fue y quedé solo en mi departamento, situado en el cuarto piso de la finca. Por temor a los cortocircuitos, mi padre había sacado todos los tapones, de manera que la casa quedaba a oscuras. Pero yo tenía un tapón en el bolsillo, lo ponía en mi piso y tenía luz propia.

Una noche, volvía del cine temprano. Recalco este punto, que era temprano y que venía del cine, de manera que nadie pudiera decir que tenía una copa de más. Subí los cuatro pisos de la casa oscura y llegué a mi dormitorio. En éste, la llave de luz se hallaba detrás de la puerta, de modo que era preciso cerrar para prender la lámpara. Entré, cerré y fui a buscar la llave.

En este momento, una mano muy fuerte me agarró del cuello y me tiró al suelo. En estas circunstancias cualquiera hubiera gritado o peleado. Yo, en cambio, solo atiné a decir: "Ay Jesús, Dios mío, ay, Jesús, Dios mío". El corazón me palpitaba terriblemente. Me llevó esta mano a hincarme ante un Cristo que ahora ustedes ven allí, un Cristo de origen ruso que había pertenecido a la zarina. Al punto de llevarme la cabeza contra el piso, apretándome bien, oigo una voz que me dice: "Fe en la fe, esperanza en los designios, caridad en los sentimientos. Cúmplelos y serás salvado". Luego de esto la mano me soltó. La voz potente, había surgido de afuera, con fuerza. Me pareció haber visto un resplandor alrededor del Cristo, al que no podía ver por tener la cabeza baja y sin embargo lo veía, junto con el resplandor que se apagó cuando calló la voz.

Al terminar todo ello me levanté, prendí la luz y fui al espejo del baño y vi los moretones, la marca de las manos y la cera del parquet en la frente. Las palabras oídas se me repetían permanentemente. Finalmente, me acosté y me dormí.

Al día siguiente anduve como sonámbulo y al llegar la noche me acosté. Al instante de apagar la luz, oí la voz. Esta hablaba en el aire, pero era una voz normal como la nuestra. Repetía lo mismo de la noche anterior y luego: "Desde hoy, desde ahora vamos a tener todas las noches esta conversación. Te vamos a dirigir. Desde hoy en adelante vas a hacer lo que te decimos y será para bien. Todas las noches vas a tomar un block y un lápiz y vas a escribir lo que nosotros te dictamos"

Así todas las noches me fueron dictando, numerando las instrucciones: lección número uno, número dos, etc. Pero a poco iba notando que escribía frecuentemente antes del dictado. Me llegaban mensajes para diversas personas. Se los daba y, naturalmente, me tomaban por loco.

Entonces empecé a escribir con la mano y ésta se movía sola. La voz casi desaparecía y la sentía adentro de mí. Al final se anuló y no me dictó más. Escribía la mano sola. Desde entonces recibo toda clase de mensajes, de toda índole, para mí, para los amigos, y también los dibujos. Esto fue desde el año 1936 en adelante. La voz me hablaba, durante años, siempre. Pero nunca me dijo quién era.

Recién cuando llegué a habitar esta casa me manifestó que era un monje franciscano, que se llamaba.... Vivía en España, en la Rábida, en el Puerto de Palos, en la época de colón, en 1400. Desde entonces este fraile empezó a aparecérseme también, como así a familiares. En casa de mis hermanas, en la casa de una tía mía, en Rosario, en casa de amigos.

- ¿Tiene usted algún antecedente de hechos similares en su familia?

- En realidad, sí. En mi familia hubo muchos casos de apariciones y premoniciones. Mi madre misma tenía "el pálpito", como ella decía. Se le ocurría que había muerto fulano o fulana y así era. Una tía mía, que vivía en Florencia, era igual. Cuando era chico, recuerdo que ella decía: "anoche hablé con papá, hablé con mamá", y nosotros pensábamos que era una vieja loca. Pero era lo mismo, hacía lo que le decían. Nosotros decíamos: "pobre". Pero al correr de los años, llegué a ser igual y me di cuenta que la "pobre" estaba en la verdad.

- ¿Qué sensación experimentaba al principio de estos fenómenos? ¿Miedo? ¿Alegría?

- Miedo, no. Miedo no tuve en ningún momento, ni siquiera cuando me agarraron. Al contrario, sentía satisfacción y después alegría. Y no solo alegría sino también bienestar. Siento alegría de vivir con esta compañía. Si a mí me faltara esto, encontraría mi vida vacía, en cambio ahora nunca estoy solo. Estoy acompañado y no solo por el fraile, sino por otros que se comunican, hacen chanzas, al punto que frecuentemente me rio solo.

- ¿Tiene alguna explicación racional a sus facultades?

- No. Como nunca hice estudios de ninguna clase, carezco de explicación. Pero creo que todo el mundo tiene estas facultades, si bien adormecidas. Se despiertan quién sabe en qué casos.

- ¿Interfieren o facilitan su comunicación con los demás las facultades que posee?

- Me facilita enormemente. Por ejemplo, cuando conozco gente nueva me dicen: "Esta gente no te conviene, ésta si. Estos son falsos", etc. Trabajé durante 17 años en el Banco Municipal y me decían: "A este pintor hay que ayudarle, a éste no. Hay que luchar aquí, hay que luchar allá..." De manera que me facilita grandemente.

- ¿Si volviera a nacer, escogería vivir con las mismas facultades?

- Ah, sí

- ¿Cómo cree que lo ven los demás?

- Mas o menos. (Solari se ríe de buena gana). Entre los demás, muchos no me lo han ocultado diciéndome: "Mirá, vos sos loco". Algunos dicen: "Cuentero, mentiroso". Pero hoy la mayoría me cree más y me respeta más. Antes no. Hasta mi padre me decía en aquel entonces: "Vos sos un loco", y era psiquiatra. "Vos sos un loco. No entras en el canon de los locos, pero loco sos".

En nuestra quinta de Vicente López había muchas apariciones. De noche andaban, caminaban, subían por mi pieza, hasta roncaban al lado mío. Nunca se podía saber quién era, pero todo el mundo los veía. Aparecían con una vela.

Una noche había hablado de la aparición. Estaba en mi pieza con unos amigos, mientras que más allá se hallaban mis hermanos con otro muchacho, sobrino de Hipólito Yrigoyen. En eso vi que del piso de mi pieza se levantó un ser con una vela en la mano y me dijo: "Yo soy fulano de tal" (nombre que no recuerdo en éste momento). Agregó: "San Marín cortó su capa y la dio a un pobre. Yo también corté la mía". Entonces se fue hacia el techo y desapareció. En eso sentí unos gritos desde la pieza de mi hermano. Era el chico que gritaba y lloraba. Fui a ver lo que pasaba. ¿Sabes lo que pasaba? Se apareció el de la vela y el chico no estaba acostumbrado a estas cosas y tenía un susto loco. Y el chico me decía: "Yo no duermo más acá, yo no duermo más acá. Quiero que me lleves a otra pieza". "Bueno ¿a dónde quieres ir, que en la mía también apareció?" Entonces resolvimos ir a dormir al comedor, que quedaba entre las piezas. Un comedor largo con varias ventanas con rejas, de tipo colonial. Las puertas estaban bien cerradas y nos llevamos los colchones. Éramos dos hermanos, el chico y yo. Atrancamos las puertas, luego de cerrarlas prolijamente. Hablamos con el chico, al que logramos tranquilizar luego de un rato nos acostamos.

Apagamos las luces y no pasaron siquiera dos segundos, entró un ventarrón y se abrieron las dos puertas, golpeándose fuertemente, y en eso entró el fantasma con la vela, se vino caminando y salió por la otra puerta yendo hacia mi cuarto. ¡El chico se desmayó!

- ¿Su actividad perceptiva es constante?

- Sí, además constituye un sedante admirable. Me hallo un poco nervioso, converso un rato y me siento tranquilo. Me hallo por otra parte, constantemente en condiciones de ponerme en contacto.

- ¿Cómo y cuándo se siente impelido a realizar dibujos?

- Cuando deseo y en cualquier momento. Simplemente dejo que la mano trabaje. A veces los analizo luego y no les encuentro significado, y al tiempo lo encuentro. La otra noche, por ejemplo, dibujé que los elementos pasan sobre la parte septentrional de Italia. ¡Qué cosa más rara!, Pienso, sin comprender el significado. Y la otra noche veo en televisión las inundaciones y toda la hecatombe de Italia.

- ¿Qué opina usted de sus dibujos?

- En principio no los entendía y los tiraba. ¡He tirado tantos!. Es que tenía esta lucha interior sobre su valor y significado, sobre el bien y el mal. Pues algunos son tan raros que parecen demoníacos. Un buen día, observé que las cosas sucedían como ellos indicaban. Entonces empecé a guardarlos. Esto fue en el año 1936.

- ¿Cuáles son las manifestaciones que usted considera más importantes?

- En realidad las más importantes son las primeras, que me han encaminado en la vida, y luego todas las que me ordenan los pasos a seguir. Luego las manifestaciones de Chopin, de Víctor Hugo, de José Ingenieros. Y sobre todo las del fraile, con quien estoy en contacto continuo.

Un día Generoso Ruiz inauguraba una exposición en la Galería de los Independientes. Habíamos llevado todos los cuadros en la noche anterior y al otro fui a ayudarle a colgarlos. Serían las dos de la tarde, después de almorzar. Mientras tanto, al parecer, Chopin dio un concierto aquí. Baldessari, nuestro amigo, que estaba abajo con sus hijas, se asombraba cómo yo tocaba el piano, pues de mi departamento salían unos acordes magníficos. Subieron por la escalera y desde afuera escucharon un fantástico concierto de música de Chopin. Les parecía que la música salía hasta de las paredes. Era algo verdaderamente maravilloso, al punto que no podían dejar de escucharlo hasta las 19hs., cuando debían ir a la inauguración de la exposición. Al llegar allí, me saludan y me dicen: "¿Cómo hizo para llegar tan pronto? " "Si estoy aquí desde las dos de la tarde". "Pero en su casa ¿quién hay?" "No hay nadie". Efectivamente, no había nadie. Cuando volvimos, la puerta estaba cerrada y todo estaba cerrado. Pero el piano estaba abierto y faltaba el burlete que cubría las teclas del piano...

Tuve también la visita de Alfonsina Storni. Una madrugada me desperté, con intenso frío, temblando, y dentro de mi pieza se sentía un olor a algas, a mar, frío. Entonces una voz fina me hacía escribir y escribir. Me dictó un verso verdaderamente muy bien escrito, fantástico. En él me decía que en este momento se separaba de la vida, algo de un tritón dormido, con figuras muy lindas, que en este momento las algas le envolvían las manos como joyas muertas, y firmó al final: "Alfonsina, Mar del Plata, octubre 15", más o menos. Escribí todas estas cosas medio dormido, luego las leí, me parecían muy raras, pero no le di importancia y volví a dormirme. Al día siguiente, en el Banco, volví a leerlo y encontré las figuras literarias por demás interesantes. Decidí entonces leerlas a mi secretario, Belissario Roldán. Al verlo, me dijo éste: "Pero, Pelón, ¿ha visto qué pérdida hemos tenido anoche? Alfonsina se ha suicidado en Mar del Plata". Entonces yo le di el verso. Coincidía tanto con la agonía de ella que lo publicó como póstumo. Desde entonces recibía un verso todos los años en la fecha de su muerte. Y tengo aquí una cantidad de versos de ella y he ido siguiendo la transición hasta el día en que ella debía morir. Hay uno estupendo que se llama "Bajo el Cristal", donde ella está debajo el mar y donde el cristal es el techo del mar. Y habla cómo ve ella debajo del cristal. Expresa. "Si pudiera trepar esta collera y sacarme de las impúdicas miradas, me sacarían mi mortaja casi alada y por los vientos gozosa avanzaría". Y entre esas cosas dice: "Pero a los hombres ya nada les diría" y al final agrega: "Si pudiera subir esta escollera, de nuevo bajaría". Después encontró otras, hasta que por fin salió del mar. Uno se llamaba: "Quiero dormir, quiero descansar". Y llega ella al lado de su féretro. Y entonces dice: "Eras tú, mi hermana fea. Yo soy tu hermana fea, yo soy tu hermana tierra, lodo, barro". Y le dice la otra: "Yo quiero descansar contigo. Haceme un lugarcito. Quiero quedarme acá". "No, tú tienes que volar, tú tienes que ir".

"No, yo quiero quedarme todavía un poco. Déjame, déjame así". Al final exclama: "Ah, así descanso!".

Después, otro año vuela. Vuela y dice: "Vuela" y va hacia los planetas y hacia la luz. Y dice: "marinero, tú que pasas, contémplame. Voy a volar, voy a dormir, no me despierten".

Pasan los años y no aparece. Un día: "Ya ríe la niña de los cabellos de lino. Ya ríe, ya vuela, ya canta, ya anda, ya se va". Fue su despedida y no volvió más.

- ¿Qué sensaciones físicas siente usted antes de percibir la voz?

- Ninguna. Antes sí, tenía la sensación de que iba a pasarme algo. Una especie de ansiedad, de algo desconocido, pero ahora ya no. Antes he tenido también desdoblamientos. Estos sí me ponían nervioso. Me iba a dormir y sentía un estado raro. Esto me pasó varias veces y comprobé que me desdoblaba. Por ejemplo, una noche, me fui y crucé volando la calle córdoba y la Plaza Lavalle, el Teatro Colón. En eso vi la cúpula de una iglesia, de lozas coloniales. Me senté en esta cúpula y me dio mucho frío y volví.

Me costó un gran resfrío. Los amigos me decían: ¿"Dónde te sentaste? Claro, en una cúpula fría, en pleno invierno". Nunca había visto esta cúpula. Salí a buscarla y era la de San Miguel.

En otra oportunidad me fui a la Boca. Anduve por una cantidad de calles hasta encontrarme con una casa colonial con un patio lleno de naranjos, caminando debajo de éstos.

Lo cierto es que después volví, expliqué lo visto a un amigo, Generoso Ruiz, señalándole que era una calle ancha con vistas de algunos barcos a lo lejos. Ruiz me contestó que en su opinión era la calle San Juan. Fui allí, encontré la calle, encontré la casa, encontré el árbol, encontré todo.

- ¿Cuántos dibujos estima haber realizado?

- No sé cuántos. Pero son miles. Con sólo los que le di a la revista... Y tantos que he tirado...

- ¿Tienen sus facultades alguna relación con el espiritismo?

- No, precisamente. Pues el espiritismo es solo una faz limitada del espiritualismo. No hay duda sobre la existencia de espíritu, y la comunicación que provoca es innegable. Debo confesar que he encontrado muchas debilidades en el espiritismo. A mí siempre me han dicho: "No vayas a ningún Centro" y nunca me han dejado, salvo en una oportunidad. Una vez fueron unos socios del Centro Víctor Hugo, fueron al Banco para invitarme a explicar estas cosas a algunos amigos. Yo fui sin saber, creyendo ir a una casa particular. Me recibieron muy amablemente en la puerta y me hicieron pasar. Al entrar por una puerta del recinto me encontré en el escenario de un salón de conferencias. Estaba lleno de gente. La sala estaba repleta y yo me encontraba en la tarima, frente a todos ellos. A mi lado se sentó un taquígrafo y un dirigente me dice: "Por favor, explique usted a todos que están esperando cómo usted..." "Sí, pero yo no he venido a dar una conferencia, pues no tengo facilidad para hablar en público". Para mis adentros me decía: "En qué me he metido ahora". Entonces detrás del escritorio vi los retratos de un hombre y una mujer.

El dirigente expresó al público que iba a empezar la reunión, colocando un disco de música.

Enseguida se oyeron unos tremendos golpes en el techo. Todos los concurrentes estaban en un estado de recogimiento y yo, de repente, entré en un estado terrible de trance. Me puse furioso, cosa que nunca ocurre, di un golpe y grité: "!Basta ya!" Ustedes hacen esto y aquello y les doy un reto a todos". Era una cosa superior y no podía salir de aquel estado. Les critiqué la forma de administrar y cómo llevaban las cosas, los negocios que hacían allí, que nada de eso era espiritual, que todo eso era indigno. Les dije de todo, en una forma tal que todos se quedaron petrificados, mirándose unos a otros. Yo seguía... Cuando terminé, el silencio... Yo no sabía qué decir porque yo no sabía nada de lo que me había pasado. Me preguntaba: "¿He estado insolente, malo, enojado?" Y retomándome: "¡No vuelvo más mientras ustedes sigan así! ¡Esto se acabó!" Cuando terminé, uno de los dirigentes me dijo: "Solari... ¿sabe?, es el fundador. Es éste que está aquí, cuyo retrato está acá. Es él que ha hablado. Es cierto, tiene mucha razón".

No terminó de decir esto cuando volví otra vez y di otra filípica a las mujeres. Había muchas mujeres. Era la fundadora, la que estaba del otro lado. Cuando terminé, bueno, yo no sabía si tenía que escapar, porque me iban a dar una paliza. Me fui, pero se quedaron todas con una gran tristeza, pues allí había una gran cantidad de cosas raras...

El espiritualismo es una cosa muy seria y no debe jugarse con él

.

- ¿Comprobó usted aportes en alguna oportunidad?

- Sí muchas veces. He tenido aportes no solo de objetos, sino también de pájaros. Todos los años para Navidad, llega un pájaro. Cuando no me llega a mí, lo encuentra Generoso Ruiz en su casa o en la escalera. Aparece generalmente volando aquí. El último que nos llegó era un animal rarísimo. No era de esta zona. Tenía plumas amarillas en la cabeza y era todo negro, de pico y patitas coloradas. Pero por motivos que me son desconocidos, en la materialización del aporte se le había roto el pico, que tenía colgando. No me animaba a matarlo y con Generoso lo pusimos en una jaula. Le queríamos dar de comer pero no podía comer. El verlo morir me daba una profunda pena. Entonces lo ubiqué en el rincón del jardín de la terraza y desapareció, pues no era posible que volara.

También he tenido otros aportes, de encontrar objetos, hasta dinero. Últimamente nos quedamos asombrados, pues también suele faltarme dinero en la cartera. Por ejemplo, pongo mil pesos en el bolsillo y cuando voy a sacarla solo tengo quinientos. Así me desaparece el dinero, pero últimamente me aparecieron cinco mil. Ahora bien, en estos casos recibo también la instrucción respecto al empleo de este dinero, habiendo de darlo aquí o allá. O si no, cuando estoy un poco angustiado, entonces aparece. Cuando desaparece se lo dan a otros.

- ¿Usted cree en la reencarnación?

- Sí. Porque he tenido casos muy de cerca. Casos muy serios y sobre todo carentes de toda otra explicación. Especialmente uno de la hijita de una dama muy amiga mía, la señora de Luro. Un día, en Paris, iba con su nenita, de cinco años aproximadamente. La llevaba de la mano, cruzando una plaza. En eso la nena empieza a llorar: "¡Mamita! ¡Mamita! Yo vivía en aquella casa. Yo vivía con mi marido y mis hijos". La madre: "¡Pero nena!..." "Sí mamita, yo vivía allí y esa es mi casa". "¿Y quién era tu marido?" preguntó la madre. "Era el general (fulano de tal), que murió en la guerra del 70. Yo vivía con mis hijos, en Tolón. ¡Quiero ir a mi casa, quiero ir a mi casa! ¡Quiero ver mi baúl!" Entonces la señora se dirige a la casa, pues la nena lloraba desesperadamente. Llegan y la madre pregunta de quién era la casa. "¡Del general (fulano de tal), que murió en el 70! Y ahora de la familia que vive en Tolón". Y entonces: "¿Hay en la buhardilla un baúl?" "Sí, señora. Hay allí una cantidad de cosas de la familia que no se tocaron nunca". Entonces le pidió permiso para subir y subieron con la niña. Encontraron el baúl, lo abrieron y encontraron el traje de novia, los retratos, el retrato de ella, del marido. Estaba todo. Y la niña llorando desesperadamente frente a todos estos retratos, en un ataque de nervios, se desmayó.

Entonces la madre la llevó al hotel y llamó a un médico. Éste aconsejó que se fueran inmediatamente. "Váyase, pues si no esta chica va a enloquecer". Esa misma noche embarcaron para Marsella y volvieron a Buenos Aires. La niña, en un principio, recordaba todavía. Ahora ya no recuerda nada...

- ¿Teme usted a la muerte?

- No. La muerte para mí no existe. Es una transformación, un cambio de traje.

- ¿En qué piensa cuando realiza sus dibujos?

- En nada. Sólo observo. Dejo que la mano trabaje y yo la miro.

- ¿Puede comunicarse a voluntad con el mas allá?

- Sí. Constantemente escucho las voces. Ahora me dicen que nunca invoque. Porque la invocación les molesta. Porque todos los seres están en misión. Es como si uno estuviese pintando un cuadro y le llamasen a cada rato o por teléfono y le estuviesen molestando en su obra. Esto es lo mismo. Entonces nunca debe molestar la misión en que están empeñados todos los seres. Todos trabajan. Ahora, cuando el ser llega hay que atenderlo.

Con estas sorprendentes declaraciones finalizó nuestra entrevista a Benjamín Solari Parravicini, quien se prestó a ella con la afabilidad propia de quien nos considera ya como viejos y buenos amigos.

Fueron muchas y agradables las horas que pasamos en su compañía, en un ambiente para nosotros casi mágico. En efecto, es un mundo distinto el que logró crear Solari Parravicini en su departamento, cristalizando su sueño de tener en la parte más antigua de Buenos Aires su "Buhardilla parisiense" de artista y bohemio. Y así es Solari Parravicini, un artista, un bohemio, un excelso sensitivo, un ser lleno de simpatía y cordialidad, de gran corazón y amplia generosidad, en una palabra: un hombre de bien.

Por todo esto, ¡muchas gracias Solari Parravicini!

15- El Mundo del Futuro

Volvemos en este caso con otro texto canalizado. Un texto profético que narra cómo vivirá la humanidad en la Era del Amor, que comienza en el 2002, con descripciones que pasan por el 2200, 2500 y mas de nuestra nueva era. La humanidad que todos deseamos está en este futuro posible y pido a Dios que lleguemos a él por el camino del aprendizaje amoroso.

EL MUNDO DEL FUTURO
Conocimiento de la Nueva Era Nro 344 de 1966

Por Benjamín Solari Parravicini

Mensaje recibido telepáticamente en Buenos Aires, el 22 de octubre de 1952 para ser publicado llegado el momento.

Calmados los cataclismos del final de los tiempos, el mundo dejará ver tierras y mares nuevos en desolación. Sudamérica y parte de Latino América, ofrecerá en cambio, después de ese año 2002, el gran espectáculo de mostrar gigantescas ciudades, con fisonomías y costumbres nuevas. En ellas se hallarán, completamente transformadas, la edificación, los medios de vida, la configuración física, la vestimenta, las diversiones, la alimentación, la instrucción, el idioma, etc. La Tierra "salva" de Argentina, Uruguay, Brasil y Chile ostentarán enormes moles "casa-habitación" ejecutadas íntegramente en "cristal-acero". Sus dependencias tendrán todo el aspecto de cabina aérea, puesto que nada impedirá la visión de sus alrededores, mas sus muros podrán ser opacos y oscurecidos por una sencilla distribución de líquidos de colores, que correrán por sus partes interiores con solo el movimiento de determinadas palancas hidráulicas. Sin ventanas, habrá trozos "postigos", corredizos que permitirán el asomo y la ventilación, casi ésta innecesaria, dado que el sistema de refrigeración, aireación, cambio de oxígeno, secación de ambientes, calefacción y luz artificial será aplicado interiormente por sistemas centrales manejados a "botón".

Los muebles estarán fabricados en el mismo material "cristal-acero", siendo los mullidos de los muebles de descanso, como ser camas, sillones y sofás, hechos en viruta de "cristal-caucho", con las cualidades de ser térmicos en invierno y refrigeradores en verano. Las ropas encerrarán las mismas cualidades. Los hombres y las mujeres vestirán las mismas prendas, las que se reducirán a un corto pantalón y una camisa. Se usarán para ello telas derivadas de aleaciones elásticas resinosas, las que resistirán su desgaste. Los zapatos ofrecerán la misma resistencia y se fabricarán de materiales sintéticos con aspecto de cuero de chancho.

Este combinado fuerte se le verá aplicado a todo coche de traslación, en las "veredas-rodantes" y en las "escaleras rampas-espirales" que rodearán los edificios, facilitando la ascensión sin fatiga, eliminando los ascensores.

En estas ciudades se habrá logrado el silencio en todo momento. Las enormes redes de subterráneos, los ferrocarriles, los alambres carriles, correrán impulsados por cargas atómicas, sobre un solo riel. Y los rodajes serán fabricados de "caucho-acero", compuesto éste de gran semejanza a la goma, pero de resistencia casi infinita. Con este material también serán ejecutadas las calles, las veredas y los caminos exteriores. Los automóviles serán eléctricos y a propulsión atómica. Sus formas, más que aerodinámicas, serán de aspecto "cohete". No tendrán ruedas y por medio de ciertos dispositivos de aire comprimido en las partes inferiores, los vehículos mas livianos, en su marcha, se levantarán a más de un metro del suelo, lo que permitirá salvar obstáculos con facilidad.

Eliminación de accidentes

Un sistema de pequeños "radares" evitará toda clase de choques, pues la proximidad de otro coche permitirá a este aparato la paralización total de los motores. Serán manejados por botones. Sus encarrozados serán transparentes de "cristal-acero" y en diferentes tonos. En sus techos habrá un dispositivo circular, que marchará con fuerza centrífuga.

En un momento dado, oprimiendo un botón mayor colocado en el piso, bajo el pie del conductor, se producirá el vuelo a manera de helicóptero, es decir, subirá verticalmente. Todo coche también será anfibio, de cierre hermético, llevará piróscafo, y un sistema de faros sumergibles. Su interior, con calor solar acumulado y con corrientes refrigeradoras, contará además con todas las comodidades de pequeñas viviendas, un sistema de transmisores-receptores, televisión y telescopios. Los helicópteros, muy semejantes en todo a los automóviles, se verán de diferentes tamaños y hasta pequeños para ser usados por una sola persona. Estos últimos descenderán en terrazas-bandejas de los apartamentos altos y habrá servicio público de ellos, los que se encontrarán estacionados siempre en lugares públicos. Los barcos, utilizados generalmente para traslado de cargas, porque se viajará siempre por aire, tendrán la misma particularidad de rapidez de todo vehículo rodante y aéreo. Serán de sistema atómico y presentarán un aspecto de enormes planchones chatos, con algo del tiburón.

Los habrá de pesca, éstos llevarán equipos de hombres "robot" y cada uno de ellos desempeñará una función. Muchos serán de metal y otros de caucho. Estos bajarán a las profundidades marinas, lugares de cultivos de diferentes crías de peces preferidos, dentro de jaulones plásticos y acerados. Generalmente los pesqueros serán teleguiados desde puertos, como las pequeñas lanchas correos. Los viajes serán rápidos, muchos de ellos de minutos, cosa que ya no se podrá decir, por la razón de que el tiempo estará medido en forma diferente, con un reloj nuevo y un calendario nuevo. La "biología-ciencia" alcanzará a prolongar la vida con métodos extraordinarios: aplicarán la electricidad en todos los casos y terminarán con toda clase de males. Fácil es comprender que hombres sanos con vidas tranquilas, ya que se vivirá constantemente en el bien, con una alimentación de fuertes elementos reducidos a píldoras, podrán vivir mucho más. Además, casi no precisarán del sueño reparador, con dos horas por día bastará.

Será numerosa la variedad de píldoras "sustentativas" porque ellas estarán fabricadas a base de peces, algas, moluscos, harinas vegetales, hongos, plantas aéreas y otros compuestos traídos expresamente de portarán los nuestros. La venta, distribución de ellas se hará por medio de aparatos mecánicos colocados en kioscos de cristal en diferentes puntos de la ciudad, muy al paso, así se facilitará el ingerirlas casi sin detenerse. Habrá también tubos de líquidos "confortadores". Estos bebestibles estarán fabricados con jugos de plantas, flores y elementos radiactivos. Esta forma de alimentación y sustento traerá la remodelación del físico. El rostro, sin perder su atractivo, carecerá de la forma actual. La boca será pequeña y succionadora; dentro de ella ya no existirán dientes, pero los ojos habrán adquirido un poder visual nuevo, que les permitirá descubrir cuerpos y elementos invisibles para el hombre de hoy. Serán de una tamaño mayor y de refulgentes luces hipnóticas.

La nueva medicina

La medicina cuidará de la conservación de los órganos internos, observando por medio de la "casilla-electrónica" los males a remediar, es decir, males de "desgaste". Para ello, el médico colocará al paciente dentro de la mencionada casilla y desde afuera podrá descubrir la causa a curar. También desde afuera intervendrá por medio de los rayos que no producirán dolor alguno, y sin abrir podrán suplantar los órganos desgastados por otros "sintéticos-plásticos", los que serán introducidos por vía bucal o rectal. Los huesos quebrados o descalcificados serán consolidados y reforzados por otro sistema de rayos. Para los convalecientes existirán "capotes-tónicos" que encerrarán irradiaciones solares internas y que también serán usados por los jóvenes deportistas, que se desgasten por demás, y los artistas que debiliten sus cerebros.

Todo humano llevará siempre consigo un portátil transmisor-receptor-televisor telescópico. Con él se comunicará continuamente con sus semejantes y con los seres "planetarios". Quedará así abolido lo que es hoy el teléfono y el telégrafo. La enseñanza general, será exclusivamente por medio de este sistema. Los niños y jóvenes seguirán los cursos sin acudir a las escuelas, ni universidades. Ellos podrán así hasta ser examinados por sus profesores que no saldrán de sus casas. Habrá bibliotecas públicas. Los libros de numerosas hojas, serán entonces reducidos a láminas únicas. Estas serán de fabricación plástica y grabadas por los signos que habrán reemplazado la escritura de hoy. Las láminas estarán colocadas en tal forma de alineamiento, que los consultores podrán buscarlas con sus equipos radiales desde distancias, solicitarlas después a un empleado "robot", y éste, solamente oprimiendo un botón, las colocarán en forma de ser leídas por el telescopio-televisor.

De la misma manera serán leídos los diarios y revistas, y éstos también serán manejados por "robots-impresores". El arte será sintético, y se lo practicará por medio de aparatos especiales, manejados también por botones, llaves y palancas. Así se conseguirá pintar rápidamente, crear composiciones de colores, copiar paisajes astrales, por supuesto con la ayuda del "televisor-telescópico", y grabar sobre caucho y polietileno, con el impresor diseñal, hasta los paisajes afiligranados de los cerebros, observados a simples vista. A estos paisajes se les llamará retratos personales. La escultura será tratada casi en la misma forma, mas el adicional de un aparato electrónico que disolverá las masas innecesarias y perfilará y redondeará las figuras creadas. Ellas se ejecutarán en material plástico y en una maravillosa piedra de cristal del planeta Venus.

Las matemáticas habrán llegado al súmmum y serán consideradas "arte"; se correlacionarán con la música, la que a su vez conseguirá matices cromáticos-siderales y nuevas orientaciones.

Cine y teatro

La cinematografía habrá logrado situarse en "figura-volumen" y "ambiente-perfume", y de la temperatura circunstancial. Habrá cinematógrafos en los cuales se podrá gozar de estos adelantos, pues ellos no podrán ser del todo alcanzados por los portátiles personales. Las salas para estas funciones serán enormes y cuadradas. En su parte céntrica se levantará una pantalla de cuatro caras, las que llevarán sus respectivas plateas. Esto permitirá mayor concurrencia. En cada pantalla se podrá pasar a un mismo tiempo el mismo film y también diferentes. Serán exhibidos con preferencia los films interplanetarios con argumentos de aquellos parajes, ya traídos desde ellos por sus habitantes, ya tomados por los humanos o bien obtenidos desde aquí, por medio del "lente-planetario" y el "lente-universal".

Los teatros tendrán forma redonda, se cultivarán para educación de las masas y serán de asistencia obligatoria para las juventudes. Llevarán plateas giratorias y el espectáculo se hará en la parte alta de la sala. El escenario tendrá continuidad en su alrededor y mostrará por adelante una mampara de cristal de aumento, lo que permitirá a todo espectador ver con nitidez, a pesar de la distancia, pues estos locales ofrecerán el tamaño "stadium".

Las voces llegarán desde un gran "plafond" céntrico y la música de diferentes lugares bajos de la sala. A medida que la representación corra sus escenas, las plateas irán girando automáticamente, sin necesidad de violentar al ocupante.

El idioma reinante será el "universal", es decir, el traído desde tierras estelares por sus habitantes, que viajarán, como se dijo, constantemente con sus "avionetas-platos", cubos, lápices, etc., y que también enviarán sus artistas y ofrecerán sus creaciones y representaciones.

En las puertas de estos gigantescos locales, como en las principales avenidas, calles y caminos, se verán postes "surtidores" de corrientes eléctricas y radio-magnéticas, que servirán merced a enchufes, para alimentar las cargas de todo aparato de "traslación", de todo "portátil" y de toda prenda "tónica". Estos postes, a su vez, recogerán ondas electromagnéticas del espacio sideral transmitiendo audiciones de músicas terrenas y del universo sideral. Los campos serán únicamente para cultivo, pues la ganadería habrá desaparecido por la inutilidad de sus carnes. Los sembrados serán ayudados con corrientes electrónicas y rayos atomizados. En todo campo cultivado existirá un equipo completo de estos aparatos, además habrá equipos rodantes. La vegetación, también auxiliada por este medio, presentará árboles de siglos en completa forestación, árboles gigantes y productos florales de tamaños no concebibles, con perfumes súper notables.

La supervivencia

Las flores se emplearán únicamente para adornos festivos y de interiores. Ya no se las llevarán a los muertos, puesto que la muerte no será llorada como lo es hoy. Conocidos los mundos habitados y sabiéndose de la inmortalidad del alma, la muerte será tomada como transformación y continuidad de elevación, y por lo tanto, se esperará el pronto encuentro en el plano astral. Los cementerios serán a la manera de jardín; los cuerpos serán depositados en la tierra, y cada tiempo ya indicado, se aplicará a todo el campo del enterratorio corrientes eléctricas "calcinatorias", las que conseguirán pulverizar los restos en forma definitiva.

Las grandes tormentas, vientos, etc., podrán ser derivados y manejados a gusto, por los observadores de las estaciones astronómicas. Estos especializados lograrán lluvias para riegos adicionales a los cultivos y también como limpieza de ciudades y caminos. La higiene personal y de los objetos, no será hecha ya con agua, ni con desinfectantes, sino únicamente por baños de corrientes electrónicas que se harán pasar por caños de riego, los que habrán terminado con toda clase de insectos y microbios.

Un nuevo material aparecerá: será extraído desde el centro de la Tierra, y servirá para la construcción de las "aeronaves". Será sacado por los habitantes de otros planetas, con sus aparatos perforadores de sistema "sifón". Con la mayor facilidad estos tubos podrán ser enterrados con fuerzas eléctricas y absorbido el material con un sistema botonal de presión hidráulica. El material que sería invisible para el hombre actual, y no hacia el año 2200 en que será usado, se manejará solidificado en formas aplicables a las construcciones ya dichas. Su principal cualidad es eléctrica, por lo tanto las avionetas construidas con estas láminas serán de escaso peso, y alimentadas por cargas electrónicas portátiles.

La existencia de este material fue conocida por los interplanetarios desde tiempos muy remotos y éstos se llegaron siempre a la Tierra, pero el hombre no les pudo ver jamás, puesto que para sus retinas los aparatos construidos con él eran invisibles. Los interplanetarios también vistieron siempre con el mismo material y por lo tanto tampoco fueron divisados.

La estación de primavera no perderá su influencia sobre la humanidad para su reproducción. Al hombre este fenómeno casi le incomodará, y, al igual que el resto de la naturaleza lo practicará con el único objeto de procrear, a pesar de la procreación en laboratorio por cultivo seminal. Se apreciará con gozo, la vegetación de los parques florecidos y la belleza de los árboles entremezclados con árboles pétreos efectuados por escultores, y que serán receptores solares para iluminar ciudades y caminos durante las noches. En ese entonces comenzarán a edificarse las ciudades subterráneas, copiadas y realizadas por los interplanetarios. Desde sus propias ciudades traerán sus planos y se construirán a su manera. Así se verán calles, avenidas, casas, negocios y paseos delineados en profundidad y que tendrán luz solar por reflexión ya acumulada, como también oxígeno para ventilación. Estas ciudades, que ya abundan en Venus y Marte, en su zona de verdores, serán seguramente las preferidas a mediados del tercer milenio (2500), puesto que en ellas, allí debajo, se podrá controlar una temperatura ideal, sin cambios y en continuidad. Por lo tanto, no se sufrirán los cambios de estación. También en ese entonces habrá muerto el mal; el bien reinará, el amor unirá al hombre que se gobernará fácilmente, puesto que las inteligencias se habrán nivelado. No habrá oro, se vivirá en trabajos mancomunados, con sistema de "trueque" y ¡el Plan Divino se manifestará al fin sobre la Tierra!

16- El Día Anunciado Llega

EL DIA ANUNCIADO LLEGA
Conocimiento de la Nueva Era 1967

Mensaje recibido el 1° de enero de 1967 por B. Solari Parravicini de los Mentores Espirituales para cada hombre de buena voluntad y corazón sincero, frente a los acontecimientos cuya inminencia anuncia.

Hijo:

La hora es dada. Vivifica tu espíritu en Cristo. Contémplale y sírvele. Aprende de Él su infinita bondad, su santa caridad, su modestia íntima y su paciencia.

Ve tú por los caminos tolerando al hermano incómodo, al incomprensible, al que ataca. Perdona la injuria, disculpa a quien hiera tu sensibilidad de hombre sano. El Señor así lo hizo contigo. No lo olvides.

Cerca están ya los aciagos días: el hombre buscará en protestas. Tú debes enseñar con el canto en el corazón pleno de agradecimiento. Hazle comprender que no nació para la existencia regalada ni egoísta. Debe saber que llegó al mundo para cumplir castigo de expiación.

La cuna, desde el primer instante de sus días, le entregó su cruz.

Bendito será el que supo alzarla sobre su hombro herido en sangre. Bendito será porque llegará el Padre.

Vigilad, atended, observad, comprended, llegan los tiempos de confusión. Los sellos hablarán.

Los veinticuatro ancianos observarán y dirán: Hora es de truenos y relámpagos, de voces en las voces de los hombres que dirán del Espíritu Santo y dirán del mañana.

Ellos predecirán y ellos conocerán el hábito del Soldado de Cristo y ellos serán.

Hijo:

Los que en redención se hallaren verán a Dios, pues cruzarán la tribulación y la oscura noche. Jesús les dará luz y morarán en la verdad.

Ya no resta tiempo y no lo habrá. La Bestia trepa y moverá nación contra nación. Llega la niebla de las nieblas. El acusador marchará iracundo contra Cristo y su iglesia, y la Iglesia sufrirá heridas de muerte, mas sobrevivirá para entregar la paz al hombre salvado luego de la grande prueba.

¡Cristo llega! ¡Mahabbarata! Repítelo con fuerte voz de trompeta sobre endurecidos oídos de la hora ¡Necesario es!

Todo aquél que no escuchare, condenado será. Todo aquél que atendiera y entendiera verá y repetirá en fe: ¡Cristo llega! Es ya la hora. Es ya la hora de la verdad.

Porque el azote caerá sobre el hijo de la ira, sobre el ciego. El Padre toleró su libertad desmedida, su baja entrega a la materia, a los dineros, a la ambición de poder, a la falacia. El silencio ante su palabra mentida, ante su sucia mentalidad, su criminalidad, su petulancia, su cinismo.

El Padre ya colmado fue en su paciencia. Él otorgó. Él enseñó. Él envió a Su Hijo en redención y el bien no fructificó.

El hombre camina su falsa verdad, anda la senda de las tinieblas y caerá al profundo precipicio de la aflicción y allí quedará. Ese consentido rey, hombre-dios. Hombre invencible, hombre sapiente, ¡hombre-hombre!

¡La plaga del pedrisco le cubrirá! ¡Ay de aquellos que confundirán sus ayes lamentosos tratando de engañar en la hora magna! ¡Ay de aquellos! Porque nubladas les serán las mentes, paralizados los miembros y deambularán errantes tras abrigo tras sus metales adquiridos en mal uso y manera, corriendo la seca vida de la desesperación. ¡Ay de aquellos! Porque el fuego les consumirá, mas no morirán.

Hijo:

¡El Ángel del castigo llega! Repito: ¡La hora es dada! Orad.

Orad por la restitución de las cosas, por la salvación de los buenos, por la luz en luz de luces. ¡Por el grande Reinado!

Dad presto a beber al sediento. El balde es en frescor de vida. Él apagará la sed. El justo aguarda.

¡Grítalo! ¡Grítalo! No habrá ya más tiempo. La bondad infinita del Padre permitirá aún, en el postrer instante, ver al que lloró.

Repítelo: "El día del Señor vendrá como un ladrón..."

17- Para finalizar

Por lo general, cuando leemos profecías, éstas describen momentos duros. Describen caos, guerras, cataclismos naturales, etc. Si bien en la obra de Parravicini encontramos muchas psicografías que describen esos hechos, como lo acabamos de ver, en realidad nos espera como Humanidad un hermoso porvenir, es cierto que no será fácil, habrá caos si no logramos evitarlos, y no hace falta conocer el material profético para sacar esas conclusiones, pero en sí misma, toda la obra es un mensaje esperanzador, el relato de "El Mundo del Futuro" que aquí se presenta es una pequeña muestra de lo hermoso que será vivir en esta Tierra dentro de muchos años.

Más allá de si algún día podremos conocer o no las psicografías que aún quedan por publicar, el material con que contamos hasta hoy sobra para saber hacia dónde nos dirigimos, lo que debemos evitar y lo que debemos promover. Leer la obra completa nos deja "un saber", "un íntimo conocimiento interior".

Hasta la fecha, hay psicografías desconocidas aún en manos de diferentes personas. Ruego a Dios que los ilumine para que puedan encontrar la mejor manera de publicarlas. El legado fue dado a la Humanidad, Parravicini así lo entendió y cedió el material para su divulgación en los medios con que se contaban en esos tiempos. La mejor manera de honrar su obra es darla a la Humanidad, a quien fue, en última instancia, dirigido el mensaje.

Para concluir, transcribo y hago mías estas palabras de la editorial que acompaña a las más de 180 psicografías publicadas en la revista Conocimiento del año 1967 para que tomemos consciencia de la importancia que le dieron al difundir el material.

"[...] Los Guías, con su inmenso amor y angustiosa expectativa, esperan ahora de cada lector espiritualmente despierto el cumplimiento de su deber: esparcir el mensaje, obsequiar ejemplares, sembrar la semilla al voleo, pues la simiente que caerá en buena tierra dará fruto al ciento por uno.

Amigo lector, cualquier esfuerzo que hagas en tal sentido no es pequeño, porque TAL VEZ EL DESTINO DE LA HUMANIDAD ESTA EN TUS MANOS..."

18 - Bibliografía y Fuentes de Información

Conocimiento de la Nueva Era Nro. 343 de julio de 1966.

Conocimiento de la Nueva Era Nro. 344 de agosto de 1966.

Conocimiento de la Nueva Era Nros. 352-353-354 de abril-mayo-junio de 1967.

Conocimiento de la Nueva Era Nros. 378-379 de junio-julio de 1969.

Dibujos Proféticos – Benjamín Solari Parravicini – Tomo I, II y III de Sigurd Von Wurmb.

Benjamín Solari Parravicini el Nostradamus de América – de Fabio Zerpa.

Cono Sur Faro de Luz en el Mundo – de Pedro Romaniuk.

Profecías Inéditas y Finales de Benjamín Solari Parravicini – de Pedro Romaniuk.

Archivos de la Biblioteca Nacional Argentina.

Foro Argemto.

TESSERACTUM

https://www.instagram.com/tesseractumeditorial/
https://www.facebook.com/Tesseractum-Editorial

Made in United States
North Haven, CT
10 November 2026

22084245R00289